老年人服务与管理概论

姚蕾◎主编　　张团◎副主编

清华大学出版社
北　京

内 容 简 介

本书是对老年话题及养老服务事业的整体概述，内容涵盖了当今社会老年人服务与管理主要工作领域所需的基础知识，分为五个模块：老年人篇、老龄化篇、服务与管理篇、职业与创业篇和政策法规篇。

本书以"任务"为引领，贯彻"理实一体化"理念对学习目标、知识、学习方法和学习评价进行设计，力求将理论知识呈现得生动、有趣、浅显易懂。模块内容上，结合当今老龄化社会的现状和趋势，导入与时俱进的典型案例，辅助理解和思考；模块结尾处，进行系统梳理，方便记忆和掌握。

本书不仅有助于老年人服务与管理专业学生更好地理解专业内涵、打下专业学习的基础，也有助于从事养老服务工作的在职人员进行全面、深入的行业认知，以开阔视野、提升自身的职业素养。

图书在版编目(CIP)数据

老年人服务与管理概论 / 姚蕾 主编. —北京：清华大学出版社，2018（2022.9重印）
ISBN 978-7-302-50452-8

Ⅰ.①老…　Ⅱ.①姚…　Ⅲ.①老年人－社会服务－中国－教材　Ⅳ.①D669.6

中国版本图书馆 CIP 数据核字(2018)第 128339 号

责任编辑：王燊娉　张雪群
封面设计：赵晋锋
版式设计：方加青
责任校对：牛艳敏
责任印制：刘海龙

出版发行：清华大学出版社
　　　　　网　　址：http://www.tup.com.cn，http://www.wqbook.com
　　　　　地　　址：北京清华大学学研大厦 A 座　　　　　邮　　编：100084
　　　　　社 总 机：010-83470000　　　　　　　　　　　邮　　购：010-62786544
　　　　　投稿与读者服务：010-62776969，c-service@tup.tsinghua.edu.cn
　　　　　质 量 反 馈：010-62772015，zhiliang@tup.tsinghua.edu.cn
印 装 者：三河市铭诚印务有限公司
经　　销：全国新华书店
开　　本：185mm×260mm　　印　　张：15.25　　字　　数：325 千字
版　　次：2018 年 10 月第 1 版　　印　　次：2022 年 9 月第 4 次印刷
定　　价：68.00 元

产品编号：075453—01

序言

　　中国老龄化进程，使得新一代养老服务人才培养的紧迫性不断凸显。自从1999年"老年人服务与管理"专业诞生以来，全国有超过百家院校陆续开设了这个专业。但至今，通过专业院校培养出来的学生，真正留在老年人服务行业的人数及比例仍然不容乐观。究其原因，除了一些社会上的传统观念外，老年人服务与管理专业的自身定位、教学水平、职业标准、从业人员未来职业规划、创业或晋升路径等现实问题，并未得到满意的答案。同时，职业教育需要与时俱进、顺应时代发展的高要求。中等职业教育阶段中的老年人服务与管理专业其诞生与发展时间相对较短，属于新兴专业。所以在养老服务人才培养工作中的很多方面都还有很大的提升和发展空间。综上所述，能否出版一套突破传统教材模式、更加贴近就业需求、更加符合一线实操要求的实用性教材，也是今后能否培养出高素质养老人才的重要因素之一。

　　本教材就是在这样的形势和需求下诞生的。《老年人服务与管理概论》是为中等职业学校老年人服务与管理专业教学编制的、关于老龄事业与老龄产业的专业教材。北京市劲松职业高中作为中职阶段养老服务人才培养工作的先驱，邀请各界专家，从宏观、中观、微观三个层面，创新性、前瞻性地全面阐述了人口老龄化的发展历程、国内外养老服务体系构建的基本原则与基本内容，以及如何进入老龄服务业与老龄产业等核心问题，较为清晰地勾画出了产业发展脉络和轮廓，为中等职业学校学生认知全球人口老龄化及对策、如何进入老龄事业和老龄产业的路径及前景等都作了介绍，使得学生们能够建立起整体观，避免片面地看待和认知老龄产业。其次，本教材重点从实践应用的角度，系统描述了养老服务业和老龄产业的内涵及外延，使学生能够找到自己创业或从业的进入通道与职业目标。同时，在表达方式上，本教材能够以案例为导向，以任务为引入点，一改传统被动"填鸭式"的教学方式，努力启发学习者的自我认知、主动参与、身临其境感与独立思考能力。突破"技能关"，建立"整体观"，是本教材突出的特点与创新。

当然，任何一本教材都不是完美的，养老事业和养老服务人才培养工作也在不断发展并提出新的要求，所以，留给本教材作者们的未来努力空间还很大。希望养老人才教育事业工作者们不断加强人才培养工作的力度和投入，不断改进和完善人才培养体系中的教材建设工作。

感谢作者们的辛勤付出与贡献。

乌丹星

2018年6月

前言

众所周知，老龄化早已成为世界范围的重要议题。对于13亿人口的泱泱大国来说，势不可当的老龄化进程更促使养老服务事业发展成为我国目前最迫在眉睫的民生工程之一。面对养老市场迅猛发展、养老服务人才缺口巨大、服务人员专业素养亟待提升的现状，养老服务人才培养工作已经成为业界和教育界共同面临的巨大挑战。仅以北京市为例，据《北京市"十三五"时期民政事业发展规划》主要发展指标显示，到2020年需专业养老护理人员30 000名，对比行业现状，还存在着巨大人才缺口。

教育部等9部门联合印发的《关于加快推进养老服务业人才培养的意见(2014)》提出，到2020年基本建立以职业教育为主体，应用型本科和研究生教育层次相互衔接，学历教育和职业培训并重的养老服务人才培养培训体系。培养一支数量充足、结构合理、质量较好的养老服务人才队伍，以适应和满足我国养老服务业发展需求。加快推进养老服务相关专业教育体系建设，全面提高养老服务相关专业教育教学质量，大力加强养老服务从业人员继续教育。

据中华人民共和国教育部公布的数据显示，2016年全国有143所高等职业学校开设老年人服务与管理专业，中等职业教育领域只有极少量学校或在护理学校开设老年人服务与管理专业。仍以北京市为例，目前养老服务人才培养以高等职业学校为主，但办学规模和招生数量均十分有限；只有4所中等职业学校开办老年人服务与管理专业，成功办学持续至今者寥寥无几。从各个方面来看，中职老年人服务与管理专业仍处于发展初期，处于最艰难的起步阶段。专业建设工作面临人才培养目标的分析定位、课程体系设置研究、专业师资队伍构建、实训基地建设、校企合作模式的实践等诸多问题，急需结合行业需求和中职教育特点深入研究、探讨。

北京市劲松职业高中作为北京市第一家成功申办老年人服务与管理专业的中等职业学校，于2013年正式开启了专业建设工作，并于2015年开始招生办学。近年来，学校积极响应政府号召，围绕中等职业学校养老服务人才培养工作开展了大量工作。学校联合行业、高职院校在专业建设工作前期进行了科学调研、研讨和论证工作，在此基础上明确了中等职业学校养老服务人才培养目标，构建了中职老年人服务与管理专业课程体系和师资队伍，建立了密切的校企合作关系，建设了先进科学的专业教学实训基地。在北京市、朝阳区两级政府及教育主管部门的大力支持下，未来学校拟将专业建成区域内具有领先、示范作用的养老人才培养单位，为区域内的养老人才培养、培训工作作出贡献。

在专业建设工作过程中，我们也意识到科学的课程体系设置需要有适应中等职业教育的配套教学资源来支撑。面对现有的教材市场，我们发现高等职业教育老年人服务与管理专业系列教材和教学资源开发工作相对成熟，但在中职领域鲜有针对性、专业性的专门教材，因而也没有成套、成熟的专业系列教材。在实际教学工作中，高职教材内容范围宽、难度大、程度深，行业培训教材内容专门化、单一化，教师需要在授课前做大量的剪裁、设计、选用等二次开发工作。经过与业界专家共同反复调研、探讨，我们发现必须结合养老服务人才实际需求和中职人才培养实际需求开发相应的专业教材。科学合理、形式多样地设计和安排适应人才培养、培训的专业内容于教材中。

《老年人服务与管理概论》作为中等职业学校老年人服务与管理专业教材开发的开端，将中外老龄化、养老服务事业的基本现状与发展趋势进行了系统的介绍，以典型工作任务为导向驱动学习者自觉、主动地获取对养老服务事业的基本认知。无论是中等职业学校的年轻学习者，还是即将从事养老服务事业的初入职工作人员，都可以通过本教材对行业形成科学、客观的认识，并建立起对专业、职业和岗位的正确认知。本书的编者队伍集合了政府、行业企业以及高、中职院校的精英力量，从不同角度、不同层面结合实际、丰富引证，形成了通俗易懂、科学合理的设计和呈现。本书由姚蕾担任主编，张团担任副主编，参编人员具体分工如下：模块一由段世江、王朋岗、李溯、刘燕撰写；模块二由姚蕾、张团、段世江撰写；模块三由王朋岗、段世江撰写；模块四由尹尚菁、曹凤杰撰写；模块五由潘屹撰写。

最后，鉴于中职老年人服务与管理专业初期建设工作与教学资源研究开发工作仍处于起步阶段，本教材难免有疏漏或不到之处，因此，编者团队诚恳地请业界专家和教育专家批评指正，更希望广大读者能够在使用本教材的过程中，为我们提出宝贵的意见和建议。

编者

2018年6月

目录

老年人服务与管理概论

模块四　职业与创业篇

模块五　政策法规篇

模块一 老年人篇

模块概览

　　随着我国人口老龄化程度的日益加深，老年人口数量剧增与养老服务资源不足之间的矛盾日益突出。要解决这个问题，就必须有充足的老年人服务和管理人才。开展老年人服务与管理工作，首先应该了解老年人的界定及其特征和需求。本模块从老年人的界定出发，帮助大家学习人类进入老年期后的生理、心理、社会行为变化及特征，并了解老年人在生理、心理、社会支持等方面存在的需求，以及满足这些需求所面临的挑战。

总体目标

　　1. 了解老年人的界定标准、老年人的分类以及老年人的价值，掌握老年人的生理特征、心理特征和社会特征，熟悉老年人的经济供养、医疗护理、生活照料、精神慰藉、自我实现等需求以及需求满足中存在的问题。

　　2. 能够认识到老年人群体在生理、心理和社会行为与社会关系方面具有某些共同特征和共性需求，认识到老年人群体内部个体的差异性。

　　3. 正确认识老年人的价值。老年人在进入老年期前的社会贡献，进入老年期后老年人所具备的知识、技能、经验和优良品德等依然是国家、社会的宝贵财富。

认识老年人

学习目标

知识目标

1. 了解人类日历年龄、生理年龄、心理年龄与社会年龄的含义；

2. 掌握当前国内外通用的老年人界定标准及其内涵。

能力目标

1. 能够初步判断老年人的日历年龄、生理年龄、心理年龄与社会年龄之间的关系；

2. 能够依据不同的标准对老年人进行分类。

素质目标

1. 认识到人的老年期是具有积极意义的人生必经阶段；

2. 树立正确的老年人观。

情境导入

在现实生活中，我们不难发现，同是老年人，却相差悬殊：有的身体健康，有的疾病缠身；有的活力四射，有的暮气沉沉；有的老当益壮，有的未老先衰；有的壮心不已，有的万念俱灰。比如1925年出生的王教授，在其退休后，与老伴一同居住在学校附近的家属院里。王教授坚持每天锻炼，身体十分健康。即便是退休后，他也依然坚守在教育岗位的第一线，坚持为大学里的学生免费授课。王教授表示特别喜欢和学生在一起，感觉自己的心态也变得年轻了，平时情绪十分乐观，与学生交谈十分风趣。学生们都夸他讲课生动、反应灵敏，虽然年迈但记忆力强，知识点都烂熟于心，并且对新鲜事物的接触较多，能够用最新的网络技术进行教学。作为老党员、老教师，王教授还十分热衷于社会公益事业，经常义务去做志愿者，为社会贡献自己的一份力量。

任务描述 ▶▶

请以情境中的王教授为例，分析其作为老年人的日历年龄、生理年龄的特征；描述王教授表现出的心理年龄特征和社会年龄特征之间的关系；根据不同分类标准判断王教授属于哪一类老年人；最后谈谈王教授作为老年人，他的社会价值都体现在哪些方面。

什么样的人才算是老年人呢？有的人认为做了祖父祖母就是老年人了，也有的人认为退休了就是老年人了。那么到底如何界定老年人，老年人又有什么样的特点呢？下面就来了解看似很简单，但您可能了解并不深入的老年人。

一、老年人的界定

老年是人生的最后一个阶段，每一个人都将经历从婴孩到童年、青年、中年和老年的过程。我们把进入老年期的人称为老年人，即达到或超过老年年龄的人。老年人的基本特征是生理上的衰老。受生物学规律的支配，随着时间的推移，每一个人的生理结构和功能必然老化，这一过程具有不可逆性。

那么，进入老年期的界定标准是什么？大家首先想到的肯定是年龄(或岁数)，也就是人口学上的日历年龄。其实，年龄有着不同的内涵，一般而言，一个人的年龄可以分为日历年龄、生理年龄、心理年龄和社会年龄，如表1-1-1所示。

表1-1-1　年龄的定义和测量标准

分类	定义	测量标准
日历年龄	指个体出生到现在按年月计算而确定的年龄，又称"出生年龄""年代年龄""实足年龄""自然年龄"	随着时间的推移而增长，一年增一岁。每个人日历年龄增长的速度相同，方便计算
生理年龄	指以正常个体生理学上和解剖学上的发育状况为标准确定的年龄，也称"生物学年龄"	根据个体目前的健康状况(如细胞、组织、器官、生理功能等)以及反映其健康状况的生理指标来测量确定，代表人的生命活力，一个人衰老速度越快，其生理年龄就越大
心理年龄	指人的整体心理特征所表露的年龄特征，是按照记忆、理解、反应、对新鲜事物的敏感程度等计算的年龄	根据心理测验而取得不同年龄群体的心理标准水平，然后与某人的心理测验结果相对照，从而得出其心理年龄
社会年龄	指作为社会化的人为社会发展所作贡献的期限，是一个人在社会规范与习惯方面表示的年龄	表明一个人在社会上从事某一职业、某一部门工作或社会事业等的时间长度，因个人所从事的工作或在社会上的时间长短和经历不同，又有不同的名称，如工龄、教龄、军龄、学龄或选举年龄、结婚年龄、退休年龄等

这四种年龄划分标准之间既有区别又有联系。

第一，对于大多数人来说，四种年龄发展基本同步，但是由于每个人所处的客观环境千差万别，以及个人的体质等其他因素的影响，日历年龄并不能完全代表一个人的生理功能、心理状况以及社会活动能力等方面的内容。

第二，一般来说，生理年龄会随着日历年龄的递增而增长，也就是说，机体的结构和功能会随着年龄的增长而发生老化。但是，生理年龄并不完全等于日历年龄。

由于先天遗传因素和后天环境、疾病、营养、运动等因素的不同影响，机体的生理功能、组织结构的老化速度是不同的，个体差异很大。例如，日历年龄同为60岁的人，有的身板硬朗、精神抖擞，显得非常年轻；有的却步履蹒跚、百病缠身，看上去很苍老。

第三，心理年龄和日历年龄、生理年龄并不完全同步。例如，有些人日历年龄不大，但心理上却"未老先衰""老气横秋"，整日意志消沉，感叹生命苦短；而有些人日历年龄虽大，却仍然思维敏捷、动作稳健、情绪乐观，可谓"老当益壮""人老心不老"。很明显，后者的心理年龄要低于前者。

第四，社会年龄通常与日历年龄挂钩，但是又与生理年龄和心理年龄息息相关。学术界目前存在两种看法：一种观点认为，一个人工作到退休，其社会年龄即宣告结束；另一种观点认为，老年人即使在退休后，生理和心理依然健康，仍然可以为社会继续作出贡献，因而他的社会年龄不能算结束。

综上所述，根据人的出生年月、生理机能、心理状态和角色作用，一个人的年龄可以分别从日历年龄、生理年龄、心理年龄和社会年龄来衡量。日历年龄受之父母，不可改变，但生理年龄、心理年龄和社会年龄却可以通过身心锻炼、个人努力加以改变，延缓衰老，弥补其不足。因此，一个人是否衰老，不能单纯看其日历年龄，还要看生理年龄，尤其是心理年龄，人的心理状态对生活有很强的反作用力。

案例1-1-1　　　　　　　　　　　"不务正业"的企业家

王先生，现任某集团董事会主席。2003年，这位"不务正业"的企业家，以五十多岁的高龄登上了世界最高峰——珠穆朗玛峰峰顶，成为中国登顶珠峰年龄最大的一位登山者。他曾被医生诊断可能下半辈子将在轮椅上度过，但此后四年成功登上11座高峰。2016年，他已65岁，按年龄，是个名副其实的"老人家"，但是看心态，又感觉他是个随心所欲的顽童，遇见了喜欢的事就放下一切去做。作为一家上市公司的董事长，他一年中有近1/3的时间在外登山、跳伞、玩极限运动等。

案例解析　可见，对一个从日历年龄来看已经属于老年人的人，其生理年龄、心理年龄和社会年龄不一定也已进入老年期。也就是说，这四种年龄在部分人身上可以表现得不一致。

那么，到底应该用哪个年龄来界定老年人和进入老年期的起点年龄呢？由于对于大多数个体而言，日历年龄、生理年龄、心理年龄和社会年龄尤其是日历年龄和生理年龄发展基本同步；另一方面，由于四种年龄中日历年龄最具操作性，可以进行统计和对比，因此，国内外通常用日历年龄来界定老年人。

目前国际通用的是把日历年龄60岁或65岁作为老年期的标准起点年龄。就中国而言，60岁是社会普遍认可的老年人的起点年龄。《中华人民共和国老年人权益保障法》(以下简称《老年人权益保障法》)就明确表示老年人是指60周岁以上的公民。

可见，老年人的起点年龄是以生物学规律为基础，采用日历年龄来界定的。未来，随着经济社会的发展、人类健康状况的改善，人口平均预期寿命普遍延长，同样日历年龄的老年人较之于现在会活得更健康、更长久，老年人的起点年龄应该会有所提高[①]。

二、老年人的分类

根据不同角度或标准，可以对老年人进行如下分类。

(一) 根据老年人的日历年龄分类

现阶段，我国通常按日历年龄将老年人分为低龄老年人(60~69岁)、中龄老年人(70~79岁)、高龄老年人(80岁及以上)。

总部设于瑞士日内瓦的联合国世界卫生组织(World Health Organization，WHO)经过对全球人体素质和平均寿命进行测定，对年龄划分标准作出了新的规定，该规定将人的一生分为5个年龄段，如图1-1-1所示。

| 未成年人 | 青年人 | 中年人 | 老年人 | 长寿老人 |
| 0至17岁 | 18岁至65岁 | 66岁至79岁 | 80岁至99岁 | 100岁以上 |

图1-1-1　世界卫生组织年龄划分

2015年，我国低龄老年人口占全部老年人口的56.1%，中龄老年人口占全部老年人口的30.0%，高龄老年人口占全部老年人口的13.9%，如图1-1-2所示。也就是说，当前我国老年人中超过一半的是60~69岁的低龄老年人，有约1/3的是70~79岁的中龄老年人，有约1/6的是80岁以上的高龄老年人。

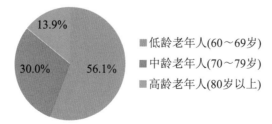

图1-1-2　2015年我国老年人按日历年龄分类情况[②]

①　老年人起点年龄不会无限地提高，因为要受制于人类寿命的极限。
②　数据来源：2016年10月9日全国老龄办发布的《第四次中国城乡老年人生活状况抽样调查》结果。

(二) 根据老年人的自理能力分类

根据老年人的生活自理能力①(Activities of Daily Living，ADL)状况，可以将老年人分为自理老年人、半自理(部分失能)老年人和完全不能自理(完全失能)老年人。老年人随着自理能力的降低，其需要他人照料的程度将上升。

(1) 自理老年人：日常生活行为完全自理，不需要他人照料的老年人；

(2) 半自理(部分失能)老年人：丧失部分生活自理能力、部分生活需要人照料的老年人；

(3) 完全不能自理(完全失能)老年人：完全丧失生活自理能力、必须完全依靠他人照料的老年人。

据2010年中国老龄科学研究中心所作的《中国城乡老年人口状况追踪调查》统计，中国日常生活完全不能自理(完全失能)的老年人有1213万人，其中城镇地区438万人，占36.1%，农村地区775万人，占63.9%；部分自理困难(部分失能)的老年人有2818万人，其中城镇地区971万人，占34.5%，农村地区1847万人，占65.5%。加总起来，日常生活完全不能自理和有部分自理困难的老年人总计4031万人，占当时(2010年)老年人口总数的22.6%。

(三) 根据老年人的居住地点分类

根据老年人的居住地点，可以将老年人分为机构老年人和居家老年人。

(1) 机构老年人：全日制居住在敬老院、托老所、养老院、老年公寓、福利院等各种养老机构以及社区养老服务设施中的老年人；

(2) 居家老年人：居住在自己、子女或其他亲属朋友家中的老年人。

统计数据显示，截至2015年底我国目前已有各类养老机构33 043个，拥有床位390.2万张，收养各类人员256万人，其中老年人228.5万人。而截至2015年底我国共有60岁及以上老年人21 242万人。②可见，目前我国老年人中只有10.8%的老年人是机构老年人，近九成老年人是居家老年人。

(四) 根据老年人的居住方式分类

根据居家老年人的居住方式，可以将居家老年人细分为独居老年人、只与配偶同住的老年人、与子女同住的老年人、三代同住的老年人、隔代同住的老年人、与其他人同住的老年人。

(1) 独居老年人：指一个人单独生活的老年人；

---

① 自理能力是以国际通行的包括"吃饭、穿衣、上下床、上厕所、室内走动和洗澡"六项指标的日常生活活动能力量表测量计算得出的。一到两项"做不了"的，定义为"轻度失能"；三到四项"做不了"的，定义为"中度失能"；五到六项"做不了"的，定义为"重度失能"。

② 资料来源：《中国民政统计年鉴-2015》。

(2) 只与配偶同住的老年人：指只与其配偶一起生活的老年人；

(3) 与子女同住的老年人：指与子女同住，以及与其高龄父母同住的老年人；

(4) 三代同住的老年人：指与子女、(外)孙子女同住，以及与其父母、子女三代同住的老年人；

(5) 隔代同住的老年人：指与(外)孙子女同住的老年人；

(6) 与其他人同住的老年人：指与除了以上情况之外的其他亲属、朋友或照料者同住的老年人。

我们也把独居老年人和只与配偶同住的老年人统称为"空巢老人"。

2010年，我国老年人只与配偶同住的比例最高，占总体的39.6%；其次是传统的三代同住，占26.4%；接下来从高到低依次是：与子女同住(占14.8%)、独居(占9.7%)、隔代同住(6.7%)和与其他人同住(2.8%)，如图1-1-3所示。

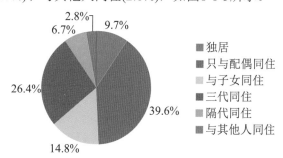

图1-1-3　2010年我国老年人按居住方式分类情况[①]

老年人的分类标准还有很多，比如按户籍性质可以分为城市老年人、农村老年人；按居住地与户口所在地关系可以分为本地老年人、异地老年人；按消费类型可以分为温饱型老年人、小康型老年人、发展型老年人和享受型老年人。

三、老年人的价值

一个人的价值是指一个人对他人和社会所作的贡献。在人生的不同阶段，人的价值亦有不同的表现和特征。

(一) 老年人的历史价值

老年人是社会的重要组成部分，从人类发展的历史长河来看，老年人是人类文明历史发展重要的一环，老年人存在的价值是人类社会从低级阶段向高级阶段进化的基本要素之一。在生产力不发达的原始社会、奴隶社会和封建社会，人们记载和利用现实生产力的主要途径是依靠生产和生活经验。所以，拥有丰富经验的老年人便成为

---

① 根据2010年全国第六次人口普查数据计算而来。

"智者"而备受尊崇。老年人曾经是生产经验、科学知识和先进技术的创造者和记录者。在人类社会的进化过程中，历经一代代人的努力，才有了今天高度发达的文明社会。可见，老年人作为家庭的尊长和社会的资深公民，他们曾在劳动年龄阶段完成了国家、社会和家庭赋予的生产和抚育的责任。尽管人到老年，由于劳动能力衰退而使大多数老年人退出了劳动力队伍，不再直接参加生产，但是他们在劳动阶段所创造的物质财富、知识和精神财富，仍然在社会进步和经济发展中继续发挥作用。

(二) 老年人的现实价值

很多老年人在进入老年期后仍然可以一定程度地为社会发展作出自己的贡献，这是他们的现实价值之所在。对于老年人的现实价值，可以从经济和文化两个层面进行分析。

1. 经济价值

(1) 直接经济价值

随着老年人健康水平的提高、寿命的延长以及积极心态的形成，越来越多的老年人不甘心赋闲在家，而是继续为改革开放和国家建设贡献一己之力。现在，一部分老年人在退休之后选择继续工作、参与社会劳动，例如再就业或者为社会公益事业服务。老年人的再就业能直接增加劳动力的供给，有效缓解现在及未来可能出现的劳动力短缺问题。有专业技术特长的老教师、老医生、老工程师等老年人从事科学文化活动，如著书立说、教书育人、科技咨询等工作也可以产生经济效益。但是由于这种效益在经济上不容易衡量，所以往往被忽视。老年人智力劳动的社会经济效益应该得到社会的承认，因为这种效益具有更深远和范围更广的影响。

(2) 间接经济价值

当部分老年人继续活跃在生产建设第一线时，还有很多老年人退居在家，在家庭中扮演着照顾者的角色。老年人的家务劳动(看孩子、看家、做饭、料理家务等)也是一种可贵的社会经济价值。因为，老年人从事家务劳动可以为其他家人的社会劳动创造必要的条件，使之全身心地投入工作。例如，老年人照顾孙子女等可以直接减轻成年子女的家务负担，全力做好工作。虽然家务劳动不具有直接的社会经济价值，不能用价格来衡量，也不被算作国内生产总值，但是可以看作一种间接的社会经济价值，因为它是社会经济发展所不可缺少的。如果用经济价值来衡量，老年家务劳动者应得到比较可观的报酬。虽然有人认为可以用雇用保姆的价格来衡量家务劳动的报酬，但是保姆的作用并不能完全替代家人的贡献，不能替代老年人对家务管理及对家人精神、心理各方面的照顾，保姆也不能完全替代老年人对家庭安全的价值。

另外，老年人的相互照料活动也具有一定的社会经济价值。老年人之间的相互照顾是比较普遍的情况。因此，提供照料的老年人的作用也具有很重要的价值，或者说是一种间接的社会价值。根据我国的一项调查资料，女性老年人照料配偶的比重，城市为

74%，农村为64%，超过子女给予的照料。[①]老年人照顾家人的价值还体现在对其高龄父母的照顾上。高龄化是全世界的普遍趋势，在老年人口中，80岁以上高龄老人比重将会越来越大。相当一部分高龄老年人是由其子女照顾的，而其子女很多也是老年人。

2. 文化价值

老年人除了具有经济价值外，还具有文化价值。文化价值是老年人具有的重要价值。当前，中国正处于社会转型过程当中，整个社会愈来愈强调各生产要素在经济中所起的作用，但这并不是说老年人的社会价值首先体现为经济价值。老年人由于生理方面的变化，其直接的经济价值已呈下降趋势，但文化精神价值依然存在，甚至有所提高。

案例1-1-2　　　　　　　　　　　　　　**"中国老年学之父"**

2017年96岁的邬沧萍教授(如图1-1-4所示)是中国人民大学老年学研究所教授，人们尊称他为"中国老年学之父"。他从事人口学和老年学教学研究超过半个世纪，在60大寿之后仍继续从事老年学教育和研究工作。现今九十多岁的高龄仍继续奋斗在教学岗位，依然热衷于为学生授课、参加学术会议。而且由于其爱人长期患病，子女都在国外，邬教授便成为其无微不至的照顾者。邬教授身体力行实践着"老有所为"，是当代老年人的榜样。

图1-1-4　　"中国老年学之父"邬沧萍教授

案例解析　伴随着社会的进步和社会保障体系的不断健全，老年人的健康、教育水平不断提高，70、80甚至90岁以上的老年人仍然积极参与社会活动，这是人类历史上前所未有的。

(1) 老年人是和谐社会建设的重要力量

首先，通过长时间的学习和实践，老年人身上凝结了由"历史"而产生的知识、

---

① 曾小五，朱尧耿. 老年人的价值及其价值实现[J]. 人口研究，2008(02):87-90.

经验和技能，这对社会发展和下一代的成长具有重要的指导或影响作用。其次，老年人的精神道德力量也不可小觑。道德是维护社会和人际关系的行为规范和准则，是人类社会存在和发展所必不可少的。老年人群体经历了生活的考验和磨炼，绝大多数人在道德规范方面更臻于成熟，在调整人际关系方面更加娴熟，更多地表现出谦和、忍让。例如，在我国基层社会工作中，很多离退休的老年人担任了维护社会秩序和调节工作(如图1-1-5所示)，农村老年人作为德高望重的长者在社会和家庭具有较高的地位，在调节民事纠纷、开展邻里互助、维护家庭和睦等方面发挥着积极作用。另外，老年人所表现出来的对国家的忠诚、对人民的责任、自我牺牲的精神、坚韧不拔的毅力、必胜的信念以及超越生命的勇气，对社会的道德氛围和道德风尚都具有重要的影响。

图1-1-5

(2) 老年人具有文化传递的价值

老年人除了以自己的文化优势直接贡献于社会，还在社会文化传递中起着重要的作用。《老龄问题维也纳国际行动计划》指出："人类的特点是：童年阶段长，青年阶段也长。在整个人类历史上，这一特点使得老年人教育年轻人并将种种价值留传给他们。老年人的这一作用保障了人类的生存和进步。"同时，老年人由于经历了人生的大部分时间，对社会和生活的发展有了较深刻的体验，大多懂得什么是人类文化中有价值的东西。他们在日常生活中言传身教、耳濡目染，以多种方式将文化传递给下一代。

(3) 老年人具有示范社会的价值

老年人以其一生的经历示范世人应该如何生活，其成功可以启发后人，其失败可以警示后人。老年人的经历不仅使后人知道哪些应该做，哪些不应该做，而且知道怎样做。他们的命运发展亦是后人对自己未来的展望。老年人因其贡献和价值得到承认而受到社会的关注，生活有所保障。后人也就无后顾之忧，不会为未来养老担心，努力专注于为社会作贡献。所以，老年人的示范作用是对后人的教育，也是保持社会继承和推动社会发展的重要条件。

(4) 从个体角度看，老年人是家庭的联络中心和子女的心理支持

多项调查显示，父母健在时，兄弟姐妹的交往频率大大高于父母双亡时兄弟姐妹的交往频率，前者较后者见面次数和聚会次数、频率都多出1倍以上。有人讲，家庭是人生最后的避风港，这话非常正确。当子女在工作或生活中遇到困难时，最先想到的就是父母，因为父母的帮助和开导是无私的、真挚的、富于情感的。随着社会经济的发展，人们生活节奏的加快，人们所面对的生活压力越来越大，父母的心理支持作用也将日益显现。

请每位同学回答如下问题：

一、请描述王教授的日历年龄特征和生理年龄特征。

二、请试着说说王教授心理年龄特征和社会年龄特征之间的关系。

三、根据老年人的日历年龄、自理能力、居住地点以及居住方式等分类标准，王教授属于哪一类老年人？

四、王教授的社会价值体现在哪些方面？

任务自评 ▶▶▶

评价内容		自评掌握等级 (A优秀；B良好；C一般)	总结
回答问题	主题明确		
	内容充实(涉及基本点分析)		
	逻辑严谨		
	能够充分利用情境中的信息		
知识点	判断该老年人的日历年龄、生理年龄、心理年龄与社会年龄之间的关系		
	依据不同的分类标准对老年人进行分类		
	当前国内外通用的老年人界定标准及其内涵		
	较为全面、客观地分析该老年人的社会价值		

延展阅读 ▶▶▶

老年的界定标准及其历史演进

自古以来，关于老年的起点众说纷纭、莫衷一是。时代变迁和地域分化造成了预期寿命的差异，这固然会让老年的定义因时因地而变，老年的起点因此也不尽相同。但更加重要的是，因为在对老年进行定义时所秉持的标准不一、依据有别，故而出现了对于老年起点的分歧。一种最为直观的老年定义标准是基于人类体表特征的变化。我国东汉时期成书的《说文解字》就指出，老年时期是"须发变白"的衰朽状态，70岁及以上才能算作老年。可见，生理表征在古代是定义老年的重要依据。70岁的老年起点在平均预期寿命可能只有20多岁的古代社会显得有些不可思议，但早在《礼·曲礼》中就有类似的文字："七十曰老，而传。"此处说的是，到了70岁称为老年，可将家事托付后人。这在一定意义上表明家长制下长辈在家庭资源代际传递中的决定性作用：70岁之前能够支配家庭资源，而进入老年期之后，就可以放弃对资源的掌控权。可见家庭规制等因素也能给老年定义提供依据。

我国古代的老年定义不单是参考上述标准。事实上，从社会经济领域出发进行年龄的划分往往更加普遍。由于不少朝代都会执行"免老"政策，对于封建统治者而言，老年定义标准将直接关系到赋税征收以及兵役、徭役征发所要面向的人口规模。按照《汉官旧仪》所载"无爵为士伍，年六十乃免老"可知，秦汉时代根据税役的需要，将60岁定为平民的老年起点。此后的各朝各代虽然把老年的起点年龄一变再变，但都大抵与之相当。可见，税役是古代定义老年的主要社会经济依据。不过，到了近代，老年官方标准的制定已经基本不再考虑税役的需要，而是更为关注社会保障的需求。19世纪末期，德国率先颁布对老年人给予救济的法令，其中以65岁作为获取保障金的起始年龄，五六十个欧美国家在这之后沿用了该标准。

在人口学方面，老年定义最早还是从人类(主要是指女性)是否保有生育能力这一角度着眼，将老年的起点定为50岁。该定义虽然在生理层面有着较为明确的依据，但到20世纪中叶以后却不再得到普遍认可，原因就是仅用生理标准界定老年，通常难以和经济社会发展的现实需要相适应，老年定义归根到底不是一个纯粹的自然和生理问题。随着人口老龄化的逐步蔓延、不断深化，老年定义渐渐稳定为两大方案：其一，受联合国委托，法国学者皮撒(Pichat)等人于1956年出版的《人口老龄化及其社会经济后果》使用65岁的起点设定，该书主要聚焦西方发达国家，老年定义基本上是与当时这些国家退休和社保的政策标准相一致，延续了德国老年救济法令的思路；其二，1982年的联合国"老龄问题世界大会"，考虑到要将发展中国家纳入老龄研究的范畴之中，60岁的起点设定比65岁更能有效反映发展中国家的经济社会发展状况，于是又提出了60岁的起点设定。时至今日，这两种老年定义的方案已被普遍认可和广泛采用。

(资料来源：翟振武，李龙.老年标准和定义的再探讨[J].人口研究，2014，38(6):57-63.)

掌握老年人的特点

学习目标

知识目标

1. 掌握老年人生理特点；

2. 熟悉老年人心理特点；

3. 了解老年人社会特点。

能力目标

能正确、客观地了解和认识老年人。

素质目标

1. 充分理解老年人，尊重老年人的需求；

2. 培养同理心，从老人角度出发思考问题。

情境导入

　　水田小区为某城市的一个老旧小区，在这个小区内经常会听到年轻的有车一族长鸣喇叭，非常刺耳。而让这些年轻人鸣笛的原因多半是居住在这个小区内的老年人轮椅或走路步伐缓慢挡住了道路。为了让更多的年轻人理解老年人，体验老年人的生活状态，水田社区服务中心准备开展一项"换上体验服，穿越到老年"的体验活动。

任务描述 ▶▶

　　此次体验活动是一场穿越时光之旅，当体验者穿上全套"老年体验服"时，如图1-2-1所示，就一下子从青春岁月穿越到六七十岁的自己。社区服务中心希望通过这次"穿越时光之旅"让更多人了解、关心、关爱老年人。作为体验者，请你完成此次体验活动中的各项任务。

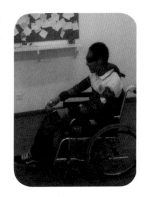

图1-2-1

一、老年人的生理特点

老年人的典型特点就是"老"，即老化、衰老的意思，而人的衰老往往是从生理方面开始的，这种生理特点的变化不仅体现在老年人外观形态上，还反映在老年人身体细胞、组织和器官及其功能的变化上。

(一) 老年人的外形特点

1. 头发

随着人体的衰老，老年人毛囊中的色素细胞逐渐停止产生黑色素，头发开始变白；随着年岁的增加，白发的数量也越来越多。很多老年人会同时伴随脱发甚至秃顶的情况，如图1-2-2所示。

图1-2-2

2. 皮肤

随着年龄的增加，人的皮肤开始萎缩、变软、变薄、光泽减退、弹性降低，干燥起皱，甚至出现老年性的色素斑等，如图1-2-3所示。这些皮肤的变化主要是因为老年人体内的细胞水分减少，细胞萎缩，体积变小，新陈代谢速率减慢。

图1-2-3

3.身高

人到老年时，脊柱椎间盘萎缩、变薄，脊柱渐渐变短并且有弯曲，使老年人的身高渐渐降低。伴随这一变化，老年人会出现弯腰驼背等体征。

4.体重

老年人体重的变化因人而异，有些老年人随年龄增长体重逐渐减轻，变得消瘦，这是因为老年人的细胞内的液体含量逐渐减少；但也有老年人体重逐渐增加，这是因为脂肪代谢功能减退导致脂肪沉积增加。

5.其他

除上述特点外，老年人也会出现：牙齿松动脱落、语言缓慢、耳聋眼花、手哆嗦等显著特点。这些变化的个体差异较大，与个人的健康状况、生活方式、营养条件、精神状态和意外事件等因素都有密切关系。

(二) 老年人的生理特点

虽然老年人由于个体差异的不同，身体机能衰退的情况也各不相同，但总的来说，生理功能随年龄增长而发生的变化是有规律的，各个组织、器官系统将会出现一系列慢性的衰老变化，并呈现出各自的特点。

1.心脏和血管的特点

(1) 心脏

随着心脏日益老化，心肌逐渐萎缩，心脏变得肥厚硬化，弹性降低，这些变化使得心脏收缩能力减弱，不仅心跳频率减慢，心脏每次搏动输出的血量也会减少。心输出量随年龄增长而减少。心输出量降低，输送到各器官的血流量也就减少了，供血不足则会影响各器官功能的发挥。

(2) 血管

动脉硬化是心血管系统老化的重要特点。随着年龄增长，动脉弹性降低，动脉硬化逐渐加重，从而使机体主要器官——心、脑、肾的血管对该器官的供血不足，导致出现相应功能障碍。如果是冠状动脉硬化，供给心肌的血液不足时，就会引发冠心病，其主要表现是心绞痛、心律失常或心肌梗死等。动脉硬化还会引发高血压。因此，在老年人群中，心血管系统最常见的疾病就是冠心病和高血压。心血管系统的疾病往往是影响老年人身体健康的主要疾病之一(如图1-2-4所示)[1]。

① 资料来源：《中国心血管病报告2016》。

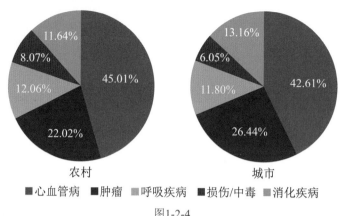

农村　　　　　　　城市

■心血管病　■肿瘤　■呼吸疾病　■损伤/中毒　■消化疾病

图1-2-4

2. 呼吸系统特点

呼吸系统是执行机体和外界进行气体交换的器官的总称。呼吸系统的机能主要是与外界进行气体交换，呼出二氧化碳，吸进新鲜氧气，完成气体的吐故纳新。呼吸系统包括呼吸道(鼻腔、咽、喉、气管、支气管)和肺。

老年人的呼吸功能明显退化，肺的通气和换气功能减弱，造成一定程度的缺氧或二氧化碳滞留现象，因而容易引发肺气肿和呼吸道并发症，如老年慢性支气管炎等。

3. 消化系统特点

消化系统的基本功能是食物的消化和吸收，供应机体所需的物质和能量。消化系统由消化道和消化腺两大部分组成。消化道包括口腔、咽、食道、胃、小肠和大肠等部。消化腺有小消化腺和大消化腺两种。

随着年龄的增高，老年人口腔黏膜过度老化，味蕾数目减少，味觉功能退化、降低，影响食欲。牙齿松动或脱落，影响了牙齿的咀嚼功能，也影响了食物进一步消化。同时老年人的胃肠道黏膜逐渐萎缩、各种消化酶的分泌逐渐减少，肠道消化功能逐渐减退，吸收功能降低。消化腺体也进一步萎缩，消化液分泌减少，消化能力下降。因而造成老年人许多消化系统的疾病，如反流性食管炎、便秘、胃炎等。

4. 运动系统特点

人体的运动系统是由骨、骨连结和骨骼肌三种器官组成。骨骼肌附着于骨，受神经系统支配，可收缩和舒张并牵动骨，通过骨连结产生运动。

老年人的骨细胞的新生能力随着年龄的增加不断下降，随之产生骨萎缩，可进一步发展为骨质疏松。同时骨骼中的有机物质，如骨胶原、骨黏蛋白等减少，无机盐如碳酸钙、磷酸钙等却增加。而无机盐含量越高，骨骼的弹性和韧性越低，因而老年人容易发生骨折。

骨骼肌在中年以后，肌肉的力量不断减弱，尤以腰部和下肢最为明显，故中老年人容易感到腰痛。骨关节也随着衰老的发展而发生改变。随着日积月累的损耗，作为"关节垫子"的关节软骨的弹性降低并变脆。同时，关节腔内起滑润作用的滑液也随

老年人
服务与管理概论

016

着年龄的增长而减少。这些变化，是老年人骨关节炎发生的重要原因。而关节周围的韧带逐渐弱化，使老年人的下肢难以支撑全身的重量，故时常感到站立不稳、活动困难，发生跌倒者也屡见不鲜。

运动系统变化的重要原因是老年人体力活动减少。因此，为延缓运动系统的衰老过程，老年人一定要根据自身的特点，注意安排适当的体育锻炼和力所能及的体力活动。

| 案例1-2-1 | 八旬老人睡觉翻身腰椎骨折 |

家住五堰的李爷爷今年82岁。1个月前，他睡到半夜时，不由自主地翻了个身。翻完身后，他觉得腰部隐隐作痛。由于年事已高，身上各部位总是无来由地疼痛，他也就没放在心上。谁知，第二天一大早，腰背疼痛愈发剧烈。李爷爷起床时就挣扎了好一会儿，下地走路更是直不起腰来。因疼痛难忍，李爷爷来到了市人民医院就诊，这才知道，自己的腰椎竟然骨折了，居然是因半夜睡觉翻身引起的。医生告诉他，他的骨折看似睡觉翻身引起的，实际上罪魁祸首是被称为"沉默的杀手"的骨质疏松症。

案例解析 像案例中李爷爷这样的老年人要警惕骨质疏松所有可能引发的骨折情况。出现腰背疼痛等情况时应引起警惕，必要时及时上医院就诊。

5. 内分泌系统特点

内分泌系统由内分泌腺和内分泌细胞组成，是体内信息传递系统。它与神经系统相辅相成、相互配合，共同调节机体的生长发育和各种代谢，维持内环境的稳定，并影响行为和控制生殖等。

人体内有众多内分泌腺，如：肾上腺、胰腺、甲状腺等。它们可以合成和分泌各种生命活动中的激素，从而调节人体的代谢过程、脏器功能、生长发育、生殖衰老等生命现象。内分泌腺衰老的一般规律是腺体萎缩、重量减轻和功能减退。老年人在内分泌方面常见的疾病主要有：糖尿病、肥胖症、甲状腺功能亢进、甲状腺功能减退、痛风、骨质疏松等。

6. 神经系统特点

进入老年期后，人的大脑逐渐萎缩，脑重量减轻，脑细胞数相应减少20%～50%。老年人易患脑动脉硬化，其血流量可减少近1/5。另外，老年人神经传导功能下降，对刺激的反应时间延长，大多数感觉减退、迟钝甚至消失。这些改变标志着老年人的脑力劳动能力减弱，只能从事节律较慢的活动、负荷较轻的工作。

由于神经中枢机能衰退，老年人变得容易疲劳、睡眠不规律(如图1-2-5所示)等。此外，脑功能的失调还容易出现智力衰退引发的阿尔茨海默症。

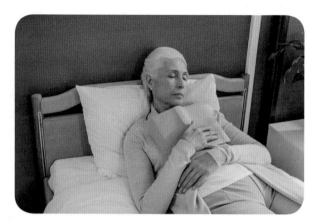

图1-2-5

阿尔茨海默的痛

许老太70多岁，家中养着一条小狗做伴。白天经常在外面晒太阳，腿脚不利索，走不远。老太有两个儿子，平时轮流过来照顾，给她做饭、洗衣等，还开车带她出去玩儿。今年起，老太患上阿尔茨海默症，慢慢地不认人了，经常往外面跑，好几次被小区的门卫发现后送回来。这段时间，趁儿子不注意，老太又偷着跑了出去，不小心把胳膊摔骨折了。等胳膊刚好一些，又开始大闹起来。她老怀疑儿子偷了她的钱，大声嚷嚷："我家招小偷了，大家快来帮我逮小偷啊！"有些时候，她坐在家门口，见到有进出的邻居，便拉住对方的手，说道："可怜可怜我吧，我家招小偷了，帮我去报警！"两个儿子很是无奈。

案例解析 案例中的许老太所患的是阿尔茨海默症，属于神经系统退行性疾病，伴有记忆障碍、失语、失认等，以及人格和行为全面改变的症状。

7. 感觉系统特点

感觉系统是神经系统中处理感觉信息的一部分，包括感受器、神经通路以及大脑中和感觉知觉有关的部分。通常而言，感觉系统包括那些和视觉、听觉、味觉、嗅觉及触觉相关的系统。

随着年龄的不断增长，老年人的感觉器官也在不断衰退。在视觉上，老年人会出现不同程度的视力障碍，比较常见的是远视(即老花眼)、老年性白内障等。而在听觉上表现出听力的减退甚至不同程度的耳聋。味觉上由于舌乳头和味蕾的味觉神经末梢的萎缩，造成很多老年人常感到饮食无味。嗅觉则随着老年人鼻内感觉细胞逐渐衰竭，导致嗅觉变得不灵敏，而且对从鼻孔吸入的冷空气的加热能力减弱，因此老年人容易对冷空气过敏或患上伤风感冒。而由于皮肤内的细胞退化，老年人的触觉和温度觉减退，容易造成烫伤或冻伤。另外，痛觉也会变得相对迟钝，以致难以及时避开伤害性刺激的危害。

总之，各种感觉能力和功能的衰退，使老年人对外界的各种刺激表现出感受性较弱、反应迟钝等状况。对于生理功能退化这一现象需要客观认识并在照料老人时格外注意。

二、老年人的心理特点

步入老年阶段后，随着生理功能的衰退、社会生活的减少、角色地位的转变，老年人容易产生心理上的变化。有的老年人容易发怒、焦虑甚至抑郁；有的老年人则会产生自卑、孤独、失落等消极心理状态。下面我们来看看老年人常见的心理特点。

(一) 失落感

青壮年时期正是一个人为社会作贡献、为家庭忙碌的黄金时期。在单位里，他们肩负着生产或管理等岗位的重任；在家庭中，他们担当着维持生计、照顾亲人、教育子女的责任。这一阶段正值人生重要时期，他们生活目标明确、社会角色鲜明，充满着希望与乐趣。

随着岁月流逝、生活节奏与模式的改变，步入老年期的他们不再扮演过去的社会角色，减少了工作与社会活动，长期赋闲在家，极容易产生失落感(如图1-2-6所示)。这种失落感一般表现为：焦虑、抑郁、沉默寡言、表情冷淡、情绪低落，甚至急躁易怒，易发脾气，对周围的事物看不惯，为一点点小事与人争执。

图1-2-6

树立积极的人生态度是降低失落感的有效方法。老年人应明确自己的生活目标、发现自己的优势，继续发挥自身的价值。

(二) 孤独感

孤独感是指个体由于社会交往需求未得到满足而产生的一种内心体验，它往往给人带来寂寞、被冷落甚至被遗弃的感受。

老年人体力渐衰，行动不便，远离社会生活，很容易产生孤独感。有些老年人由于丧偶、独居、离异、退休等原因，这种孤独感就更加强烈。某机构对一社区老年人孤独感的研究表明，虽然只有一小部分(7%～9%)老年人有严重的孤独感，但不少于1/3的老年人在生活中有某种程度的孤独感。[①]研究还表明老年人孤独感的产生也受性别、年龄、健康状况、受教育程度、家庭经济状况和社会支持等方面的影响。

① 赖运成. 老年人孤独感的研究进展[J]. 中国老年学杂志，2012-11.

孤独感会对老年人产生消极影响。孤独的老年人更可能患高血压，此外，孤独也会使老年人更容易抑郁，导致认知功能、生活满意度、幸福感水平下降，甚至走上自杀之路。

(三) 忧郁

随着身体功能的衰退，生理上的老化现象日趋明显，往往给老年人心理上带来一定程度的不适感。生活中较多的重大变故和消极的认知等，这些都是导致老年人忧郁的主要原因。有忧郁情绪甚至抑郁的老人常表现出自卑感强、遇事爱自我责备和自我贬低，严重的会影响其日常情绪以及正常的睡眠和休息，甚至还会出现自杀倾向，如图1-2-7所示。

图1-2-7

案例1-2-3 　　　　　　　　　**关注老年人心理健康**

宋奶奶，60岁，大学教师，去年退休，与老伴一起生活。一儿一女定居国外，很少回来。退休前宋奶奶的工作十分忙碌，在大学里每天与学生打交道、做活动，很是充实。退休后，她就很少有机会与学生们交流、互动了，也逐渐少了与朋友们的交往。一年的光景，宋奶奶像完全变了一个人。她成天目光呆滞、脸色灰暗，情绪十分低落。由于活动量少了，食欲也随之减退，导致体重也有所下降。这些天来，宋奶奶的情况更糟糕了。她经常失眠，而且注意力很难集中，记忆力也迅速减退。老伴儿十分担心宋奶奶的情况会继续恶化。

案例解析 宋奶奶退休后，离开了原有的工作岗位和社会生活，从充实忙碌的工作岗位转入闲暇的家庭生活。这种转变本身就会对老年人的状态和情绪产生严重的影响，同时宋奶奶的儿女又不在身边陪伴，社会角色转变而产生的失落感和空巢家庭特有的孤独感造成了宋奶奶的消极情绪和生活状态。

(四) 焦虑

老年人的身体器官功能衰退、日常生活的改变，或者某些疾病以及某些药物带来的副作用，都容易引起老年人的焦虑反应。主要表现为心烦意乱，坐卧不安，有时会因为一点小事而提心吊胆、紧张恐惧，往往还会担心自己的亲人、财产、健康等。

老年焦虑症是广泛存在于老年群体中的一种神经症，是影响老年人心理健康的一个重要方面。据统计，焦虑症在老年人群中非常普遍，其发病率是老年抑郁症的两倍，大约有7%的老年人都患有老年焦虑症。可见，焦虑症正成为我国老年人中最具威胁性的疾病之一，严重影响老年人的生活质量，限制老年人的日常活动，降低老年人的主观幸福感。[①]

其实，老年焦虑症是比较容易治愈的心理疾病，但因识别率低，所以不易察觉，往往容易发展转型为其他严重精神类疾病。

案例1-2-4　　　　　　　　　**独居老人的焦虑**

许爷爷年近七旬，多年前老伴去世后，他就一直独居。平时几乎没什么爱好，与亲友间很少走动，儿女们忙于工作也很少探访。一年前他被发现有高血压，就医服药后，血压一直控制在稳定的水平。不过近一年来，许爷爷经常会莫名其妙地感到心慌、心烦、胸闷，腹部也常会有不适感，而且每次位置和情况都不一样。有时腹胀、腹痛，有时又感觉腹中有异物等。由于总觉得身体不舒服，他整日唉声叹气。一个月前，许爷爷的不适感加重了。他感觉呼吸困难、心跳加速、手脚无力且冰凉、易出汗。他怀疑自己心脏有问题，去了几次急诊，做了全面检查，除了心电图提示心率不齐外，其他检查项目均很正常。但许爷爷对这样的检查结果仍然不能释怀。

案例解析 许爷爷是典型的对自身健康的焦虑。因为之前检查出的高血压让许爷爷产生了一些恐慌，担心自己的身体出现状况，所以总感觉自己浑身不舒服。

(五)怀旧

怀旧是个体对过去的向往，这种向往既有可能是对故乡的思念，也有可能是对一个人、一件事的渴望(如图1-2-8所示)。现在怀旧更多地被定义为一种情绪体验，这种情绪倾向可以是积极、消极和喜忧参半的。[②]

图1-2-8

老年人的怀旧情绪往往是因为闲暇在家，无所事事。逐渐减少的社会参与，使老年人对新事物的适应能力、理解能力、接受能力降低，更愿意回忆往昔。老年人的怀旧主要体现在喜欢讲自己的往事，反复观看对自己具有特殊意义的纪念品、生活用品、书信、照片等。这些状态都是对过去的时光和以往美好时代的怀念。

如果老年人对于提起过去的事情总是精神振奋，能够把忧愁与烦恼抛至九霄云外，保持乐观，消除紧张情绪，这种怀旧往往有益于身心健康，值得提倡。但若认为今不如昔，只看重以前的事情，认为现在的事情没有什么新意，无法提起兴趣，这样就容易产生消极情绪，长此以往就会对身体健康产生影响。

(六)渴望自我实现

很多老年人倾向于将感情和生活重点重新放在家庭和儿女身上。造成这种现象的

---

① 陈新国，周长甫，刘杨，梁敏，徐理. 老年焦虑症及其临床干预措施探究[J]. 生理应用与技术，2014-05.

② 苏娜. 老年人的怀旧心理[J]. 科教文汇，2014:285.

原因是有些老年人退休后，突然变得无所事事，导致心理落差较大。由于他们的社会生活范围变窄，因此对子女的情感依赖就越来越强。他们希望通过对儿女的关心和牵挂来引起孩子们对自己投入更多的关注和爱。通过这种方式不断地进行自我暗示，证明自己是有用的，是有价值的。

同时，很多老年人也愿意主动参与社会公益活动或者返聘回单位，这些都是希望得到他人和社会的认可，实现自身的价值。

案例1-2-5　　　　　　　　老人退休在家 切莫操心过度

李奶奶今年60岁了，退休以前在郑州一家大型国有企业从事行政工作，由于儿女都已成年，再加上她平时的工作也非常忙，因此很少过问家里和子女们的事。不过，这一切在老人退休后却突然变了样。在孩子们看来，母亲操劳了一辈子终于可以好好休息休息，享受一下天伦之乐了。但是让他们没想到的是，退休后的母亲像变了一个人，以前对儿女们的事情都不怎么管，但现在却是事必躬亲。儿子都已经是40岁的人了，老太太却还天天打电话问他吃饭、休息的情况，问孙子的学习情况。时间一长，儿子、媳妇和孙子对她的唠叨也开始显得不耐烦了，李奶奶心里十分难受。这时，李奶奶所住的社区居委会正好需要一位管理人员。由于居委会工作人员知道李奶奶曾经有过大型国企的管理经验，同时又了解到李奶奶目前跟家人相处的困惑，就鼓励李奶奶接受这份工作，别把注意力和重心都放在家庭上。李奶奶接受了这份工作后，跟家人的关系缓解了，同时自己也感觉特别充实。

案例解析 案例中的李奶奶正是退休后害怕变得无所事事，才把注意力和精力都放到了子女身上，希望得到子女的关注和尊重，想证明自己还是"有价值"的，并非老无所用。但是实现自我价值的途径有很多，老年人要发挥自身特长，找到适合自己的自我实现方式。

三、老年人的社会特点

进入老年期后，其角色与地位都会发生相应的变化，主要体现在社会角色转变和家庭角色转变两个方面。

(一) 老年人社会角色转变

1. 社会角色调整

大部分老年人退休后会闲暇在家，生活方式与节奏发生了改变，与朋友或同事的交往也大幅减少。对于一部分老年人来说，"退休"是期待已久的解脱和释放，可以抛开繁忙的工作和压力，去实践一些年轻时因事业或家庭忙碌而无法实现的想法。所以，"退休"可以说是一种"新生活"的开始。

而另一部分老年人，会因为失去工作所带来的成就感、责任和权利、社会地位等的降低而陷入失落。同时，生活节奏由原来的紧张、有序转为清闲、松散状态，社会交往对象范围骤然缩小，人际关系发生变化，这些都会使其在心理和情绪上发生改变。

案例1-2-6　　　　　　　　　　　**老年人应及时调整角色转变**

郑爷爷，60岁，老党员，任行政机关领导多年。今年退休，与老伴住一起，儿女都在外地工作。退休后他每天就是看看电视，种种花草，刚开始觉得日子闲散舒适，但是时间长了，渐渐感到时间过得很慢。早上起床后感觉没什么大事可做，十分无聊。心里有一种说不出的失落感，常坐在那里叹气，闷闷不乐。老伴发现他不像以前那么开朗了，问他有什么烦心事他也不说，劝他去公园走走，他也不感兴趣。他说不知道怎么安排生活，觉得自己是一块朽木了，老了。最近饭量也小了，身体也没以前好了。

案例解析 职业历程是人们获得满足感、充实感和成就感的重要形式，是实现自我价值的重要途径，而像案例中郑爷爷这样的老年人正在丧失这一体验。同时，离退休还打破了老年人在工作时养成的特定的生活方式和生活习惯，常使老人茫然不知所措。

2. 社会地位弱化

社会地位是指社会角色赋予人们的社会责任和社会尊严。老年期是社会角色变化的时期，也是社会地位转变的时期。老年人逐渐丧失劳动能力，收入明显减少，被关注度降低。

经济的高速发展需要能力强的年轻劳动者，而老年人知识更新能力较弱，同时随着年龄的增长体力逐渐降低，思想上怕变求稳，较难适应快速发展的社会需要。

3. 社会活动参与度降低

老年人的社会参与既是社会发展的需要，又是自身安度幸福晚年的需要，也是老年人的权利。老年人的社会参与包括：参与社会经济发展活动、社会文化活动、家务劳动、人际交往、旅游活动和家庭范围内的文化娱乐活动。

但是目前来看，老年人的社会参与度普遍偏低，造成这种情况的原因主要有如下几点

第一，受自身身体状况的影响。一部分老年人身体状况欠佳、行动不便等因素造成了客观原因上的参与社会活动减少。

第二，受经济条件的限制。对大部分老年人而言，退出工作岗位后，收入大大减少，再加上老年人随着年龄的增长患病风险增大，导致经济上有所下降。

第三，社区支持和专业人员的匮乏。社区对老年人参与社会活动的认识较为浅薄，在组织相关社会活动时缺乏经验，提供的服务也往往与老人的需求脱节，不能有

效地组织老年人参与社会活动。

第四，受传统观念影响。一方面，社会普遍认为老人辛苦了一辈子，该享享清福了，认为老年人在基本生活得到保障后应享受安宁、休闲的生活，不应再去外面参加活动。另一方面，老年人对生活的要求比较简单，觉得"吃饱穿暖""儿孙满堂"就知足了，没有意识到实际生活还需要更多的精神文化。

针对老年人的这种社会参与活动减少的现象，一方面要促进老年人改变自身的观念，加强家庭鼓励作用和社区支持力度；同时，需要提升社会认同度，加大政府支持力度。

(二) 老年人家庭角色转变

随着社会角色的转变，老年人在家庭中所扮演的角色也相应发生了改变。这种改变主要体现在夫妻关系中的角色改变和同子女关系的角色改变。

1. 夫妻关系中的角色转变

夫妻关系是最亲密、最永久的，它将伴随人的一生。人到老年，朝夕相处最多的是配偶。年轻时夫妻忙于工作，相对独立。退休后，在家的时间多了，夫妻之间的相处模式发生了改变。此时，夫妻二人更需要相互依靠，安度晚年。所以夫妻关系要本着"互敬、互爱、互信、互帮、互慰、互让、互谅"的原则，经常沟通和交流思想感情，克服各自性格上的差异，在相濡以沫中深化感情，融洽关系，这样能够更好地避免无谓的争执和不快。

当然，也会有另一种情况的角色转变。正当夫妇二人准备携手安度晚年之时，一方不幸先行离世，造成另一方的鳏寡独居。

案例1-2-7 **重新看待夫妻关系**

刘奶奶和李爷爷于两年前退休，退休前两位老人的工作都十分忙碌。退休后，由于儿女已经成家且不在一起生活，老两口过上了"二人世界"。刚开始，老两口还很期待，但时间长了却发现两人经常口角不断，十分影响感情。原来，在退休前，李爷爷因为工作需要，经常出差在外，跟刘奶奶聚少离多，两人相处的时间有限。而刘奶奶一边工作一边操持家务，很少跟李爷爷有交流。但是，当两人有了大把的时间在一起时，却发现原来两人之间有很多问题。为了缓解两人的紧张关系，儿女们为老两口报了旅行社，希望他们能够在旅行中互相理解、帮助、关爱对方。果然，在美好的旅行中，刘奶奶和李爷爷主动地关心、照顾彼此，相处更为融洽。现在李爷爷和刘奶奶已经环游大半个世界了，非常幸福。

案例解析 案例中李爷爷和刘奶奶的夫妻相处方式在退休后发生了改变，由聚少离多的情况变成了朝夕相处，这种家庭生活中的角色转变自然需要老年人去及时地调节和转变观念。

2. 同子女关系的角色转变

随着年龄的增加、社会的进步，老年人的体力、精力、观念、学习能力等方面的衰退，都不太适合在家庭中发挥主导地位。同时，作为父母也要认识到子女已成为具有独立人格的成年人，所以在家庭生活中老年人要尽量降低以往的"大家长"姿态，尽量避免对子女指责埋怨、挑剔唠叨，要多沟通交流、关心爱护，拿出长者的气度和胸怀。

同时，作为子女，也要尊重和赡养老人。对老年人经济上提供保障，生活和精神上给予照料。

案例1-2-8	调整与子女的关系

张奶奶最近一直闷闷不乐，十分气恼。同小区的老姐妹们看出张奶奶的情绪不对，便询问她发生了什么事情。原来张奶奶的儿子最近换了工作。这本不是什么大事，但是让张奶奶不能接受的是，儿子把公务员的工作辞掉了，去了一家私有企业，而且没有跟张奶奶商量。张奶奶气得在家里大发雷霆，可是儿子却不以为然地说："这是我的生活，我的人生，我自己决定。"当张奶奶把满肚子的委屈说完后，本以为能得到老姐妹的支持，可是跟张奶奶关系最好的宋奶奶说："哎哟，这就是你做得不对了，孩子说得没有错，他已经是个成年人了，知道自己在做什么，咱们要把决定权交给孩子自己去决定……"张奶奶听了宋奶奶的话若有所思了许久，终于想通了。回到家中，跟儿子好好地交流后，表示支持儿子的想法。两人的关系也缓和了很多。

案例解析 张奶奶这样的老年人是典型的"大家长"作风，习惯于子女什么事情都要同自己商量、要经过自己的同意。但其实，作为老年人，当子女成年后，要逐渐转变这种想法，多让子女发挥在家庭生活中的主导作用，尊重和理解子女。

任务实施 ▶▶

步骤一：讲解"老年体验服"使用说明。

步骤二：按照以下环节，体验"老年服"。

1. 每2~3人为一个学习组，一人体验"老年服"，其他人协助体验者进行活动；

2. 体验者按照表格要求完成指定动作；

3. 每个小组的体验者和协助者完成"老年体验服体验记录表"；

4. 体验完毕后，小组进行组内交流、讨论，体验者总结穿着体验服时感受到的老年人特点。

老年体验服体验记录表

项目	完成动作	生理感受	心理感受
简单动作	1. 抬四肢活动		
	2. 坐下、起立、蹲起		
	3. 慢走、跳、跑、爬楼梯		
日常生活动作	1. 阅读		
	2. 接打电话，收发短信		
	3. 使用电脑		
	4. 喝水、吃饭		
	5. 购物		
	6. 与人交谈		

任务自评 ▶▶

任务内容	自评掌握情况			备注
	A良好	B一般	C不好	
1. 穿戴体验服是否规范				
2. 动作是否完成				
3. 生理感受是否完全、具体				
4. 心理感受是否真实				
5. 其他自我感受				

老年人服务与管理概论

延展阅读 ▶▶

空巢老人心理健康的现状

"空巢"(empty nest)这一术语最早源于自然界，是指雏鸟逐渐长大展翅飞翔，并开始独立筑建自己的幼巢，母巢里只剩下年迈老鸟的现象。随着家庭生命周期理论的提出，空巢这一概念便逐渐在社会人口学领域活跃起来，它代表着人类家庭生命周期中一个必不可少的阶段。在这个阶段，孩子完成了学业开始步入社会，而父母却已离退休，独自留在家里。自20世纪以来，随着社会经济的不断发展，生活水平和医疗技术的不断提高，人类的平均寿命得到延长，许多国家相继出现了人口老龄化趋势。为此，空巢老人已成为一个比较普遍的社会现象。作为一个特殊的老年群体，空巢老人的心理健康引起了国内外研究者们的高度关注，逐渐成为一个热点课题。

一般而言，空巢综合征是指父母因子女离开而难以适应，同时因缺乏关爱、与子女沟通障碍等产生的一系列身心症状。其主要表现有：焦虑、失落、抑郁、恐惧、失眠、头痛、食欲不良等。这些症状如长期得不到缓解就会导致老年人性格变得孤僻、自闭，内分泌紊乱，免疫力下降，严重时甚至可能引发阿尔茨海默症。后来，Sartori等(2009)对空巢综合征作了进一步说明。首先，他们认为空巢综合征是指父母因孩子离开而产生的一种不良感受或情感压力。其次，不同的文化背景下，随着时间的推移，空巢综合征的发展具有两面性(即消极性与积极性)。消极方面，老人常常会觉得被子女抛弃或被孤立，由此而变得悲伤、焦虑、抑郁、失去信心、自我否定或低自尊等；积极方面，则是老年夫妻一起积极应对，和谐相处，用其他方式来弥补孩子的缺失，经过一段时间的角色适应后，症状逐渐消失。最后，他们提到空巢综合征的形成还伴随着多种生活事件的发生，如退休、更年期等。因此，对空巢综合征的成因分析不应仅考虑子女的离开，还应该结合同时期的其他重要生活事件以及所生存的文化背景等来综合考察。

(资料来源：卢慕雪，郭成.空巢老人心理健康的现状及研究述评[J].心理科学进展，2013-11.)

任务三
发现老年人的需求

学习目标

知识目标

1. 理解老年人生理需求内容；

2. 理解老年人心理需求内容；

3. 了解老年人社会需求内容。

能力目标

1. 能够根据老年人提出的需求进行归类；

2. 能够用调查法，掌握老年人的需求。

素质目标

1. 认同接纳老年人的需求，保持平和的心态；

2. 对待老年人应具备耐心及和蔼的态度。

情境导入

　　65岁的石奶奶，儿子多年前移民国外后，几年前老伴也因病去世，她只能一个人生活。时间长了身体每况愈下，加上严重失眠，导致出现了精神恍惚等现象。有一天，她在公园锻炼时突然摔倒了，疼得自己无法起身，幸亏有个老伙伴在身边，及时拨打了急救电话，石奶奶被及时送去医院……她被医生诊断为腿部骨折，需要住院治疗一段时间。由于她伤势较重，所以生活上也需要别人的帮助，只能请来一位保姆。保姆的工作态度有问题，对她照顾得不够周到，因此她天天心情不悦，唉声叹气，觉得人生没有了乐趣。石奶奶希望出院后，通过可靠的社会保障渠道，聘请一位负责的护工来长期照顾自己的生活，但是却发现这个愿望实现起来有一定难度，她再次陷入苦闷之中。

　　那么有什么办法可以帮助石奶奶渡过难关呢？

任务描述 ▶▶

　　1. 以小组为单位，讨论石奶奶目前的需求。

　　2. 以小组为单位，讨论一下可以满足石奶奶需求的解决办法，并由小组代表进行发言。

人的需求是生理上对食物、水、氧气以及躲避伤害的要求和心理上对友谊、自尊、求知等的追求。[①]需求具有如下特征：对象性，任何需求都有明确对象，抑或是追求或避开某一事物的意念；阶段性，需求随着年龄、时期的不同而变化，且有周期性；社会制约性，需求受时代、经济、阶级性等影响，也随人类社会进步而不断发展；独特性，不同生理条件、遗传因素、社会地位、经济状况等的人，会有不同的需求。

需求常常被划分为物质需求和精神文化需求、显性需求和潜在需求等；如果按个体和社会划分，需求又可分为个体需求和社会需求。下面将结合马斯洛需求层次理论具体介绍老年人的各类需求。

一、老年人的生理需求

依据马斯洛需求层次理论，生理需求是一个人最基本和最原始的需求，源自身体感官。它处于人类需求层次的最低端，对个体行为动力的产生影响重大，必须首先获得满足。生理需求包括衣食住行、呼吸、睡眠、性、健康长寿等需求。对老年人来说，就是老有所"活"、老有所居等。

(一) 衣食住行

1. 衣

随着国家的发展和经济的进步，老年人的生活水平和生活质量也在不断提高，许多老人对着装也很有讲究，要舒适得体、轻软宽松、简便整洁、端庄大方等。春秋早晚温差较大，老年人应根据气温变化及时增减衣服；冬季天气寒冷，应穿着暖和、轻软和便于行动的服装。总之，老年人着装应合乎生理需求，有益健康长寿。

2. 食

在饮食方面，"食不果腹"的年代已经一去不返。在这种条件下，老人特别要注意日常饮食的科学健康，不能挑食、厌食或暴饮暴食，应在保证营养的前提下，选择那些容易消化的食物，这样既不会增加肠胃负担，也不易导致血压、血糖等生理指标超出正常范围。

3. 住

老年人的居住环境不宜太大、太闹、太偏、太高等；室内要注意地板不要过于光滑，应有较好的摩擦性；灯光强度适中、光线柔和；安装防止或吸收噪音的设备(如隔

---

① 时蓉华. 社会心理学[M]. 杭州：浙江教育出版社，1998.

音窗、窗帘),家具底部加垫等;用具物品应方便老人使用等(如图1-3-1所示);居室陈设简单,床的摆放应既方便上下,又能照到阳光且不紧靠门窗;卧室装饰宜暖色,字画宜淡雅等。

图 1-3-1　方便老人使用的大字电话

4.行

老年人无论是日常下楼出门,还是外出旅行,都应充分考虑天气情况、身体状态,切勿受热受寒、受累受罪,以保证安全为前提。建议老年人日常出门前带好药物、电话、拐杖、钥匙等,出行中看清环境、注意路面、不凑热闹等,返回后注意休息、调整状态等;一般不建议老年人长途旅行或长时间自驾出行,特别是患有疾病的老年人,若确需出行,须作足各种准备(如图1-3-2所示)。

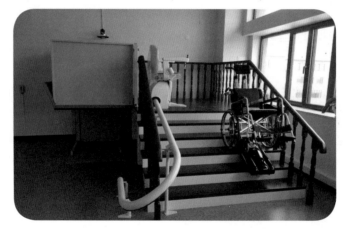

图1-3-2　方便老人出行的无障碍设施

(二) 呼吸

对老年人来说,需要注意的是:不适宜长时间做深呼吸练习,尤其是动脉硬化、高血压和心脑血管疾病患者;要高度重视呼吸急促,呼吸声变粗、变大的现象,及时到医院检查心肺功能、心脑血管等;建议在空气清新的环境里做适量、舒缓的运动,如太极拳、散步等。

(三) 睡眠

人的一生当中有1/3的时间是在睡眠中度过的。睡眠是全身的一种暂时性休息。健康睡眠的标准：入睡时间小于半个小时；有梦无梦均可，噩梦少；醒后感觉疲乏缓解、精力充沛。老年人常有以下睡眠问题。

(1) 难入睡：注意睡前喝杯加蜂蜜的牛奶，勿饮食辛辣、油腻、含咖啡因的食物或饮料；勿睡前用脑过度；保持规律睡眠，放松心情、做同样的事，在22:00前入睡，最晚不要超过23:00，6:00后起床为佳；慎用药物，如中枢系统药物、抗精神类药物等。

(2) 易惊醒：这与老年人的身心状态、疾病情况、睡眠环境(如感觉不安全)、睡前活动(如观看惊悚节目)等有关。

(3) 爱失眠：老年人受失眠困扰的比例高达一半以上，注意睡前洗澡、洗脚，躺下后不看书报、不思考问题，不频繁看钟，保持卧室内空气流通，坚持适当运动等。随着人的生理发生变化，60岁开始夜间睡眠时间缩短为6.5小时，深度睡眠也减少，75岁后深度睡眠几乎消失；夜间睡眠时间的减少，可通过午睡(30分钟左右为宜)弥补，每天能保持累计5到7小时的睡眠，有益于健康。

(四) 性

老年人的性欲和性行为比起年轻人或中年人有所下降，但老年人也有性需求，仍需要适度的性生活。老年人有性需求是正常的，应该获得理解和尊重，社会或老年人本人不能持有"人老了，就该停止性生活"的观点。有些老年人提到性问题或要再找老伴，会遭到他人的白眼或议论，认为是"老色鬼""老不正经"；他们本人也觉得儿女已成家，自己的性要求说不出口。这会影响老年人的身心健康。因此，需要正视老年人的性需求，不能妄加非议，不可"压抑欲望"或"谈性色变"。

(五) 健康长寿

到了老年，人的体能和精神都有所下降，机体的结构性退变致使各种功能出现衰退，会引发慢性、难愈的病症，如慢性支气管炎、心脑血管疾病、动脉硬化、关节病等。老年人会出现恐惧生病、死亡的现象，甚至避讳谈及相关话题，渴望自己健健康康、长命百岁。健康需求会促使老年人合理膳食、充足睡眠、适量运动、平衡心态等。

案例1-3-1 视听力不佳、腿脚不便、行动缓慢，近两成老人放弃出门[①]

自打退休后，杨奶奶越来越爱宅在家里了。"不是爱'宅'，是没得办法。"退休前是中学老师的杨奶奶，无奈地摇着头。杨奶奶的儿女都已在外地成家，前些

---

① 资料来源：http://health.people.com.cn/n1/2017/0104/c14739-28997293.html.

年，老伴也去世了。平日里就她一个人在家。"刚退休那阵子，每天都出去，逛公园，或是找老姐妹们唠嗑。"杨奶奶说，现在腿脚不灵便了，楼里又没有电梯："出去一趟，就得手脚并用爬楼梯。推门看看楼梯，再想想等好久也等不到的公交车、招半天手也打不到的出租车，外出的念头就戛然而止。"

杨奶奶居住的小区，多半是老年人。"大家的出行目的单一，主要是购物、买菜、锻炼身体、娱乐休闲，还有就是到医院检查身体或看病。"杨奶奶说，小区里道路逼仄，没有轮椅坡道、盲道等无障碍设施。离小区最近的公交车站，要穿过几条马路。"腿脚好的还行，可下楼转转。坐轮椅的基本上成年累月困在家里，哪儿也去不了。"

"站在路边招手，也没有原来那么容易叫到车了。年轻人用打车软件预约，我们老年人不太会用。"杨奶奶说，"电召出租车倒是有，但费用太高。起步就得15块，足足是普通出租车的两倍。"

`案例解析` 出行便利虽是生理需求，但对老年人的心理和交往也有较大影响。为了解决老年人出行难的问题，除了硬件设备升级外，更需要普及"以人为本"的交通理念，如城市建设方面，普及无障碍设施、安装专用电动扶梯、开辟"绿色通道"等；交通规划方面，充分考虑老年人的需求设置信号灯，在较宽马路上画出"安全岛"；科技创新方面，开发老年人容易掌握的网约车软件，让老年人告别招手打车难等。

二、老年人的安全需求

安全需求是一个永恒的主题。它是一个人对自身安全过程或生活稳定的需求，和生理需求一样，是最基本的需求。

(一)财产所有

财产所有性反映了老年人对经济的需要，是指老年人对自己财产的占有、使用、收益和处分。老年人要处理好自己的财产，尽量自己享有掌控权，不可太过节省，亦不可大手大脚，更不能轻易相信类似"无本赢利"的骗局等。

(二)社会保障

社会保障包括养老、医疗、失业、工伤、生育等社会保险，对于老年人尤其是不能自给的老年人，最重要的是养老和医疗保险，做到"老有所养、老有所医"，即让老年人生活无忧、颐养天年，看得起病、吃得上药。

（三）人身安全

广义的人身安全是指个体或家庭成员的生命、健康、行动自由、住宅、人格、名誉等方面的安全。狭义的人身安全是指我国刑法上规定的人身安全的本义，是作为自然人的身体安全。

老年人珍惜时光、珍爱生命，有着强烈的"安度晚年"的愿望。他们不仅有关心自己的身体健康和人身安全的需求，还有关心爱人、儿孙的强烈意愿，他们无时无刻不在期盼自己和家人平平安安。

三、老年人的情感和归属需求

情感需求是一个人对另一个人或一群人的需求，源自人际活动，马斯洛认为它处在人类需求层次的中端，包括爱的需求和归属需求。对老年人来说，就是老有所爱、老有所依等。

（一）爱的需求

1. 两性亲密

老年人两性亲密需求有以下两种情况。

(1) 配偶需求：老年人身体情况呈下降趋势，特别需要配偶经常陪伴自己，照顾自己。

(2) 求偶需求：丧偶或离异的老年人生活比较寂寞，有再寻伴侣的情感需求，社会应予以理解和支持。

2. 家庭亲情

这里的家庭指的是老年人与儿孙组成的家庭和与其他亲戚组合的大家庭。老年人家庭亲情需求有两种。

(1) 依赖需求：家庭是心灵的港湾，老年人期盼家庭成员经常团聚，经常获得家庭成员的尊重和关爱，这些都有助于他们的身心健康。

(2) 和睦需求：我国目前阶段的老年人都经历了生活困苦的年代，都希望拥有和睦的家庭环境，如子女的关心和尊重；渴望和谐融洽的邻里关系，如不打扰邻居的生活，不占用邻居的空间，乐于帮助邻居等。如果以上目标能够实现，老年人就会对生活充满幸福感。

3. 社会关爱

随着我国社会老龄化进程逐渐加快，各地政府相关部门加快惠老助老政策出台，社会各界也越来越重视对老年人的服务与关爱。老年人及老年人群体需要被给予更多的爱心、耐心与关注。

案例1-3-2 　　　　　2分钟耐心回答健忘症患者17次发问[①]

"你是蒋医师非啦？""哎，对佬。""我再问一遍，你是蒋医师非？""哎，我是蒋医师。""你说你是蒋医师？""我是蒋医师。"操着一口吴侬软语，在一段小视频中，一位戴着草帽的耄耋老人在门诊室里准备看病，刚坐下来就不停地询问同一个问题，而医生也是有问必答。2分07秒的视频，前后一共17个来回，而医生的每一遍回答都显得耐心和友善。从视频上看，老人的精神似乎有些问题，应该不是故意所为，而医生的回答显得很有耐心。这位蒋医生与老人已相识18年，每逢老人身体感到不适，便会来找他治疗。老人在三四年前患上了健忘症。虽然老人记忆力变差，却一直记着他，每次来中心看病都是找他。

案例解析 许多老年人患有健忘症、阿尔茨海默症等疾病，看病时难免遇到一些困难。案例中的工作人员不厌其烦地重复回答着老人同一个问题，付出了极大的耐心与爱心，这是身为医务人员必须具备的职业素养。而在平时生活中人们应关心、关注和关爱老年人，让他们在这个社会大家庭中感受温暖。

（二）归属需求

1. 友情

老年人退休以后，由于与社会上的人和事接触的机会大大减少，常常会产生孤寂感，觉得生活索然无味，所以他们需要经常与朋友(尤其是同龄朋友)进行交流和交往(如图1-3-3所示)，从中感受到友情的温暖。这种珍贵的友情交往十分有利于老年人的身心健康，如打电话、串门、相约参加活动，给予或得到帮助、相互勉励等。

图1-3-3　茶余饭后的交流

[①] 资料来源：http://epaper.yzwb.net/html_t/2016-11/15/content_323270.htm?div=-1，扬子晚报，2016-11-15.

2. 社会交往

老年人退休在家离开了原来的社会生活环境，也容易出现孤独感，还需要与外界交往，这主要是娱乐需求。他们可参加原单位、社区、老年活动站、老年活动中心等社会各界组织、举办的文体娱乐活动，这是老年人的"社交圈"。老年人的社交需求，更多地体现在与"外人"的交流，而不仅是他们的子女。

案例1-3-3　　　　　　　　**不肯"毕业"的老年人！**①

老学员不想走，新学员进不来，老年人为何如此留恋老年大学？人们只看到了青少年升学择校时名额爆满，一位难求的情况，但是没有想到在老年人上大学的时候，这种情况也频繁出现。除了追逐年轻时的梦想，怕孤独也是老年人不肯"毕业"的原因。对老人而言，老年大学不仅解闷，还是一种精神寄托。

我们可以看看生活周围，为少年儿童健康成长设立的游乐场、少年宫等虽然不是那么多，但是能满足需求，也很容易找到。针对不同年龄段，各类培训机构划分得十分细致。可是回头想想，我们为老年人提供了一些什么？是时候为他们做些事情了。

案例解析 老年人上大学主要有两个目的：寻找社会认同和寻求自我存在感。满足老年人的这种需求不仅需要政府倡导、商业构建等，还需要一些社会公益组织正确理解并发掘他们在心理和社会方面的需求，科学开发适宜老年人的课程或活动，如老年大学的组织与服务工作。

此外，基于老年人在情感交流方面的需求，与之交流过程中应在情感态度上适当注意。首先，态度方面：要耐心，用心倾听和解答老人；要真心，老年人像小孩子一样，希望自己被认同、被肯定；应真诚地赞扬老年人；要细心了解老年人的喜好、避讳等，留心老年人的生日、习惯等。其次，情感方面：要心情平和，用心交流，语速相对较慢，语调适中，让老年人感到舒畅，切勿焦躁或不予理睬；要和颜悦色，面带微笑，让老年人感到亲近，切勿敬而远之或爱搭不理；要积极正面，察言观色，发现老年人情绪不对，切勿使用消极的语言或表情，可说温和、肯定的话及用手轻拍对方的手以示安慰，稳定老年人的情绪等。

四、老年人的尊重需求

尊重需求是一个人满足了最基本的生理需求和安全需求之后，以及在获得了情感和归属感之外，所产生的更高层次的需求，即马斯洛需求层次理论第四阶段——尊重

---

① 资料来源：http://tv.cctv.com/2016/03/28/VIDENWBTcdY7xkDcI6VxFveM160328.shtml，央视网，2016-03-28.

的需求。尊重需求的满足来自他人，也来自自己。这种需求得到满足，会使人充满幸福感和愉悦感，生活会更加有意义。

(一) 尊重

1. 自尊

自尊是个体基于对自我的评价而产生的一种自我尊重、自爱自重，且要求得到他人、集体或社会尊重的情感体验；有强弱之分，过强是虚荣，过弱是自卑。老年人有时偏向于自尊心过强，即希望将高大、威风的形象延续或表现出来。

2. 他人尊重

老年人希望得到伴侣的关爱、儿孙的孝敬、周围人的理解、原单位的尊敬、社会的敬重等。这些与老年人经济上独立、生理上自理和心理上自立等方面有关。

3. 尊重他人

为了赢得他人的尊重，在日常生活中，老年人也需要尊重他人的心理和行为习惯，做事要注意从他人的角度着想，切勿事事以自我为中心，对别人颐指气使，亦不可以尊重的义义去控制和支配他人的行为。

案例1-3-4　　　　　　　　**尊重老人不赶时髦的权利**[①]

有人认为，老年人"不敢开电脑、不愿用网络、不会使微信"，属于"高科技恐惧症"，应想方设法去"治疗"，帮助老年人紧跟时代的步伐。无论何种新产品、新工具、新生事物，都应先询问老年人愿不愿意尝试、肯不肯"学习"。如果答案是否定的，而且是坚决否定的，那就没有必要让这些新东西成为老年人眼里和身边的"别扭"。拒绝新潮，也是老年人的权利。为什么更具有可塑性和学习能力的年轻人，不学着去适应老人的生活方式和生存选择呢？

大多时候，我们教不会老年人，就认为他们有抵触心理，当他们主动频繁地询问如何操作时，又觉得他们很烦；教会他们使用某种聊天工具，又不与他们交流，不去理会老年人的感受。

案例解析　这是一则反映老年人"他人尊重需求"方面的案例。尊重老年人是中华民族的传统美德，也是对历史和自然规律的尊重。对老年人的尊重可以体现在点点滴滴的言谈举止之中，如公交车上主动给老年人让座，排队等待时让老年人排在前面，过马路时帮扶行动不便的老年人，对老年人使用尊称、不争吵、不辱骂，尊重老年人的选择等。当然，尊重并非仅体现于言行点滴，更需体现于对老、为老更深层次、更广的范围。

---

① 资料来源：http://news.china.com.cn/live/2015-04/02/content_32114815.htm，中国网，2015-04-02.

(二) 自信

自信亦称自我效能感，体现的是一种积极性，同时也是自我评价上的积极态度。老年人同样需要自信，而不是妄自尊大或妄自菲薄，表现出无所不能或老朽无能。老年人要接受身体和精力的现状，有明确的自我认知，切勿不服老，亦不可因年事渐高，自我否定。

(三) 成就

成就是指取得的成绩。而老年人对成就感有持续的需求，不仅立足于过去，而且着手于现在，还着眼于未来。他们基于已取得的成绩，不断努力完成自己能干的事情(如指导、建议、引介等非具体操作性工作)，愿意成全或造就他人(体现出"传、帮、带")，渴望成为一个集个人成就、团队成就和社会成就于一体的老人。

五、老年人的自我实现需求

自我实现需求是马斯洛需求层次理论中最高层次的需求，是基本需求都得到满足后继续寻求的一个高度。满足这种需求要有较高层次的精神追求与意志品质。有自我实现需求的人，会不断使自己趋于完美。

价值需求的主要体现是"老有所为"，老年人应该培养接受现实的能力，增强解决问题的能力，获得充实感和满足感，在不同岗位或社会角落为国家和人民作出新的贡献。

(一) 学习

老年人渴望学习。"老有所学"，令老年人既能学到本领，接触新的知识和技能，从中陶冶情操，更是掌握了"老有所为"的新本领。根据社会需要和个人兴趣，他们希望学习科技知识(如学习使用网络，不干着急，不出现"微代沟"，不与时代脱节等)，了解慢性病、多发病等方面的防治，以及心理保健、饮食和运动等方面的指导。社会也应支持老年教育，搭建老年人学习平台，如老年大学等。

(二) 工作

老年人渴望继续工作，有的是发挥余热、有的是填补空虚、有的是完成心愿、有的是减少家庭负担、有的是预防离退休综合征等。无论出于何种原因，在再就业前，切勿盲目和心急，一定要清楚这项工作是否超出自己的能力范围，是否存在潜在危险等；如果能被原单位返聘，或将以前的业余爱好开发为新的工作领域，则具有较多优势。

(三) 奉献

老年人的自我实现除了学习、工作，还可以奉献社会(如图1-3-4所示)，以丰富自己的生活、提升自己的境界。如当过体育教师的老人，可帮助社区老年人编排健身操；有过工会工作经验的老人，可组织文化娱乐活动；还可根据自己的人生阅历，指导和帮助年轻人。

图1-3-4　老年志愿者

案例1-3-5　　86岁老人公交站台服务："当志愿者就是让人年轻" [①]

1990年，刘玉春老人从"中国百货站"退休，之后就去居委会服务。2007年年初，北京市决定每个月的11日为"排队日"。自那时起，刘玉春老人就在和平门东行站公交站台当上了志愿者，"至今已经8年了，每到排队日必是到站台打扫卫生，擦洗广告牌，铲小广告，维持站台秩序，90多个排队日一天没落过"。老人常说："当志愿者不仅使我年轻，更让我长寿。"

别看90岁了，老人从来不会倚老卖老——坚持排队上车，不乐意让年轻人让座。"年轻人都不容易，尤其现在有很多外地来的年轻人在北京打拼，奔波一整天，坐在位子上立刻就能睡着了。所以，他们一让座，我就赶紧说'甭起来，我下站就下了。'"

案例解析　老年人都有实现自身价值的需求，不能简单地认为人上了年纪就该赋闲在家颐养天年。许多老人更希望通过自己的行为，证明自身的价值和存在的意义。目前我国老年人乐于奉献的整体素养较高。他们不仅不愿意给社会增添负担，反而更愿意为社会作出相应的贡献。而我们要给老年人提供良好的价值体现与发挥平台，并给予必要的帮扶，这样更有利于维持和促进老年人的身心健康。

任务实施 ▶▶

请根据任务描述中的要求完成下列任务：

一、在学习完本部分知识后，如果你是一名护理员，请依次从生理、安全、社交、尊重、自我实现五个方面具体阐述一下任务情境中的石奶奶有哪些需求。

---

① 资料来源：http://bj.people.com.cn/n/2014/1106/c233471-22826048.html，人民网，2014-11-06.

二、以小组为单位，以护理员的身份结合以上五个方面讨论一下解决石奶奶这些需求的有效方法，通过书面的形式归纳出至少五点具体的解决措施，并由小组代表进行发言。

任务自评 ▶▶

通过本任务的学习，你是否找到了石奶奶在现实生活中的各种需求？是否为她找到了相应的解决办法？请你根据自己对本任务的完成情况作出自评。

评价内容	任务点	自评掌握程度				
		A很好	B好	C一般	D不好	E很不好
生理需求	衣食住行					
	呼吸					
	睡眠					
	性					
	健康长寿					
安全需求	财产所有					
	社会保障					
	人身安全					
尊重需求	尊重					
	自信					
	成就					
自我实现需求	学习					
	工作					
	奉献					
自我总结						

延展阅读 ▶▶

养老需求不清亟须实现养老服务信息精准供给

有一首感人至深的歌曲："我能想到最浪漫的事，就是和你一起慢慢变老，一路上收藏点点滴滴的欢笑，留到以后坐着摇椅慢慢聊。"这是一幅多么美好的画面，然而现实不免有些令人忧虑。

如今的老年人口数，足以引人深思：当我们慢慢老去，靠什么来养老？市政协社法委组织委员展开了深入调研。

"我需要什么样的养老服务你知道吗？"市政协一次协商恳谈会上，62岁的薛委员向在座的市民政局等政府部门负责人直接发问。

已是老年人的薛委员家中还有老人，父母现在80多岁需要照顾；爱人65岁，一年前重病在床；女儿今年刚生完孩子也得照料。雇了两个保姆照顾一家老小却依然人手不足。

对于养老服务，她一直不清楚到哪里去寻求帮助，社区也没有了解过她的情况。她只能用些"笨办法"：下载App，通过网络订餐给父母和爱人送饭，但食品安全保障又成为另一个忧虑。

北京数量庞大的老年群体的需求是什么？可否精准把握？这是完善养老服务供给的基础问题。很多老人向调研组"诉苦"，觉得缺乏获得感和安全感，食品不安全、家政服务质量低、看病难和金融诈骗等问题时常困扰他们，养老需求没有渠道反映。

调研组了解到，目前政府部门虽已开始进行摸底调查，但是对老人及其需求情况的掌握还比较粗放，底数不清，需求不明，还没有根据老人年龄、身体状况等权威数据进行细分。

供给方与需求方之间的信息不畅，是养老服务无法精准对接的另一障碍。市民政局专门作过一次调研，如果一位老年人已经下定决心住进养老机构，为了解各养老机构的服务情况、价格、区位等，平均要打60多个电话。如果已经决定了入住某一个养老机构，还需要再打约10个电话方能最终入住。

需求不明确，则供给无目的。要依据医联体的现有数据，丰富老人的基本信息和有效需求信息，更重要的是把失独老人和失能、半失能老人的特殊需求"摘出来"，通过深入和精准分析对老人及其家庭的需求进行细化，才能更加有效、便捷、智能地提供养老服务。

调研组建议，结合智慧社区建设，通过信息化和云平台全面准确地采集为老服务需求信息，实时发布动态的养老服务需求信息，便于其他主体根据云数据提供精准服务。在云数据基础上完善整个社会服务体系，在现有社会服务基础上加入一定的适老内容，把为老服务融入全人群服务的大格局中，方便进行人口全生存周期的整体安排。

(资料来源：http://news.hebei.com.cn/system/2016/09/12/017293363.shtml.)

模块梳理

> 了解老人很简单，界定分类记得牢。
>
> 无私贡献价值大，历史现实都不少。
>
> 年轻时候贡献多，进入老年也不差。
>
> 优良品德要继承，经验技能是宝藏。
>
> 特点需求掌握好，自身社会共三项。
>
> 生理心理和社会，方方面面都重要。
>
> 老年生活很关键，尊老敬老靠大家。

模块二 老龄化篇

模块概览

生命历程是指人从出生到死亡的连续过程，包括生命发展的各个阶段，如婴儿期、儿童期、青春期、青年期、壮年期和老年期。老年是人生整体生命的相当重要一部分，那么如何在人口老龄化的社会背景下，让老年人活得更健康，更丰富多彩与积极乐观，这是本模块的学习内容：掌握人口老龄化的定义、现状和趋势，了解中国及其他国家在人口老龄化进程中所走的道路，学习发达国家的应对理念和策略，在总结他人经验与教训的基础上，融入本土文化之中，实现具有中国特色的"健康老龄化、积极老龄化和成功老龄化"。

总体目标

1. 掌握人口老龄化的定义和产生原因，了解中国和世界范围的人口老龄化的现状和趋势。

2. 理解健康老龄化、积极老龄化和成功老龄化三种应对理念的共同性、特殊性和之间的关系，树立健康、积极和成功老龄化的目标与态度。

3. 了解国内外老龄化的应对策略和行动，总结并运用到将来的老年人服务与管理工作中，实现知行合一。

认识老龄化

知识目标

1. 掌握人口老龄化的概念；

2. 了解国际人口老龄化历史进程与现状；

3. 熟悉我国人口老龄化的原因和进程特点；

4. 了解老龄化产生的影响与发展趋势。

能力目标

1. 能正确判断某一国家或地区是否进入老龄化阶段；

2. 能清晰阐述我国人口老龄化的基本特点。

素质目标

具备老龄化社会环境中的危机与挑战意识。

　　小丽是老年人服务与管理专业的学生，随着学习的深入，她发现社会媒体关注老年人的话题越来越多，政府出台的惠老政策也在不断推陈出新。小丽和同学们试图通过不同的渠道了解这一趋势的根源所在。请你根据小丽及同学们得到的资料认真思考并完成学习任务。

　　随着老年人数量的不断上升，年轻劳动力占比下降，发达国家老年人坚守工作岗位成了普遍现象(如图2-1-1所示)。日本厚生省曾经作过的一次调查数据显示，当时该国60岁以上老人中有70%仍然在各自的岗位上工作。许多欧美国家，花白头发甚至老态龙钟的老人依然在各行各业辛勤劳作。而在中国，60岁以后的老人大多已经退休在家颐养天年。

图2-1-1　发达国家老年人工作情况

　　邻居胡阿姨(55岁)跟小丽聊天时说："将来我的养老问题难解决啊！我的父母这一辈差不多有两个以上的子女，又赶上了政府的好政策。但我们这代人，由于计划生育政策，一般都是独生子女家庭。我唯一的儿子和儿媳妇将来要赡养我们夫妇俩还有儿子的岳父岳母，加上我的父母现在也年事已高，还好身体都还算不错。这样加起来至少6个老人的赡养责任眼看着就要小夫妻俩担起来啊。"胡阿姨忧虑重重——将来真不知道要给孩子添多少负担？

在2018年的老年用品博览会上，一位老年辅具销售经理跟来参观学习的小丽谈起："目前老年用品市场正处于火热发展的阶段，每年我们都来参加老博会。随着老年人口数量不断增加，不断催生大量的养老消费需求。不仅一些辅具销量不断创下新高，居家环境的适老化设计改造需求和业务也日益增多起来。"

任务描述 ▶▶▶

1. 以小组为单位，在学习本部分知识后从老龄化的概念、产生原因、特点、影响、趋势等内容出发，讨论我国人口老龄化的过去、现在与未来，形成小组观点后完成"人口老龄化"思维导图(如图2-1-2所示)。

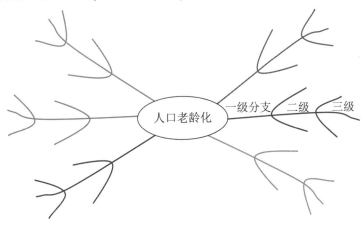

图2-1-2　思维导图

2. 根据本组思维导图，完成"人口老龄化"小组学习成果口头汇报。

知识准备 ▶▶▶

一、何为老龄化

老龄化(Aging)讨论的是老年人口在总人口中所占比重，以及老年人口在特定时期内使得某一地区/国家人口年龄结构呈现的特征及变化。

(一) 人口老龄化的定义

人口老龄化是个变化发展的过程，是指人口生育率降低、人均寿命延长导致的某一国家或地区总人口中老年人口比例不断增长的动态过程。

现代社会飞速发展，由于孩子出生后的抚养成本越来越高，越来越多的年轻人选择少生或不生孩子，很多国家的出生率都非常低，年轻人在人口总数中的所占比例不断降低；另一方面，随着时代进步、经济发展，科学和医疗技术不断创新，公共卫生水平不断提高，人类的平均寿命不断提升，死亡率大大下降，导致老年人口的绝对数量逐年递增。

(二) 老龄化的判断标准

1. 老龄化社会/国家

老龄化社会/国家是指随着老年人口的绝对数量不断上升，老年人口在总人口中所占比重逐渐加大，社会人口年龄结构发生变化并呈现老年状态(如图2-1-3所示)，我们称这一过程为老龄化进程。当某一国家或地区的老年人口达到一定程度时，称该国家为老龄化国家。那么，究竟以什么标准判断该国家或地区已进入老龄化社会呢？

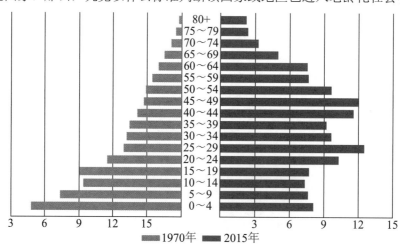

图2-1-3　1970年与2015年中国人口结构变化[①]

根据1956年联合国《人口老龄化及其社会经济后果》确定的划分标准，当一个国家或地区65岁及以上老年人口数量占总人口比例超过7%时，则意味着这个国家或地区进入老龄化。1982年维也纳老龄问题世界大会(World Assembly on Aging, Vienna)，确定60岁及以上老年人口占总人口比例超过10%时，该国家或地区进入老龄化社会阶段。

法国1851年率先进入人口老龄化国家行列[②]，从那时起，这种人口年龄结构变动趋势

---

① 联合国《人口展望报告》(2015年修订版)。

② 李仲升. 人口经济学[M]. 北京：清华大学出版社，2006:219.

就从未停止过。到目前为止，法国、英国、美国、日本等大部分发达国家都已成为人口老龄化国家。而在21世纪初，中国、韩国等国家也已相继步入人口老龄化国家行列。

我国于2000年跻身老龄化国家行列，老龄化进程逐年加快(如图2-1-4所示)。据国家统计局第五次人口普查(2000年)数据显示，2000年我国总人口数为12.95亿；其中60岁及以上人口占总比例已达到10.45%，65岁及以上人口所占比例达到7.09%。2010年第六次人口普查数据显示，我国内地总人口约为13.33亿人；其中，60岁及以上的老年人口总量增至1.78亿，人口老龄化水平达到13.26%；65岁及以上老年人口为1.19亿，人口老龄化水平为8.87%。国家统计局2017年初发布的数据显示，截至2016年底，我国60岁及以上老年人口23 086万人，占总人口的16.7%；其中65岁及以上人口近15 003万人，占总人口的10.8%。

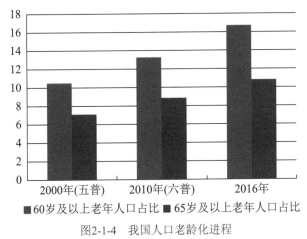

图2-1-4 我国人口老龄化进程

超级老龄化国家是指65岁以上人口占总人口比例达到20%以上的国家。根据穆迪调查服务机构的报告显示[1]，截至2015年，世界上的超级老龄化国家有5个，分别是日本26.4%、意大利21.7%、德国21.4%、芬兰20.4%和希腊20.2%。

包括法国和瑞典在内的另外8个国家会在2020年加入超级老龄化国家这个行列。随后加拿大、西班牙和英国将于2025年入围，美国将于2030年入围。届时，我国65岁以上人口比例预计将达到16.2%。自2000年成为老龄化国家算起，预计我国将用时34年进入超级老龄化国家行列。

(三) 如何看待老龄化现象

在了解老龄化的概念后，我们应从积极的角度去看待人口老龄化现象。首先，老龄化进程是人类社会的长寿化，生命质量的健康化，是人类社会发展与进步的表现。另一方面，老龄化已成为21世纪及未来很长一段时间内不可逆转的全球性趋势，应在认清和理解的基础上积极地应对老龄化进程。

---

[1] See the 'super-aged' nations. Moody's Investors Service, UN data, http://money.cnn.com/interactive/news/aging-countries/.

二、老龄化问题的产生

老龄化进程深受社会发展过程中各方面客观因素的影响，而且，不同地区、国家老龄化的形成背景也不尽相同。

(一) 预期寿命延长

据国家统计局公布的2000年第五次全国人口普查资料，中国人口平均预期寿命已提高为71.40岁，2010年第六次全国人口普查数据显示我国人口平均寿命为74.83岁，2015年中国的人均寿命增至76.1岁(如图2-1-5所示)。其中值得一提的是，上海市人口的平均预期寿命颇长，早在2001年时就达到了79.66岁，达到了发达国家水平。

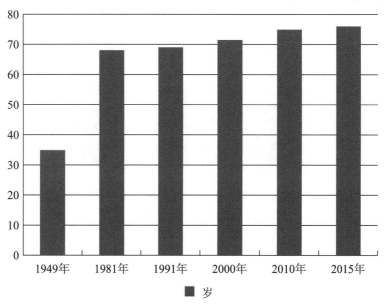

■ 岁

图2-1-5　我国人口平均寿命变化(岁)

长寿老人日益增多

广西河池市的巴马县，依山傍水，是一个世界公认的长寿之乡，虽然只有24万人口，但每10万人中却拥有39.8位百岁老人，是国际上关于"世界长寿之乡"标准的8.4倍。其中，甲篆乡平安村巴盘屯，全屯515人，百岁老人多达17人，是国际上"世界长寿之乡"标准的近200倍。在5个被国际自然医学会认定的世界长寿之乡中，中国广西巴马是长寿乡之首。

案例解析 1949年前我国人口平均寿命为35岁。1957年，11省市和部分地区人口的均寿命增至57岁。全国人口的平均寿命至1981年已达68岁，1991年增至69岁。40年时间，我国人口的平均预期寿命增加了近一倍。

就世界范围来看，从19世纪末至20世纪结束时，人类的平均寿命增加了一倍。1980年世界人口平均寿命为61岁；其中发达国家为72岁，发展中国家为57岁。1985年，世界人口平均寿命提高到62岁；其中发达国家为73岁，发展中国家为58岁。如果以地区论，最大增幅发生在非洲区域，平均寿命提高了9.4岁。尽管如此，由于医疗卫生状况之间的差距导致各国平均寿命差异明显。仍有22个国家平均寿命不到60岁，这些国家全都位于撒哈拉以南的非洲。从1950年到1990年短短的40年间，部分国家的人均寿命增长幅度非常大(如表2-1-1所示)。

表2-1-1　部分国家1950年和1990年的人均寿命变化[①]

国家	1950年		1990年	
	男(岁)	女(岁)	男(岁)	女(岁)
日本	59.6	61.3	76.4	82.1
法国	63.7	69.4	73.4	81.9
德国	64.6	68.5	73.4	80.6
美国	66.0	71.7	71.2	79.0
瑞典	69.9	72.6	74.7	80.7

据世界卫生组织(WHO)发布的《2016年世界卫生统计》报告显示，进入21世纪以来，人类的预期寿命增长了5岁，呈现出自20世纪60年代以来的最快增幅。日本的人均寿命达到83.7岁，居世界各国之首。

(二) 死亡率下降

随着人类生命质量提高、公共医疗卫生水平提升，人类预期寿命提高也非常显著。20世纪上半叶，科学和医疗技术不断取得新进展，人们战胜了一些传染病，如影响婴幼儿时期寿命的腹泻、伤寒、麻疹等。在20世纪后半叶，死亡率的下降主要是由于战胜了一些威胁中老年人寿命的长期的疾病而实现的，如冠心病、心肌梗死、糖尿病，以及除肺结核之外的呼吸系统疾病。

(三) 生育率下降

随着社会文明进程加快，妇女受教育水平日益提升，越来越多的女性选择少生或不生孩子。在一定时期内，幼年人口逐渐减少，新一代增加的速度远低于上一代自然死亡的速度，未来人口总量可能逐渐变少，造成人口不足。这一现象是许多国家(特别是发达国家)非常关心的问题。拿老龄化程度排名世界第二的德国来说，据统计，现在德国妇女平均只生育1.4个孩子，2006年死亡人数比出生人数多14.4万人。20世纪70年代以来，越来越多的德国妇女不再做母亲。2008年，60岁以上妇女中11%没有孩子，而这个比例在40到44岁年龄层的女性中是21%。预计到2030年，德国总人口将由目前

---

① 侯俊林，喻良文，陈苇菁，等. 人类寿命的历史变化与百岁老人[J]. 医疗保健器具. 2008，15(7).

的8250万人下降到7800万人。伴随着人口数量的下降，德国老龄化问题也越来越突出。日本将生育率下降现象称为"少子化"，加之日本老龄化现象日益严重，"少子老龄化"更加剧了日本人口结构危机的速度。

过低的生育率必然使得老龄化水平呈上升趋势，加上人口预期寿命的延长，更加快了社会老龄化进程。我国2000—2015年间的年出生人口数据变化及65岁以上人口所占比例的数据变化趋势充分说明了这一点(如图2-1-6、2-1-7所示)。

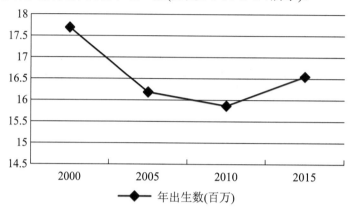

图2-1-6　2000—2015年我国年出生人口数据变化

(数据来源：中华人民共和国中央人民政府网站)

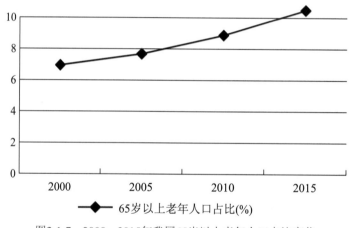

图2-1-7　2000—2015年我国65岁以上老年人口占比变化

(四) 其他因素

除了出生率和死亡率下降这两个直接因素之外，老龄化进程的产生与发展还受经济、战争、政策等一些间接因素的影响。如我国人口老龄化进程既受到人口转变的一般因素影响，也受到计划生育的特殊因素影响。如果没有计划生育政策，那么我国人口的出生率和死亡率也会和世界人口发展趋势保持一致。但是这一过程持续的时间可能会更加漫长，由此导致人口老龄化的发展进程也会更加缓慢。纵观我国经济社会发展态势，我国人口老龄化进程加快的原因在于两个方面：一方面是政府实施的计划生育政策加速了生育率的降低，另一方面是经济社会发展带来的家庭生育决策的改变。例如1973年，我国开始实施计划生育政策，1978年加大力度。通过政府多年不断的大力宣传和倡导，并辅之以相应的经济手段和一定的行政手段，计划生育政策取得了良好的效果，粗略估计受该政策影响，我国少生了4亿人左右。

三、中国老龄化进程的特点

(一) 未富先老

"未富先老"是我国老龄化进程的最大特点，也是我国与其他国家老龄化进程最大的不同点。"未富先老"的概念出现于20世纪80年代末。"穷国患了富国的人口病"[①]生动概括了我国人口老龄化的特点。"未富先老"具体是指与发达国家相比，我国老龄化进程远远快于工业化、城镇化、现代化速度和水平。日、美、英、法等发达国家进入老龄化进程则是经济水平先行提高之后开始的。进入老龄化社会时，这些国家的人均国民生产总值(GDP)已经相当高了，中国在2000年65岁以上人口达到7%时人均GDP为855美元，而发达国家的老龄化均是伴随城市化和工业化出现，且人均国民生产总值一般在5000～10 000 美元。对比之下，我国进入老龄化国家时的人均GDP还不足某些发达国家人均国民生产总值的1/10。显而易见，发达国家强大的社会经济力量足以支撑国内基本养老需求，而我国在大力发展经济但尚未作好经济准备之前就已经进入人口结构飞速老龄化的阶段。应对老龄化的各类社会管理和社会政策体系也都处于"未富先老"状态(如图2-1-8所示)，社会经济支撑和应对能力严重不足。

图2-1-8　"未富先老"

---

① 陈剑.中国生育革命纪实(1978—1991)[M].北京：社会科学文献出版社，2015.

(二) 老龄化速度快

据联合国预测，1990至2020年世界老龄人口平均年增速度仅为2.5%，而同期我国老龄人口的递增速度为3.3%；世界老龄人口占总人口的比重从1995年的6.6%上升至2020年的9.3%，同期我国由6.1%上升至11.5%。无论从增长速度还是从比重来看，我国老龄化速度都超过了世界平均水平。照此推算，到2020年，我国65岁以上老龄人口将达1.67亿，约占世界老龄人口总数的24%，届时全世界每4个老人之中就有1个来自中国。

虽然西方发达国家都经历了人口老龄化的过程，从某种角度说，人口老龄化是人类社会发展的自然规律和必然趋势。但从全球来看，发达国家老龄化进程长达几十年至1个世纪，如法国用了115年，瑞士用了85年，英国用了80年，美国用了60年，而我国只用了不到20年(1981—1999年)就进入老龄化社会。

(三) 高龄化、空巢化、失能化

中国是世界人口大国。在人口基数的前提下，老年人绝对数量高。2015年1月，全国老龄办、民政部等联合启动了"第四次中国城乡老年人生活状况抽样调查"，结果显示，我国60岁以上老年人口有2.12亿，其中15%为80岁以上的高龄老人，15%为失能和半失能老人。

1. 高龄化

在我国老龄化进程整体加快的基础上，80岁以上的高龄老人的增长速度更为惊人(如图2-1-9所示)。2010—2050年间，60岁以上的老年人数年平均增长率将为2.5%。80岁以上的高龄老年人在此阶段内将由2010年的2144万人增至10 767万人，年均增长率达到4.1%，增长速度远快于60岁以上老年人。

图2-1-9　老年人口高龄化进程加快

2. 空巢化

"空巢"一词很形象地描述了家庭中子女由于工作、学习等原因外出导致老人独居的现象。如果一户家庭只有老年夫妻独自居住或一人独居，我们称之为空巢家庭。

空巢化是社会发展与进步的必然结果。发达国家中，除了日本，大多数老年人均生活在空巢家庭，与子女分居。据全国老龄委提供的调查数据显示，2015年我国大中城市的家庭空巢率已高达70%。

随着第一代独生子女逐渐进入中年，他们的父母进入老年，可以预见，空巢家庭将越来越多。无论是城市家庭子女的工作学习，还是农村年轻劳动力的外出打工，都会使空巢家庭成为21世纪我国城市、农村地区老年人家庭的主要模式。

3. 失能化

失能(disability)指一个人在日常生活中主要活动或生活能力的丧失或受限。有数据显示，截至2014年，我国60岁以上的2.1亿的老人中有将近4000万人是失能、半失能的老人。在我国高龄老人数量持续快速增长的趋势下，2035年我国老年人口将达到4亿人时，失能、半失能的老人数量会进一步增多。高龄老人群体中失能率在50%以上，我国失能老人规模或从现阶段的625万人上升到2050年的1875万人，不到40年的时间里增幅将高达200%。

(四) 发展不均衡

1. 地区间差异

我国人口众多，各地区的经济社会发展水平差异较大。与此同时，人口老龄化发展形势也表现出明显的区域不平衡性。从地区分布来看，东部和中部地区的人口老龄化形势相对严峻，老年人口分布不均，老龄化呈现转移趋势。西部地区的人口压力相对较小。从时间走势来看，东部地区人口老龄化正逐渐向中部和西部地区转移。

2. 城市与农村间差异

由于城镇具有较高的生活条件和较好的医疗卫生水平，所以预期寿命较高，同时，由于生育政策的不同以及城乡人口生育意愿的差异，农村的生育水平高于城镇。所以理论上，农村的老龄化程度应当低于城镇。但由于近年来中国大批农村务工人员迁往城镇，儿童和老人则在农村"留守"，如果按常住人口统计，农村老龄化程度比城镇更高。这也很好地解释了我国目前"老人村"现象比比皆是的原因。随着我国城镇化进程的加快，预计未来城镇老人占比将由如今的44%升至30年后的71%。

3. 男性与女性间差异

据联合国数据统计，我国从1950年至2050年间60岁及以上人口中的女性比例将均保持在51%以上，即老年妇女在总体规模上多于男性；80岁及以上高龄人口的女性比例则保持在58%以上的水平。此间的前60年间，即到2010年时，我国老年人口的女性比例总体呈缓慢下降的态势，但预计在未来的几十年间会呈缓慢回升的走势，到2050年预计会小幅回升到52.8%左右；高龄人口的女性化水平将基本维持在59%左右。

四、老龄化产生的影响

(一)老龄化对家庭养老的影响

人口老龄化是社会现象,更是构成社会的一个个小单位——家庭所必须面对的境况。由于低生育率带来的少子老龄化,中国的家庭规模、结构和代际关系都发生了较大的变化。在我国独有的大规模、高水平的老龄化背景下,传统的家庭养老迎来了前所未有的压力和挑战。

案例2-1-2 "421" 家庭

小王是一名80后程序员,妻子是医院护士,结婚后育有一女。努力打拼的他们如今在这座一线城市里买了房,买了车,虽说也需按月还贷,但小日子过得还算舒适体面。可是随着时间的推移,双方父母退休,孩子也长大进入学龄阶段,小两口面临的困难和问题也越来越多。这不,小王的父亲近两天高血压症状极不稳定,老人的身体状况牵动着小王的心。爱人一早请了假,先送孩子再带老人去医院做检查。坐在电脑前,小王不禁感慨:最近真的越来越累了,自己工作本身就高强度,还要经常熬夜,现在家里老人、孩子又都需要照顾,这样下去真的要吃不消了。想想现在的家庭,大多数都是独生子女家庭,等我们老了,我们的孩子要承担比我们重得多的担子。唉……

案例解析 程序员小王的家庭是当今社会典型的中国普通家庭的缩影。我国自20世纪70年代末开始实施计划生育政策,中国人口结构受其影响,发生了很大的变化。随着时代的发展,80年代、90年代的独生子女们已陆续结婚生子。此阶段大多数中国家庭都是由"四个父母,一对夫妻,一个孩子"构成的,即所谓的"421"家庭(如图2-1-10所示)。

图2-1-10 "421"家庭

"421"家庭所面临的诸多问题中，最突出的可能就是"养老难"了。夫妻双方年迈的父母该如何妥善照顾和安排？机构养老有悖于中国传统"孝"文化，居家照顾又苦于时间、精力有限。上有老、下有小的年轻人们在工作、家庭等方面责任的重压下苦不堪言，被称为"三明治一代"。

(二) 老龄化对社会经济领域的影响

从生产角度看，人口群体可分为生产型人口和消费型人口。简单地说，就是具备劳动能力、能够创造经济价值的年轻人口，以及劳动能力逐渐丧失、产生经济价值的可能性日渐下降的老年群体。从消费的角度看，随着老年人口在总人口中的比重增加，适应老年人口需求的各种消费品以及服务将会与日俱增，地产、家居、服装、食品以及服务业等诸多行业都在加大养老服务领域产品研发及市场开拓工作的推进速度与力度，这也对我国的经济模式和产业结构产生较大的影响。

(三) 老龄化对文化领域的影响

文化在交流的过程中传播，在传播的过程中继承、创新和发展。人际交流是日常生活中基本的交流方式。在人类社会文明发展的历史长河中，正是老年人群体与非老年人群体的广泛交流、口口相传，实现了文化的代际传播，推动了文化的发展。

案例2-1-3 非遗传承要靠谁

68岁的王文达是天津市首批国家级非物质文化遗产传承人名录中杨柳青木版年画项目的代表性传承人，他与杨柳青年画的情愫已经超过了半个世纪。一把刻刀、十来把凿子是王文达的全部家当。他说，"以刀代笔"是杨柳青年画的精髓所在，需要技术，更需要修养。除了深厚的美术功底外，还必须钻研著名画作，特别是以线条为基础的中国画。50多年来，经他手刻的每一块版上，都注满了学习和二度创作的心得。一辈子用刀在木头上行走的王文达坦承自己累在其中、乐在其中，从没觉得这种对文化的坚守有多么枯燥。

在回答"一位5年刻龄与50年刻龄的技师区别在何处？"以及"如何传承这项技艺？"两个问题时，王文达略加思考后说："区别在于一刀一笔之间的贯气，深厚的文化积淀体现在刀尖上的是严谨和深沉，这一点需要用心去体会。传承是一项艰难但意义重大的事业，我希望在有生之年多培养年轻人。"令人欣慰的是，天津美院版画系毕业生赵亮在两年前拜至王文达门下，为这项传统技艺注入了时代元素和崭新希望。

案例解析 从以上案例中可以看出，在非物质文化遗产的保护和发展过程中，无论是技艺的传承还是理念的传递，都离不开积淀厚重、经验丰富的长者。他们弘扬着祖国博大精深的文化，更在不遗余力地推进着人类社会文明的发展和继承。除了非遗传承，在人类社会文明的其他领域中，老年人也承担着同样的重要角色和历史重任。

(案例来源：https://www.360doc.cn/article/28384046_534496544.html)

此外，老年人有着不同于其他年龄段人口的生活和行为方式，老年人的精神面貌、语言表达及行为举止方式都构成了老年人影响文化发展的媒介。因为这种种因素都表现或反映着他们的信仰倾向、价值观念和情感特征。而这些文化要素对非老年人群体特别是未成年人不仅具有示范作用，更具有不可估量的潜移默化的影响。随着老年人口数量日益增多，这种影响更加不可忽视。

(四) 老龄化的其他影响

随着老龄化现象的加剧，老年人群体的需求也在不断地急速发展。老龄化对社会医疗卫生与长期照护、国家社会保障制度、政府对城乡统筹发展等各个方面都在产生着重大的影响。

五、人口老龄化发展趋势

(一) 中国老龄化发展趋势

中国的人口老龄化在未来40年将进一步加速推进，并将始终保持较高水平。受长期低生育率、不断增长的人口预期寿命等方面的影响，从2015年到2050年，中国的人口年龄结构将呈现出老年人口规模迅速扩大、老年人口比重持续提高以及老龄化速度远高于其他国家等显著特征。2015年中国60岁以上和80岁年以上的人口数量分别为2.12亿和2339万人。据预测，2050年这两项指标的人口规模将分别达到4.92亿和1.2亿人，这分别相当于2015年数量的2.32倍和5.13倍。

在全世界范围内，无论是发达国家还是发展中国家，没有任何一个国家经历过我国正在经历的如此规模宏大、速度惊人的老龄化进程。

(二) 全球老龄化发展趋势

随着老龄化现象在全球范围内产生的影响不断加深加大，人们越来越重视这一人口结构变化过程。联合国经济和社会理事会最新发布的《世界人口展望报告》(2015年修订版)呈现了其中的一些主要趋势和特点。

1. 老龄化进程加速

随着人类平均寿命的增高和出生率的下降，世界人口增长速度总体放缓，由此导致全球范围内老年人口数量不断上升，人口老龄化进程不断加快。该报告预测，全球60岁及以上老年人口数量到2050年将增加一倍。根据联合国人口研究数据估算，届时，每5个人中就有1位老年人。

2. 老龄化进程地区间差异

欧洲将是老龄化问题最为突出的大陆。到2050年，欧洲范围内60岁及以上人口将占总人口的34%；而拉美和加勒比地区以及亚洲，老龄人口比例将从目前的11%～12%增加到25%以上；非洲相对而言将是"最年轻的大陆"，其老年人口比例到2050年将增加至9%左右。

发展中国家老龄化进程加快。发达国家的老龄化程度大大高于发展中国家，但全世界大多数老年人生活在发展中国家。那些生育率快速下降的发展中国家，其人口老龄化进程将快于今天发达国家以往所经历的老龄化过程。

3. 老年人口分布不均

贫困区域的老龄人口占多数。当前，全球有接近 65% 的超过 60 岁以上的人居住在贫困地区，到 2050 年，这一比例将会达到 80%，到 2100 年将会达到 90%。

目前，世界上一半多的老人生活在亚洲。到2050年，预计全球80%的老年人将生活在发展中国家。而且这些国家的农村老年人占比大于城镇老年人占比，即绝大多数老人仍将生活在农村。

4. 高龄化进程加快

全球范围内老年人中最老的老年人口，即80岁以上老年人口数量增长速度最快。到2050年，预计全球80岁以上人口将占世界人口总数的4.4%。以我国为例，预计到2020年，我国80岁以上老年人口将达到3067万人，而到2050年将剧增至1.08亿。

5. 老年人的性别差异大

由于女性平均寿命大于男性，因而老年人中女性人数大大超过男性，而且老龄化进程中女性老年人口一般增幅较大。2005年，在全世界65岁以上的老年人当中，女性人数对男性人数比近4：3；80岁以上的老人当中，女性人数对男性人数之比将近2：1。

任务实施 ▶▶

一、请根据任务描述中的要求按以下步骤完成《人口老龄化》思维导图。

1. 小组讨论，确定至少5个关键词，作为思维导图一级分支的关键词；

2. 根据本任务中提供的信息找出支撑内容与数据；

3. 设计思维导图分级结构及样式；

4. 完成《人口老龄化》思维导图的绘制。

二、在下面的空白处绘制《人口老龄化》思维导图，并进行具体内容的介绍。

请根据任务完成情况，参照评价项目及各项完成情况由高至低分别在A、B和C选项下面打"√"。

评价内容	评价等级		
	A优秀	B较好	C合格
《人口老龄化》思维导图 — 关键词数量5个及以上并含有：概念、判断标准、原因、特点、影响、趋势等			
核心主题"人口老龄化"与关键词层级分明			
内容充实、表述清晰，能体现本节课的主要学习成果： 1.人口老龄化判断标准 2.国际人口老龄化现象 3.中国人口老龄化原因 4.中国人口老龄化发展特点 5.人口老龄化产生的影响和趋势			
布局、结构合理			
文字、色彩、线条搭配得当美观			
口头表述清晰、逻辑鲜明			
思维导图设计或口头表达有创新点			
自我总结			

老年人
服务与管理概论

老博会——打开"老年产业"的大门

究竟什么是"老博会",在展会中我们又能了解到些什么信息呢?下面,让我们来感受下老龄化进程对我国产业结构带来的影响以及各个行业作出的积极响应。

北京老博会(CBIAIE)2013年启动首届招商,2014年成功举办了第一届;2016年是北京老博会(CBIAIE)的第三届展会;大会从首届的300个标准展位、23 000名买家,发展至2016年的近千个展位和超过60 000名专业买家,三年时间成长为中国最大的老龄产业盛会。大会展览范围涉及:老年家居用品、康复护理、智能设备、穿戴设备、软件开发、便捷家具、养老地产、养老金融/保险、养老机构、养老服务、健康食品等。

北京老博会邀请了全国各地方民政机关、养老机构、医疗事业单位、涉老产品商家、涉老产品配送企业、经营专柜、批发市场、产品代理商/经销商、涉老公益组织、涉老基金单位、大型企业、涉老产品连锁商店、涉老国际贸易企业、驻华使馆商务处、智慧软件开发企业、行业技术人员及行业产品采购者莅临大会;为制造者/服务者与需求者搭建一个有效的贸易对接及产业发展交流平台!从下面的统计数据来看,前来观展的观众确实对老博会所搭建的这个平台相当满意。

观众感兴趣的产品及服务

展会进行的同时还开展多场产业发展交流活动:第三届中国老龄产业发展论坛、中国养老产业政策解读峰会、新常态下的社区居家养老、医养结合养老服务的探索与研究、"智能养老体系建设与应用"高峰论坛、中国养老发展困境与机遇。把北京老博会打造成为高品质的产业盛会,为中国的养老事业发展,起到积极的推动作用。

(资料来源:http://www.cbiaie.com/Company/Default.aspx)

任务二

掌握老龄化应对理念

学习目标

知识目标

1.了解健康老龄化、积极老龄化和成功老龄化的理念和由来；

2.掌握健康老龄化、积极老龄化和成功老龄化的共性和特点。

能力目标

1.能够阐释健康、积极和成功老龄化的含义；

2.能在老年人服务与管理工作中贯穿理念并行动。

素质目标

1.认同健康、积极和成功老龄化的个体价值和社会价值；

2.面对老龄化的现实挑战，树立积极向上的学习兴趣和工作态度。

情境导入

请观看纪录片《养老中国》第一集《银发时代》前7分钟。

《养老中国》是一部讲述有关中国老年人面临现今养老挑战的纪录片，全片共10集，通过20个中国老人的跟拍故事，100位专家深入访谈，350多天的持续纪录，展现了一幅真实、动人的中国养老全景图。

本段视频通过走访城市与农村，跟拍3位老人的生活掠影，从不同角度展示老人们的养老现状：

镜头一：上海市工人文化宫73岁老人在指导老年大学时装表演课；

镜头二：江西省农村德安县袁家山村的留守老年夫妇在农田劳作；

镜头三：长江北岸濒临黄海的小院子里老人们定期聚会唱京剧；

镜头四：1982世界老龄大会的源起，以及联合国前秘书长安南发表有关世界老龄化现状和政府职责的讲话。

（推荐网址：http://tv.cntv.cn/video/VSET100260804422/54ae1a9485033de0eb84401f0a4e5c44）

任务描述 ▶▶

1.根据纪录片展示，请分析健康老龄化、积极老龄化和成功老龄化在生活中的体现。

2. 针对本章节的5个案例学习，总结健康老龄化、积极老龄化和成功老龄化的理念和特点。

3. 将班级分成3个学习小组，通过观察和学习，每组分享2～3个有关健康老龄化、积极老龄化和成功老龄化的励志小故事。

知识准备 ▶▶▶

为什么要提出健康老龄化、积极老龄化和成功老龄化的概念？这些理念对于应对人口老龄化有何意义？本章节主要解决上述问题，从理念的源起和发展进行介绍，了解国际权威的老年学家和组织应对老龄化的思路和积极行动。

一、健康老龄化(Healthy Aging)

1990年世界卫生组织提出"健康老龄化"，核心理念包括生理健康、心理健康和适应社会良好。正如世界卫生组织1946年章程中关于健康的经典定义："健康是身体、心理和社会功能的完美状态。"因此，健康老龄化是指老年人群的健康长寿，群体达到身体、心理和社会功能的完美状态。健康老龄化是在社会老龄化的情况下，通过全社会的共同努力，改善老龄群体的生活和生命质量，实现健康老龄化社会，使老年人健康幸福地度过晚年。

案例2-2-1　　　　健康饮食—控制体重有助保护大脑

珍妮·路易斯·卡尔曼成为健康老龄化的代表人物，她是历史上最长寿的女士之一，享年122岁。她去世前的体检书表明：她的脑健康程度相当于一个80岁人的大脑，那她是如何做到这一点的？这要归功于她健康的生活方式。专家发现：卡尔曼女士经常进行身体锻炼，也积极参加一些社交活动。她的饮食是健康的地中海饮食[①]：包含许多的鱼和水果。研究显示，控制体重对保护大脑非常重要。近日，一个关于膳食和肥胖相关的认知障碍症研究在瑞典展开，与正常人群相比，超重人群患认知障碍症的风险会增加两倍，肥胖人群的患病风险则增加四倍。积极思考的人得老年认知障碍症的概率比较低，尽早进行压力管理对预防老年认知障碍有作用，过多压力可能导致抑郁症的产生，而得抑郁症的人更容易得认知障碍症。所以说，管理好压力也是预防此

---

① 地中海饮食(Mediterranean Diet)，是泛指希腊、西班牙、法国和意大利南部等处于地中海沿岸的南欧各国以蔬菜水果、鱼类、五谷杂粮、豆类和橄榄油为主的饮食风格。研究发现地中海饮食可以降低患心脏病的风险，还可以保护大脑免受血管损伤，降低发生中风和记忆力减退的风险。现也用"地中海式饮食"代指有利于健康的、简单、清淡以及富含营养的饮食。

症的关键之一。

（资料来源：节选自人民网http://env.people.com.cn/GB/16742095.html）

案例解析 珍妮的长寿归因于她健康的生活方式，而不健康的膳食方式容易导致身体超重和肥胖，增加各类身心疾患的风险。注意从当下培养健康意识和习惯，将健康的生活方式体现在每天的衣、食、住、行、学习、工作和生活中。

(一) 健康老龄化的含义

借鉴众多国内外学者对于健康老龄化的研究，从字面理解健康老龄化这一词组，它与我国传统文化使用的健康长寿近似，但在中国的实践中，寓意更加深刻，内容更加丰富。我们可以从以下六个方面全面、科学地理解和阐释：

第一，健康老龄化是宏观和整体的目标，意在提高老年群体的健康预期寿命。

第二，健康老龄化不仅体现在生命长度的延展，更重要的是生命质量的提升，给生命更多的丰富体验和品质生活。

第三，伴随人口结构趋向老龄化转变，健康老龄化不再是单一的人口学概念，会波及社会、政治、经济和文化各方面。

第四，人口老龄化是一个过程，老年群体的健康是婴幼儿、青少年和成年后各阶段所有健康因素的综合表现，同其他福利有着密切联系。

第五，健康老龄化是人类面对人口老龄化的挑战时，提出的一项战略目标和对策，它建立在系统科学认识的基础之上。

第六，健康老龄化同各个年龄段的人口，同各行各业都有关系，是一项全民性保健的社会系统工程[①]。

从积极的角度看，老年人的寿命延长能给自身、家庭和整个社会带来更多的益处和机会，例如老年人自身开展继续学习和兴趣探索等；以多种方式对家庭和社区作出贡献，如老年志愿者的奉献和帮助晚辈分忧解难。然而这些机会和贡献成立的先决条件是：健康。虽然高收入国家的重度残疾率在过去30年中已经下降，但同期内轻度和中度残疾率并没有显著变化。如果老人拥有健康的身体，那么他们可以在晚年实现自己年轻时未曾实现的理想并服务社会；反之，则意味着老年人的生活很可能会在病残不适和消极颓废的状态中度过。

(二) 健康老龄化的影响因素

在了解健康老龄化的含义和中国特点之后，我们来看看实现健康老龄化的两个主要影响因素：

第一，个体健康因素。从个体角度来看，老年人的健康状况与个体遗传因素有

---

① 邬沧萍. 健康老龄化的科学含义和社会意义[R]，1995.

关。个体的遗传因素又与所处的自然和社会环境紧密相互联系，如个人特征、性别、族裔或社会经济地位等。这些因素从很早便开始影响老龄化过程，在儿童时期，甚至胎儿阶段的生活环境与其个人特点结合在一起，会长远地影响其日后变老的方式。例如：在世界所有地区，由于饮食不健康、吸烟和不好动的生活方式，肥胖开始成为一种普遍现象，因肥胖而患上Ⅱ型糖尿病、心血管病和癌症的人越来越多。特别令人不安的是，世界各地肥胖儿童人数迅速增加。对这种现象的预测表明，肥胖儿童到了中年，因肥胖造成的健康问题会明显增加。如果目前的这种趋势持续下去，那么，现代社会就有可能第一次出现如下现象，即今天的年轻一代无论在寿命还是健康状况上都将不如父母那一代人。因此，在一个老龄化的社会，进一步增强青年人的健康，是满足未来健康需要的最佳战略。

第二，环境因素。研究发现，环境是另一个影响人类衰老和长寿的基本原因。环境因素包括家庭、邻里和社区等大量自然和社会因素，如气候、营养、生活方式、代际关系等。因此，在生命全程中保持健康行为，从日常的生活做起，平衡营养膳食，保证良好营养摄取，定期从事身体运动，合理进行力量训练保持肌肉质量和活动等，都有助于降低非传染性疾病的风险，并提高身心能力。同时年长者也要注意保护认知功能，可有效延缓对护理的依赖，还可扭转虚弱状况。研究发现：在对动物施加压力的实验过程中，它们的大脑海马体会受到损害，从而影响大脑的正常运作，因此，进行压力管理对于心理健康的构建、预防老年认知障碍都有着重要作用。

针对以上影响因素，全社会应创建对老年人友好的支持性环境，可以使老人在能力损失的情况下，继续从事社会交往和其他重要活动。比如安全无障碍的公共建筑、交通工具和易于行走的无障碍环境都是老年友好支持性环境的例证。即使老年人能力有限，但如果能够得到药物、辅助器材(如拐杖、轮椅、助力车等)，或者居住在可负担的、易使用的交通设施附近，他们仍然能够实现一定的生活自理，进而能够按照自身想法生活和行动，这是健康老龄化的重要内容。2012年我国新修订的《老年人权益保障法》第六章 "宜居环境"部分强调国家应采取措施，推进宜居环境建设。同年国家25个部委又联合下发了《关于推进老年宜居环境建设的指导意见》，就加强老年宜居环境提出了相关指导意见。上海市地方标准《老年友好城市建设导则》也在2015年正式发布实施。由此可见，过去，安居才能乐业；今天，宜居才可享老。从市场初探到顶层设计，老年宜居环境建设，牵涉从养老到享老的变化，提高老年人生命质量，更关系到他们能否健康、尊严、幸福、美好地享受老年生活。

(三) 健康老龄化的实现步骤

世界卫生组织、各国政府和社会组织在应对人口老龄化的各种挑战中，主要针对老年人的多样性和医疗卫生的不公平现象，鼓励全社会抛弃早已过时的年龄歧视成见，乐观面对日新月异的变化。世界卫生组织与会员国和其他伙伴协商制定了一项全面的《老龄化与健康全球战略和行动计划》，行动计划的主要实现步骤如图2-2-1所示。

图2-2-1　健康老龄化的实现

第一，从思想意识层面，需要了解和意识到"健康老龄化"的重要性，并且需要持续的承诺和行动，通过制定符合国情的健康老龄化政策，加强老年人的能力。

第二，实现医养结合，将医疗资源跟养老资源相结合，优化社会资源的利用。卫生保健体系的建立应该适应老年人口变化和增长的需求，医养结合成为"老有所医"的新出路。据世界卫生组织人口预测，中国到2050年前后老年人口将接近5亿，这几乎相当于整个欧盟的人口数量。面对庞大的老年群体，2015年，国家卫计委等8部委联合发布《关于推进医疗卫生与养老服务相结合的指导意见》，可以将其看作医养结合的顶层设计。《意见》指出，2017年要初步建立医养结合政策体系、标准规范和管理制度，架构医疗与养老之间的便捷桥梁，这需要破除行业和不同分管部门之间的管理和运作壁垒，实现养老和医疗资源跨界整合，构建社区照护、养老机构与医疗机构之间的对接。在中国的养老服务模式中，居家和社区老人生病时，在社区卫生服务机构中就能接受优良和方便的医疗服务，在日常生活中享有社区照护中心专业与细致的生活照料。同时在养老机构中也推进"医养结合"，让机构老年人不出院门，就可以有基础方便的医疗服务，解决老年人看病难的问题，以此满足老年人的健康养老需求。

第三，建立老年人长期照护体系，是健康老龄化的保障。世界卫生组织在长期照护方面的工作，包括缓和医疗，旨在加强全民健康与应对非传染性疾病，发展以人为本的综合卫生服务。国际上有关老年人照护体系的建设有诸多模式。通过比较发现：各国所创建的老年长期照护体系，在应对人口老龄化问题上发挥了较好的作用，但是也各自面临着不同的困境。如英国和瑞典坚持以国家的财政来为长期照护体系提供保障，却造成国家财政压力大、医疗服务效率低等问题；美国的长期照护体系主要依靠市场来运作，虽然效率较高，但该体系只是部分实施，尚未制度化，易造成低收入老年人口游离于长期照护体系之外；日本的长期照护体系运转良好，居家照护制度建立完善，但随着老龄化的加剧，财政支出也急剧增加，护理经理身兼服务提供商的现状则会出现利益交叉和矛盾。[1]

---

[1]　陈比聪.老年人口长期照护体系的国际比较[J].厦门特区党校学报，2013.

第四，开展一系列与健康老龄化相关的具体研究，实施覆盖多国家、多学科的研究，加强对健康老龄化进程的了解和施行改善方案。老龄化领域现有的计量方式和方法十分有限，这阻碍了我们对健康老龄化的正确了解，应着力开发与健康老龄化相关的计量方法、衡量策略、工具和测试方法等。对于范围广泛的各种老龄化问题需要开展重点明确的研究，定量分析健康老龄化进程中卫生保健、卫生和环境干预措施对健康老龄化所起的作用，并确定其作用机制。①

从国家、社区到个体层面，都对健康老龄化有高度的认识和重视，通过形成健康老龄化的理念，由此展开系列的有关策略和行动。越来越多的证据表明，延缓人类老龄化过程不是没有可能，健康长寿对人类益处颇多，努力实现全社会的健康长寿是全人类共同的美好愿望。

二、积极老龄化(Active Aging)

在1999年国际老人年，世界卫生组织在健康老龄化的理念基础上，提出了积极老龄化的口号。2002年联合国世界老龄大会提出了积极老龄化的思想，给国际社会老龄工作提供了指导。从健康老龄化到积极老龄化，后者是在健康老龄化基础上的进一步延伸和发展。从积极的定义来看，表示肯定、正面和进取的意思。积极老龄化是指老年人不断参与社会、经济、文化、精神和公民事务。积极老龄化旨在延长健康预期寿命和提高生活质量，其参与者也包括体弱者、残疾和需要照料者。世界卫生组织强调以生命全程观点看待老龄化。老年人不是一个均一的群体，随着年龄的增加，个体间的差异也越来越大。

案例2-2-2 　　　　　　**节选自《揭秘老龄化》**

佛罗里达州中部萨拉索塔县有1/3的人口年龄是65岁以上，每两户就有一户家中有65岁以上的老人。社区鼓励老年人锻炼身体，结交朋友。这里地方虽小，各种文化活动却一应俱全，俨然文化之都。老年人志愿者活动让这座城市充当了积极老龄化活动的先锋。社区里的人都在互相打气、彼此声援，老年人把自己职业生涯结束后的岁月当成一次难得的机遇，可以重新规划人生，拓展机遇，而不是让自己的人生道路越走越窄。霍普•延森•绍是亚利桑那大学市场营销学的教授和社会学家，她并不把老年人的退休生活看成人生的萎缩和冰封，而是将其看成人生的一个过渡期。她采访了来自全国各地的好几百名虽然已经退休但仍充满活力的美国老人，他们都过了65岁的年纪，同时她还跟踪访问了老人参加活动的种种情形。这批积极生活的老年人，他们竭尽所能地保持和提升自己的文化资本，对当前时事如数家珍，对最新的电影、展览会

① 世界卫生组织(WHO). 关于老龄化与健康的全球报告. http://ger.cmt.com.cn/detail/972525.html.

等都可以娓娓道来，这让他们一直处在时代最前沿位置，也是他们自我持续发展的一部分。

(资料来源：[美]泰德 C.费晓闻. 揭密老龄化[M]. 吴礼敬，刘娜，肖梦云，译. 北京：机械工业出版社，2011)

案例解析 在世界性的老龄化进程中，本案例将视角放在美国的养老胜地佛罗里达州，这些老人退休后，依然过着充满活力和向上的生活，退休不意味着脱离社会，而是过渡到自己想要的自由生活中，他们用行动诠释了积极老龄化的理念。

(一) 积极老龄化的演进过程

积极老龄化是承认老年人的人权，基于联合国关于健康、参与、保障、照料和自我实现的原则，促进不分年龄、人人共享的社会。这里所提到的共享不仅指社会发展成果的共享，还包括共享参与社会发展的机会与权利。积极老龄化理念从以需要为基础转变为以权利为基础，承认人们在增龄过程中，在生活的各个方面都享有机会平等的权利。[①]

积极老龄化包括：老年人的潜力是未来发展强有力的基础，社会依靠老年人的技能、经验和智慧。[②]积极老龄化是针对个人、家庭成员和社会三个层面而言的，对于不同层面积极老龄化有不同的概念。对于个人来说，积极老龄化是指进入老年的人享有充实的生活，包括健康、安全和积极参与经济、社会、文化和政治生活；对于社会和家庭来说，帮助老人尽可能长期不依赖他人，延长其健康期和自理期，以积极的行动走进老龄化社会，是实现健康长寿目标的正确选择。

积极老龄化是在健康老龄化的基础上提出的，进一步地落实"老有所养、老有所医、老有所教、老有所学、老有所为、老有所乐"。在整个生命周期中，保持身体、社会、经济和心理方面良好状态，按照自己的需要、愿望和能力来参与社会。[③]"积极"强调的是一种精神状态，生活中拥有积极的人生态度能带来更长寿、更健康和更快乐的生活，积极进取的思想有助于保持一个人的身体健康。假使疾病在身，积极健康的思想也能帮助老年人应对衰弱的身体。[④]

(二) 积极老龄化的实施思路

首先需要老年个体理解积极老龄化的理念，并在日常生活中践行。通过老年继续教育和就业的平台，确保"老有所教、老有所学、老有所为、老有所成、老有所乐"

① 张莹华. 公共图书馆人文关怀与积极老龄化[J]. 图书馆工作与研究，2010.
② 段江林. "积极老龄化"与六个有[J]. 老人天地，2002.
③ 牟利明，姜川. 构建"积极老龄化社区"的方法和策略探讨[J]. 考试周刊，2008.
④ 王育忠. 关于健康老龄化与积极老龄化的思考[C]. 福建省老年学学会. 积极老龄化研究之一——老龄问题研究论文集(九)，2006.

老年人服务与管理概论

的老年积极进取之路。从社会人文角度，营造积极老龄化的文化氛围，使其富有地域传统和特色，贴近老年人的生活。

1. 身心健康是积极老龄化的基石

作为老年个体和家庭层面，首先考虑的是老年人身心健康，有效延长老年人的自立自主的阶段，把高龄、失能、失智和需要长期护理的阶段缩到最短，同时注重心理健康，这是老年人健康长寿不可缺少的重要方面，与生理健康相辅相成。老年人认为"健康"在积极老龄化中处于首要和根本的地位，而如何解决老年人的健康问题应是积极老龄化政策的重中之重。调研结果显示，适当的锻炼对于老年人的健康颇有益处，并指出通过对社区、机构人员以及志愿者进行有效的培训，使其能辅助和推动老年人进行日常锻炼，这种做法可行且很有必要。[①]

2. 老年教育和就业提高积极老龄化的品质

老年教育具有灵活性、参与性和低成本等特性，契合了中国老年人口的特点，能够更有效地适应老年人的教育需求。持续不断地学习会使老年人的思维更加活跃，生活更加独立，身体更加健康，从而能够减轻社会负担。

积极老龄化所强调的参与，就是倡导那些仍然具有社会劳动能力的老年人，积极参与社会生活、参与社会建设、参与社会发展，使之能够根据自己的劳动潜力、工作愿望、生活需求和志趣爱好，继续以有偿和无偿等各种方式，为社会发展作出自己的贡献，更充分地实现其自我价值。在老年人持续学习的基础上，合理有效地利用老年人力资源。老年人继续工作对个体的生活质量有着决定性的影响，当老年人在较好的工作环境下，做自己感兴趣的事情时，其生活质量会显著提高。

3. 养老文化助推积极老龄化实现

中国养老文化积极提倡"孝"文化，从赡养父母、孝敬父母这个角度，抛弃愚孝的概念，即不分好坏的孝；强调"孝"最本质的内容就是"敬"，孝敬老年人不仅仅是赡养老年人，更多的是强调敬爱老年人。这与第二次世界老龄大会所提出的"反对对老年人精神上的忽视、虐待或者暴力"的口号是保持一致的，是重视精神赡养的表现。我们不仅仅要为老年人提供一个比较好的物质生活条件，同时应更多地包括一种人文的环境。[②]在传统的文化认知上，老年人不会因为退休而失去家庭社会地位，反而会受到孝敬，还有家庭亲情文化、家庭结构和邻里互助等。在当代中国社会，尽管核心家庭数量增多，但依旧保持了家庭成员间的相互帮助、依存和守望。

养老文化在西方提倡孩子和长辈之间通常保持"有距离的亲密"，老年人和孩子之间都有自己的生活，不需要同住一个屋檐下，通过现代的交通工具和通信技术，也能够保持彼此间的亲情，在需要时提供温暖和帮助，同时保证自己生活空间的独立性

① Steven Ney. Active Aging Policy in Europe. Ageing Intemational [M]，2005.

② 陈功. 浅论中国传统孝文化的现代价值[J]. 北方文学，2015.

和完整性。西方强调老年人在保持独立的时候，子女要尊重老年人的意愿，有一种相互尊重的关系。由于我国社会目前正处于未富先老的状态，因此更应提倡互助互惠，尤其强调子女要赡养老年人。

积极老龄化理念在中国本土的实践和发展中，极具中国特色，其中积淀了社会制度的优势，以及基层社区组织和平台的资源储备，这些形成了我国应对老龄化的有利条件。

案例2-2-3 　　　　　**节选自《以积极的老龄化理念解决现实问题》**

在山东乳山的银滩，每年从4月到9月聚集了全国各地到这里养老的人。他们自发组织起来到广场唱歌跳舞。当地政府和社区组织除提供场地支持外，还提供方便的音响电源和设备。这只是中国众多社区养老文化开展的一个掠影，以中国的社区组织结构为依托，人民团体和其他社会组织参与，共同构成了一个庞大的社会组织网络，还有中国多年在社区平台上积累的人力资源、投入的设施建设等资源储备。2006年，剑桥大学人类学家艾伦•麦克法兰从中国访问回去后，在讲堂上作出了这样的判断：中国是世界上第一个和平崛起的大国，不是掠夺和侵略。当她在中国，看到老人们在公园唱歌锻炼展现出的和谐时，感到那才是人类发展的方向！

（资料来源：http://finance.people.com.cn/GB/17671329.html）

案例解析 在中国，无论在农村还是城市，大部分老人都爱聚集在一起下棋、聊天、唱歌、跳舞，沟通情感，以此颐养天年。这种广泛出现的老年人社区文化、体育、娱乐现象，在多方面体现了中国集体主义文化对积极老龄化的开展和渗透。

中国的集体主义文化同样体现在老龄活动的开展方面。集体文化不仅有益于老人精神和身体上的健康，而且传递积极向上、健康文明的信息，符合联合国提出的实现"不分年龄、人人共享的社会"的精神。这些看似文化娱乐的现象，却在一定程度上解决了需要专业工作者和制度才能解决的老年人的身心健康问题，应该成为中国积极老龄化的闪光点。[①]

积极老龄化是一种理念的自觉。老年人是社会的主体，应以积极的生命态度投入生活，更加注重身心健康、人格尊严，以及自我养老和自我实现。人人都是老龄社会的主体，都应当以积极的生活态度面对老龄，既要有"老吾老以及人之老"的宽广博爱，也要有"未雨绸缪"的预先准备，为自己的老年生活做好物质和精神的储备。

---

① 潘屹. 以积极的老龄化理念解决现实问题[EB/OL]. 人民日报，[2012-04-17]. http://opinion.people.com.cn/GB/17672838.html.

三、成功老龄化(Successful Aging)

成功老龄化理论可以追溯到20世纪40年代，这个理念的发展已经具有很长的历史，但主要限定从生理、心理的角度来展开讨论，而今作为老龄化社会发展的目标，关注老年个体和群体的需要，并且实现和满足其需求，达成老年人期望的成功老龄化。许多国际组织和国家将这一愿景作为发展老年战略和政策理念来推动。

(一) 成功老龄化的理念

对于什么是成功老龄化仍然没有统一的标准，或许也不可能得到一个统一的定义。从宏观角度讲，随着时代和社会的不断发展进步，人们对成功老龄化的理解也在发生改变，而不同的国家和民族对之又有不同的标准和看法；从微观来讲，年轻人和老年人，成功老龄化者和非成功老龄化者对它的理解也很多元化，即使同一个体，在不同的场合不同的年龄段也会不同。通常人们都普遍接受的成功老龄化概念是：通过心理和社会因素对人老化过程的积极影响，使老年人各方面的功能下降减缓，保持良好的身心平衡，激发生命的活力，并在社会参与中，逐步实现自我 。[1]这些认识转变了以往老龄化研究中，过分强调老年疾病或老年功能缺损，或者过多强调老年人消极的一面，如疾病、孤独和依赖等，而把关注点放到老龄化的可塑性和积极性的一面。

衡量成功老龄化可以采用客观的指标，如物质生活条件的保障以及医疗服务设施体系的发展程度；同时也需要采取各种主观指标，因为成功的老龄化不仅仅取决于物质生活条件的满足，也取决于老人们对于生活的感知度，如生活幸福感和满意度成为反映成功老龄化状况的关键指标。一语概之，成功老龄化的社会应该是老年人感觉到幸福的社会。在国际上，"成功老龄化"起源于"健康老龄化"的研究，兴起于"积极老龄化"的实践[2](如图2-2-2所示)。

图2-2-2　老龄化应对理念的发展

① Rowe J.W., Kahn,R.L. Human Aging: Usual and Successful[J]. Science，1997.
② 穆光宗. 成功老龄化 中国老龄治理的战略构想[J]. 国家行政学院学报，2015.

(二) 成功老龄化的发展运用

在探索成功老龄化的道路上，我国养老行业的顶层设计者以及实践者都积极参与，着力打造中国成功老龄化的新思路。

案例2-2-4 节选自《国家治理理论与问题研讨会》人口老龄化发言观点

在2014年底中国社会科学院主办的"国家治理理论与问题研讨会"上，北京大学人口所著名教授穆光宗表示，人口老龄化趋势不可阻挡，面对未富先老、未备先老、孤独终老的挑战，"成功老龄化"应成为老龄治理的基本策略。成功老龄化应包括健康老龄化、积极老龄化、和谐老龄化、适度老龄化、有保障的老龄化等内容，在老年人与社会共融共进、共建共享的前提下，全面把握和引领人口老龄化的过程，尽可能保持老年人的健康、自强、参与、贡献、尊严和快乐。

(资料来源：http://theory.people.com.cn/n/2015/0706/c392381-27261306.html)

案例解析 会议讨论了成功老龄化进程中所遇到的主要挑战和发展机会，通过有准备、有均衡、有尊严和有贡献的四个老龄化阶段，逐步在养老资源、养老文化建设、养老制度和养老服务体系与产业体系的日臻完善中，实现成功老龄化的目标。

1. 政策支持

在成功老龄化的实践中，设定可衡量、可实现、可操作的有效发展目标是关键内容。我国目前最新的"十三五"老龄事业发展和养老体系建设与规划中，制定了与政策层面和养老从业者直接相关的硬指标，包括目标的分类情况、指标设定和目标值(如表2-2-1所示)。文件从宏观的角度，明确了成功老龄化的实践方向，以及如何度量和达成。例如：明确提出了"政府运营养老床位占比"和"护理型养老床位比"两项指标，意味着将进一步开放养老服务市场，提升养老服务的市场化和品质化，护理型养老机构也将获得政府更多的支持和重视，以满足老年人日益增长的刚需。

表2-2-1 "十三五"期间国家老龄事业发展和养老体系建设主要指标

类别	指标	目标值
社会保障	基本养老保险参保率	达到90%
	基本医疗保险参保率	稳定在95%以上
养老服务	政府运营的养老床位占比	不超过50%
	护理型养老床位占比	不低于30%
健康支持	老年人健康素养	提升至10%
	二级以上综合医院设老年病科比例	35%以上
	65岁以上老年人健康管理率	达到70%
精神文化生活	建有老年学校的乡镇(街道)比例	达到50%
	经常性参与教育活动的老年人口比例	20%以上

类别	指标	目标值
社会参与	老年志愿者注册人数占老年人口比例	达到12%
	城乡社区基层老年协会覆盖率	90%以上
投入保障	福彩公益金用于养老服务业的比例	50%以上

2. 机构层面

作为养老机构，在社会养老服务体系中承担着重要的补充作用，养老机构可以通过内部的人文环境培植，改变消极对待老年人的态度，发展和贯彻成功老龄化的理念和政策，把老龄阶段看作人生进程的成功延续，而不是生活历程阶段的断裂。机构日常运营管理中需要融合"成功老龄化"的理念，为入住在机构的老年人实现"成功老龄化"提供平台。

案例2-2-5 ××养老机构的"成功老龄化"探索之路

××养老机构颠覆传统养老认知，打破"养老就是床位"的思想樊篱，重新定义"养老是生活"，是建筑在现代文明和物质基础之上的生活。在2007年，××会员制养老社区向社会传递的第一个信息是："××，是至尊老人的家。"××在全国所有养老项目里，率先以家为核心设计产品，并配有完整意义上的厨房，体现家的温馨和情感。随着会员人数的增加，××的信息化管理和秘书式服务逐步展现了它的先进性和创新性，同时进一步坚定了老人们"把一生托付给××"的决心。为了感恩老人信任，维护这份真诚，在2009年，××更为明确地表示了对社会的承诺——"××，可以托付一生的地方"，是"至尊老人的家"的延展和丰富。通过强化和完善医院的配置和护理院的服务，确保会员的生活和健康得到尊严和照护，强调养老属于老年人，老年人是养老的主角。在2013年，又一次调整了机构运营理念的认知视角，用全部精力和资源，诠释养老改变生活，再次开创老人们退休后的明媚春天。

（资料来源：http://www.qinheyuan.com）

案例解析 ××养老机构通过注入"养老改变生活"的理念，改善机构老年人的生活方式，让居住其中的老年人的晚年生活过得精彩，且没有后顾之忧。这种结合中国实际情况的先进理念，成为中国特色的成功老龄化典型运用之一。

3. 社会范围

在成功老龄化的社会，持续开展老年教育的普及化、平等化、社区化、多样化等，可以提升老年人素质和生活品质，保持身心健康、经济独立、和平参与社会的机会，促使个体老龄化和人口老龄化发挥最大的正能量，尽可能减少其负面影响。

综上来看，成功老龄化的终极目标是幸福老龄化，可以概括为三个方面：一是"安养"，即老年人的养老安全，要努力做到内安其心、外安其身；二是"乐活"，

模块二 老龄化篇

快乐生活，要提高自己的生活品质，活着的同时要快乐，要有意义，要体面，要有尊严；三是"善终"，老有善终，离开人世的时候没有痛苦和遗憾，能够微笑着告别人生，告别社会。[1]

任务实施 ▶▶▶

一、结合学习、阅读及所见所闻，分享健康老龄化、积极老龄化和成功老龄化的运用案例，并分三个小组讨论其核心观点，完成健康老龄化、积极老龄化和成功老龄化的宣传海报。

二、利用节假日或者志愿者活动，将优秀案例和海报分享给养老机构和社区的老年人和亲人朋友们。

任务自评 ▶▶▶

通过本章节的学习，请为你掌握的知识点和任务完成情况作出自评。

评价内容	任务点	自评掌握程度 (A良好；B一般；C不好)	重难点自我总结
老龄化应对理念的了解和宣传	1. 健康老龄化		
	2. 积极老龄化		
	3. 成功老龄化		
	4. 三者关系		
案例收集、理解和应用	1. 中国内地		
	2. 北美		
	3. 欧洲		
	4. 日本		
	5. 中国港澳台		

延展阅读 ▶▶▶

上海实现"成功老龄化社会"的探索与实践

上海市在实现"成功老龄化社会"的探索与实践中，尤其在医养结合方面，值得我们学习和借鉴。具体的新颖有效的举措包括以下两个方面：

一、推动家庭医生、家庭病床和医疗护理等上门基本医疗服务

家庭医生是指以家庭医疗保健服务为主要任务，提供个性化的预防、保健、治疗、康复、健康教育服务和指导，使社区居民足不出户就能解决日常健康问题和保健需求、得到家庭治疗和家庭康复护理等服务的新型医生。

家庭病床是以家庭作为护理场所，选择适宜在家庭环境下进行医疗或康复的病种，让患者在熟悉的环境中接受医疗和护理，既有利于促进患者的康复，又可减轻

---

① 穆光宗. 美国社区养老模式借鉴[J]. 人民论坛，2012(15).

家庭负担。

　　家庭医生和家庭病床的建立使医务人员走出医院大门，最大限度地满足社会医疗护理需求，从治疗扩大到预防，从医院内延伸到医院外，形成了一个综合的医疗护理体系。这种在国外已经发展成熟的制度，在我国还发展得比较缓慢。目前主要在上海等经济发达城市开展起来，但还不具规模。希望依托社区卫生服务中心、医疗机构为社区老年人提供家庭医生、家庭病床和医疗护理等上门服务，并为无内设医疗体系的养老机构所收住的老年人上门提供基本医疗服务。希望提高家庭医生的普及性，使这项便民措施惠及更多老年人，通过住院医师全科医学规范化培养，提高家庭医生的整体医疗技术水平，为患者提供更为广泛、周到的医疗保健服务。

　　二、鼓励开设老年病科和安宁舒缓疗护病区

　　由于老年人各种细胞器官组织的结构与功能随着年龄的增长逐年老化，因而适应力减退，抵抗力下降，发病率增加。老年病的病因往往不十分明确，而其病程长、恢复慢、累及多系统、缺乏有效治疗、预后差、收益低的特点，使得许多医院不愿开设老年病科。因此，政府应加强政策引导，鼓励有条件的三级、二级医院开设老年病科，增加老年病床数量，加强老年病的治疗和研究，为老龄化社会作好充足准备。对于生命终末期的患者应进行临终关怀，并辅以适当的医院或家庭的医疗及护理，以减轻其疾病的症状、延缓疾病发展，"安乐"地接受死亡。这不仅出于人道主义精神，也出于减少卫生资源浪费的考虑。据卫生部资料显示：一个人一生健康投入的80%用于生命的最后1个月，意即临终救护占据我国医疗支出的最大份额。我国如果推广临终关怀，必能节省巨额医疗开支、减少医疗浪费。政府应鼓励开设临终关怀的安宁舒缓疗护病区，减少医疗支出，体现生命尊严。

　　(资料来源：中国期刊库http://www.zgqkk.com/lwxs/yx/27888_2.html)

熟悉国内外应对老龄化的行动

学习目标

知识目标

了解国内外应对老龄化的行动。

能力目标

能够列举出国内外应对老龄化的相关措施。

素质目标

1.具备应对老龄化的社会责任感；

2.具备健康、积极、成功应对老龄化的态度。

情境导入

老年服务工作者小王，被所在单位选中去日本参观考察其老龄工作和养老服务体系。为了提前了解一下日本是如何应对人口老龄化的，小王查阅了相关资料并发现，日本主要通过完善养老保险等社会保障制度、构建社会化的养老服务体系、鼓励养老产业的发展以及实施老年人雇佣等来应对人口老龄化。小王还想在去日本之前了解一下其他国家以及我国政府都在应对人口老龄化方面采取了哪些行动，以便到日本后更加有的放矢地参观学习。

任务描述 ▶▶

将全班进行分组，以小组为单位，挑选一个感兴趣的国家或者地区，通过搜集并阅读该国家或地区的资料，归纳总结该国家在应对人口老龄化方面所采取的相关行动，提出自己对应对老龄化的认识以及针对老龄化应当采取的措施的具体见解。小组成员的心得体会，各小组选取代表，进行课堂PPT展示。

知识准备 ▶▶

进入20世纪后半叶，人均寿命高的国家，在分享着由于经济的发展、生活水平的提高所带来喜悦的同时，又不得不面对接踵而来的老年人医疗、保健、住宅、实际生活等诸多方面的人口老龄化(如图2-3-1所示)现实需求问题。各国都在不断地采取各种举

图2-3-1

措和制定相应的政策，来缓解这一问题给社会带来的压力。

一、国外有关国家应对老龄化的行动

　　人口老龄化已经成为一些国家重大的社会经济问题，这不仅关系到社会稳定、经济发展，也与民生紧紧相连。一些国家为了有效应对和解决人口老龄化问题，大力发展养老、敬老、助老事业，早在20世纪60年代，就进行了科学系统的研究，并在此基础上制定了应对和解决人口老龄化的措施，取得了积极的社会效果。这些国家的做法虽然因国情差异而有所不同，但综合起来有以下几点。

(一) 注重发挥政府的作用

　　政府在敬老、养老、助老事业中发挥着积极主导和不可替代的引领作用。政府要利用好、发挥好、协调好社会赋予的行政资源优势，运用政府强大的社会影响力和号召力，充分借助社会、国民和企业的力量，积极推动老年人事业的开展。

　　澳大利亚政府在人口老龄化的过程中，重视政府的领导和协调作用。他们认为，政府的作为直接关系到人口老龄化问题的改善，关系着人心向背，也关系到政府公信力。为此，澳大利亚政府围绕老年问题，做了大量的有效工作。政府引领养老机构的建立、设置、资金支持、人员培训、等级标准、服务质量、评估机构、护理等养老、敬老、助老工作，并在这些项目上较好地履行了行政领导作用和协调作用。同时，在对敬老、养老、助老服务人员的培训上提出明确的标准和要求。政府将养老护理和养老护士区分为三个等级，即最低等级、第二等级、第三等级，并对三个等级提出详细的技术标准。对于评估机构，澳大利亚政府也提出了相应要求：一是建筑设施必须安全、环保，方便老年人生活；二是护理服务水平必须达到国家规定的标准；三是必须依法保护老年人的合法权利等。

　　美国实行的是投保资助型、全民福利型、强制储蓄型的社会养老保障制度。美国联邦政府为了将这一制度贯彻执行，提出了投保资助型要贯彻选择性原则，强调权利与义务的对等；全民福利型要贯彻普遍性原则，所有公民无论是否就业，都有权获得基本的社会保证。为确保此项政策的有效执行，美国联邦政府对养老保险(放心保)资金作出了硬性规定。为防止退休后收入差距的进一步拉大，美国联邦政府对缴纳社会保险费的基础起点设置了上限。对于养老金的缴纳与领取社会标准化管理以及社区养老、以房养老等方面，美国联邦政府也都有详细的规定。美国联邦政府以其社会影响力和政策取向来影响、实现人口老龄化问题的解决。

　　英国政府为应对人口老龄化问题，积极使用行政干预的权力，通过财政补贴的方式加大对老年人福利院的建设，以此重点解决经济收入水平较低老人、孤寡老人的生活困难和居住条件的改善。英国政府管辖的政策性保障性养老护理院，已占到英国全国的17%以上。在社会引导和社会协调工作上，英国政府将敬老、养老、助老视为社会公共事务，把其放到社会管理和公共事务管理的重要社会范畴，政府的行政力和社会协调作用得到较好的发挥。

(二)制订科学的计划、政策

世界上很多国家都根据本国人口老龄化的情况，制订了科学、详细、有较强针对性的社会养老、敬老和助老计划，以此推进和不断扩大社会敬老、养老、助老的社会覆盖面，不断扩大社会的影响力，消除人口老龄化所带来的社会负面影响。

瑞典作为社会福利型国家，历来重视人口的老龄化问题，不仅制订了敬老、养老、助老的长远计划，还出台了与政府计划相互支撑的、具体的、具有可操作性的配套政策。瑞典政府明确规定，公民退休金的待遇和标准由国家统一制定。瑞典公民从65周岁的当月起，即可领取和享受国家提供的社会基本养老金。年龄较大的公民，可以领取和享受较高的退休金，并指出这一政策将长期坚持不变，以此稳定公民的情绪和老年人对养老的需求。

曾被世人赞誉为亚洲四小龙之一的新加坡，对社会敬老、养老、助老十分重视，为应对人口老龄化带来的社会、经济和人口问题，新加坡政府制定了一系列方针政策。20世纪90年代以来，新加坡政府先后制定并出台了《三代同堂花红》《敬老保健金计划》《敬老养老津贴计划》等政策，这些计划、政策的有效实施，较好地解决了一些问题，在新加坡社会产生了积极影响。

美国联邦政府对社会养老、敬老和助老机构有着详细的计划和对策措施：设置养老机构的分类模式；老年人居住设施的标准；老年人福利的财政开支等。他们将养老机构细分为三个不同的社会功能：技术护理照顾型的养老机构；中级护理照顾型的养老机构；一般照顾型的养老机构。这三类养老机构的社会功能虽然有所不同，但其共同任务是不断提高社会养老服务水平，不断提高美国老年人的生活质量，体现美国社会保障的计划性和福利功效。

近年来，一些发展中国家也开始研究和重视社会老龄化问题，把养老、敬老和助老作为重要社会问题、经济问题、民生问题、人口问题，并加以高度重视。巴西政府制订并出台了社会救助养老保险计划，以此来扩大老年人社会保障的覆盖面，解决巴西社会面临的养老、敬老和助老问题。这项社会救助养老保险计划的有效实施，使得巴西农村获得社会救助养老金的人数是获得常规社会保险金人数的63倍，而支出是常规社会保险支出的40倍。阿根廷、南非等国家也先后制订了具有国家行为的社会救助养老保险计划。这些计划的制订与实施，在一定程度上缓解了人口老龄化给社会带来的矛盾和问题，为社会养老、敬老、助老创造了有利条件和舆论环境。

(三) 出台相关的法律和规定

很多国家通过制定并出台相关的法律和规定，积极规范社会敬老、养老、助老的行为，不断提高社会为老年人服务的质量，有效提高老年人的生活水平，保证老年人的合法权益，以法律的形式来保障和推动敬老、养老、助老工作的开展。

日本是亚洲较早进入人口老龄化社会的国家之一，早在20世纪50年代，日本政府和社会就意识到日本人口老龄化到来得很猛，发展得也很快，由此对日本社会经济发展构成严重影响，已经成为历届政府和社会头痛的问题之一，也成为日本非常严重且绕不开的社会问题。对此，在20世纪50年代末，日本加快了对人口老龄化的研究和相关法律规章的制定工作。经过数十年的研究，先后制定并出台了多项涉及人口老龄化的法律和规章。例如，日本政府制定并出台的《国民年金法》《老年人福利法》《老年人保健法》等，这些法律规章对日本国民福利保障体系的建立、老年人服务机构的设置、硬件条件建设、技术标准、权利和义务、居家养老、居宅看护等创造了条件，提供了规范。这些规定成为养老、敬老、助老和保证老年人合法权利的法律基础，也成为日本解决人口老龄化、养老、敬老、助老的法律依据。

20世纪60年代，新加坡65岁以上老人占其总人口的9%，到2050年将占到62%，2065年将达到历史新高，即72%。尽管计算指标有不确定性因素，但引起了新加坡政府的高度重视。为了应对人口老龄化所带来的一系列社会问题、经济问题，新加坡政府通过制定出台法律、规章来确立国民和老龄人群社会保障地位，使之具有制度上的合法性、稳定性。为此，新加坡政府先后制定并出台了养老、敬老、助老的政策和法规。20世纪90年代制定实施的《赡养父母法》，以及与此相配套的《敬老保健计划》《三代同堂花红》等政策法规，为新加坡的养老、敬老、助老提供了法律保障。

美国联邦政府对人口老龄化的法律和制度建设也格外重视，为了敬老、养老、助老事业的健康发展，为了保证老年人的合法权益，相继通过制定政策、颁布相关的法律、规定来加以实施和规范。美国联邦政府制定并出台的"以房养老"政策，受到一些老年人的欢迎，较好地解决了一些老年人养老的后顾之忧。美国联邦政府关于养老保险金的政策，不仅保证了老年人合法的经济来源，而且对社会起到了稳定作用。美国联邦政府关于老年社区建设的法律规定，规范了老年社区建设的技术标准，规范了企业行为；有关部门制定并出台的养老服务标准，规范了养老服务人员所具备的素质和水平，使老年人享受到优质的服务并有效减少了不必要的人为事故。

案例2-3-1　　　　　　　　美国政府用立法向老年人致敬

美国联邦政府从20世纪60年代开始，对老年人需求的反应是显著的。当其他处于不利境况的社会群体艰难地争取一定的公众同情和支持时，退休人员及其他老年人已经享受到了高度的政治关注和政府为此而争取的立法上的支持。1965年美国的《老年人法案》为美国的老年人提供了医疗、健康、住房和社会服务专案。根据这个法案，不同的政府结构、咨询委员会、相关的高龄会议和其他行政组织根据国家和当地水准实施所有和老人相关的政策和专案。作为以老年福利问题为核心的专法，《老年人法案》颁布之初相当简单，经1967、1969、1972、1974、1975、1976……2011年，不断修正补充，内容日趋完备。

为确保法案的有效执行，美国老龄管理局(U.S. Administration on Aging，AoA)在1965年被授权成立。同年，医疗照顾计划伴随社会保障法修正案应运而生，其主要向65岁以上人口提供覆盖医疗费用的保险。就在美国遭受周期性经济衰退的时候，老年人提出了新问题。很多老年人渴望继续工作，他们反对强制退休制度，因为这让他们丢掉了工作。1978年的立法把强制退休的年限从过去的65岁提高到70岁，这帮助了老龄员工。1986年联邦政府修正了《就业年龄歧视法案》，禁止所有依据年龄强制工人退休的做法。可以说，1963年以后，美国政府以立法的形式不断向老年人群体"表达"着敬意，并努力为这一群体打造适合他们发挥余热的环境与机会。

案例解析 不断完善、与时俱进有关老年人的法律是一国应对人口老龄化的关键和基础。从上述案例可以看出，美国有关老年人的基础法律《老年人法案》一直在不断修正完善。

(四) 不断加大财政支持力度

应对人口老龄化问题，推进养老、敬老、助老事业，涉及的部门和领域较多，其中不断加大财政的支持力度是一些国家普遍遵循的原则，是解决敬老、养老、助老问题非常重要的、必不可少的环节。

新加坡政府称，"政府不养老、企业不养老"。显而易见，在新加坡社会养老、敬老才是题中之意。新加坡在建国初期，就开始重视社会养老问题。为此，新加坡政府建立了中央公积金制度，其用意是为相关人员设立一项带有一定强制性的个人储蓄计划，其实就是养老保险金计划。新加坡养老保险金的主要来源是相关人员缴纳的费用。为此，新加坡政府还制定了详细的规定，以保证相关人员在退休后有能力支付其最基本的生活需求。在此基础上，新加坡政府制订了一系列敬老、养老、助老的财政津贴补助计划，支持老龄事业的发展，提高老年人的生活水平，保证老年人的合法权益。

瑞典是一个所有公民从"摇篮到坟墓"高福利的西方发达国家，其养老保险费用主要来自国家的财政支持。国家为此承担了敬老、养老、助老大部分费用，体现了国家对老龄事业的关怀与重视。瑞典实行的是高税收政策，老年人的退休金待遇标准也由瑞典政府统一制定。为提升瑞典社会保障的社会化水平，瑞典政府将养老保险费分为两个部分：一个是基本年金，一个是补充年金，这"两金"构成了瑞典养老退休金的框架。凡是居住在瑞典的该国公民，从年满65周岁的当月起均有资格按规定领取基本年金，且通常实行免税政策。瑞典养老保险的覆盖率达到90%以上，受到公民的欢迎，对社会稳定、活跃和繁荣劳动力市场、促进经济发展起到积极作用。

澳大利亚为敬老、养老、助老事业提供了大量的资金支持，澳大利亚的农村社会保障资金全部源于政府的财政补贴。澳大利亚养老机构所需的资金都是由澳大利亚联邦政府提供，需高级护理的居民3.5万澳元，需低级护理的居民1.5万澳元，接受养老机构服务的居民只需支付一定的护理和住宿费，一年约1万澳元。

一些国家对农村社会养老保险资金的财政支持所占比例较高，德国为70%、奥地利为70%、芬兰为75%、希腊为90%。经济转型国家的波兰对农村社会养老保险的财政补贴达到94%，占到国家财政收入的5%～6%，占到国民收入的2%左右。新西兰、冰岛等国的农村社会保障资金也都来源于政府的财政补贴。一些亚洲、非洲发展中国家也根据本国的实际情况对农村养老保险提供不同程度的财政补贴。各国对养老、敬老、助老的财政支持，发挥了国民收入再分配的重要功能，促进了社会进步和经济的发展。

(五) 建立多层次的养老服务体系

老年人的经济收入不同、家庭背景不同、年龄段不同、身体健康状况不同、个人爱好也不尽相同，要切忌养老、敬老、助老片面化和一刀切，要从老年人的实际情况出发，构建不同层次、不同级别、不同阶段的养老、敬老体系，以此满足各类老年人群的需要。

日本提供养老服务的机构大体分为老人福祉设施和收费老人之家。老人福祉设施是指由政府主导，根据不同情况和老人不同的需要具体细分为老人日服务中心、老人短期入院设施、养老院加盟中心、特别养护老人之家、轻费老人之家、老人福祉中心、老人看护支援中心等。收费老人之家是指引入社会的资金和力量，经过都道府县一级政府批准后由民间企业来经营，按照不同功能和形式分为看护型、住宅型和健康型三种。近年来，又兴起自费养老公寓，多由日本各大企业积极兴建，以设备和管理的高质量吸引退休者，分为都市型、郊外型、田园型、休闲区型。

美国政府通过引入市场竞争机制，向私营机构购买服务来发展老人服务业，故而美国公办养老机构较少，主要通过联邦医疗保险和医疗补助制度来对养老机构的具体服务给予资金补助，不论机构的性质、规模如何。在机构运作上，联邦政府和地方政府资助大部分费用，加上保障基金、商业保险补贴、政府养老金等，真正由个人支付的，只占费用的很小一部分。美国养老机构类型大体有三种：一是老人公寓，政府或社区出资为身体健康、生活自理的退休老人提供的低收费的老人住所；二是老人院，带有生活照顾性质的高龄老人住所，大都是私人办的家庭式的服务机构；三是老人护理院，有医生、执照护士和各种助理护士，负责各种治疗和康复训练。

英国的养老机构类型包括老人日间护理服务中心、养老院、老人福利院、老人护理院等。长期以来，英国政府对处于贫困线以下的低收入或无收入家庭成员给予养老补助，并为无人照顾且有生活自理能力的老人提供收费较低的老人公寓。近年来，政府通过制定福利政策、措施，由政府主导投入，实行社区照顾计划，日渐承担更多的养老职能，尤其让孤寡、残疾老人在社区内的养老服务机构享受到专业工作人员的照顾。社区照顾与传统的家庭养老和集中院舍养老相比，具有很大的优越性，它融合了传统的家庭养老和集中院舍养老之长，更符合人道的原则，更注重对老年人心理和情感上的关怀，使老年人过上正常化的生活，提高了老年人的生活质量，很有借鉴意义。此外，英国还在积极打造"智能化老年公寓"，使老年人在未来可以不受养老院束缚，在自己家中过上高质量生活。公寓基于电脑技术、无线传输技术等多项现代技术手段，配备全套电子芯片装置，植入地板和家用电器中，使老人的日常生活处于远程监控状态，让老年人无须任何护理人员陪伴，且能拥有足够的个人生活空间。这种"智能化老年公寓"预计可在不久之后投入应用。

德国老年人可选择的养老方式也趋于多样化。第一，居家养老：老年人在家中居住，靠社会养老金度日，这种形式最普遍。第二，机构养老：老年人入住专业化的养老机构进行养老。第三，社区养老：应对老年护理人员的短缺问题，德国政府实施"储存时间"制度。即公民年满18岁后，要利用公休日或节假日义务为老年公寓或老年病康复中心服务。参加老年看护的义务工作者可以累计服务时间，换取年老后自己享受他人为自己服务的时间。这种方式正在成为主流。第四，异地养老：包括旅游养老、度假养老、回原居住地养老等。第五，以房防老：即为了养老而购买房子，利用房租来维持自己的退休生活。

案例2-3-2 英国的社区养老服务体系

英国是世界上较早进入"银发"时代的国家。20世纪90年代，英国就提出了社区照顾服务，其目标是使老年人在自己的家或"像家似的"环境中受到帮助。后来，英国政府制定了许多引导性的政策，并投入大量力气建设、规范和整合社会上各种零散的社区照顾服务，使得这种照顾服务得到有效的整合，逐渐形成了多主体、多层次、可以满足老年人不同需求的比较完整的服务体系。

社区照顾居家养老服务体系，实际上是"社区内的照顾"(care in the community)和"由社区来照顾"(care by the community)两种服务模式的各因素结合形成的服务体系。社区内的照顾，是动用外来的专业人士提供的正规照顾；由社区来照顾，是依赖家人、朋友、邻居及社区内支援者提供的非正规照顾。这种服务体系既包括由政府、社区甚至市场化运作的企业等各种非营利和营利的社会服务机构提供的专业服务，也包括由社区内的居民提供的非正式服务。

社区照顾居家养老服务体系所提供的服务内容丰富，形式多样，具体如下：第一，生活照料，分为：居家服务、家庭照顾、老年人公寓、托老所等。第二，物质支援，分为提供食物、安装设施、减免税收等。第三，心理支持，包括治病、护理、传授养生之道等。第四，整体关怀，包括改善生活环境、发动周围资源予以支持等。

案例解析 社区养老服务体系的建立和完善是一国养老服务体系的重中之重。从案例中可见，英国的社区养老服务体系不仅建立早，而且定位准确、服务内容全面。

(六) 充分利用各种社会资源

敬老、养老、助老是全社会的共同义务和责任，要调动和充分发挥社会各种力量和资源参与养老服务事业，包括政府、社会、家庭、企业、社区、慈善机构、志愿者等，都是重要的社会力量。要充分调动他们的积极性和主动性，最终形成良好的社会敬老、养老、助老格局。1991年第46届联合国大会提出《联合国老年人原则》，强调"老年人应该得到家庭和社区根据每个社会的文化价值体系而给予的照顾和保护"。老年人安度晚年不仅需要物质上的帮助和支持，更需要精神上的理解和关爱，需要全社会共同创造尊老、敬老的人文环境。许多国家和组织通过设立"老人节"的方式倡导关心、关爱老年人的社会氛围。譬如，1991年联合国大会把每年10月1日确定为"国际老人节"；加拿大将每年的6月21日定为老人节，又称"笑节"，如图2-3-2所示；美国的老人节也叫"祖父祖母节"，定在每年9月劳动节后的第一个星期天；日本将每年的9月15日定为"敬老日"，而且是法定假日。

图2-3-2 加拿大"老人节"

深受儒家文化熏陶的东亚及东南亚诸国的养老制度以家庭养老为基础，大力倡导"孝"文化，弘扬尊老、敬老、养老的优良传统。日本、新加坡等国多以法律的形式明确家庭成员间，特别是子女对父母的孝敬与赡养义务，因此，家庭型居家养老模式占了很大比重。日本居家养老强调家庭意识，保留家庭养老传统，鼓励邻里互助。新加坡1995年11月颁布了《赡养父母法》，成为世界上第一个专门将"赡养父母"立法的国家。该法规定，如果被告子女未遵守《赡养父母法》，法院将对其判罚一万新加坡元罚款或一年有期徒刑。

日本社会合力应对老龄化

2012年，日本政府提出"政府公助、家族自助、社会共助"三大相关对策。其中社会共助方针主要是以各地方政府为核心，积极协调当地职能部门，社区、企业及事业团体，共同扶助排解高龄者日常生活中出现的不便。历经4年，一些策略也卓有成效。比如针对老年人"孤独死"等夜间突发状况，大分县于2008年发起"黄色平安旗"运动，当地孤老户会在门前或信箱插上一面黄色小旗，代表无事和健康，朝置夜收，如果有异，警察和邻里会第一时间得知，以便救援。现在这项运动在2013年以后由公明党推广，逐渐从九州拓展至日本各地。

誓做"日本第一共助县"的埼玉，针对高龄者聚居的老旧团地公寓，2012年联合周围大学改造部分公寓作为廉租学舍，既解决大学生房租困扰，同时引入年轻世代为老街区注入活力，形成新老共生。现在这种"官学连携的团地活性化推进事业"正在全日本扩大试行。

不少日本老龄者退休后参与工作的意愿仍然很高，福冈县就在2013年提出"70岁也能工作"的配套服务，广泛和当地中小企业合作，两年内提供了4500个轻劳动工作岗位。日本第一老龄县的秋田，针对老年人文娱运动场所不足，通过改造废弃场地十五处，建成大型市民公馆，在满足老年人需求的同时也节约市政经费。

案例解析 一国老人福祉事业，仅靠政府政策与财力上的维系是不够的，没有全社会参与进来，是无法找到解决之道的。

(七) 积极发展老龄产业

老龄产业在国外又被称为"银发经济"(silver economy)，是由老年市场需求刺激形成并迅速扩大的产业，主要包括四大类：第一类是为老年人提供养老服务和照料护理的产品和服务，譬如家政服务、长期护理服务、卫生保健服务等；第二类是养老机构和设施，主要包括养老院、敬老院、老年公寓等房地产及相关设施的开发；第三类是为老年人这一特殊群体研制和生产的产品和服务，譬如老年生活用品、保健产品、金融理财产品、老年旅游产品等；第四类是老年人再教育和培训的产品与服务，同时，还包括老年护理和服务人员的项目培训等。无疑，老龄产业是老龄社会最具活力和前途的产业之一。

日本政府计划利用医疗和看护产业的巨大规模，将其顺势发展成为新兴的服务产业，以拉动未来经济发展。2010年6月，日本政府公布《21世纪复活日本的21个国家战略项目》，其中"医疗和看护产业"即是项目之一，计划在2010年至2020年的10年内，将医疗、看护和健康相关产业的市场规模进一步扩大，并争取由此增加284万个就业机会。其中，针对在家养老人群的"上门看护"服务是今后发展的重点。日本政府还计划通过今后10年的投资，在医疗和看护领域参与国际竞争，重点为跨国医疗服务。在日本，企业和非营利组织可参与商业或公益性养老设施建设，譬如看护型养老院、住宅型养老院、健康型养老院等。在养老设施社会化建设和运营的过程中，带动了一大批类似"老人用品专卖""老年餐饮专营""老人之家管理咨询""养老服务人员培训"等企业的发展，在某种程度上形成了以养老设施为核心的"养老院经济"产业体系。

美国老年房地产业发展迅速，老年公寓设施齐全，管理模式先进，为老年人提供陪助、护理和医药服务。芬兰和瑞典则为老年人提供周到的家政服务、医疗保健服务、房屋维修改造服务、教育咨询服务等，带动了老年人产品和服务行业的飞速发展，提供了大量的就业岗位，拉动了经济增长。

二、我国应对老龄化的行动

我国是人口老龄化程度比较高的国家之一，老年人口数量最多，老龄化速度最快，应对人口老龄化任务最重。

(一) 党和国家高度重视老龄工作

党和政府历来十分关心老年人，重视老龄工作。早在1987年党的十三大就明确提出："要注意人口迅速老龄化的倾向，及时采取正确的对策。"之后，党的历次代表大会和政府工作报告，都对老龄问题和老龄工作提出了明确要求。党的十七大强调要"加强老龄工作""重视发展老龄事业"。党的十七届五中全会明确指出，在"十二五"期间，要优先发展社会养老服务，培育壮大老龄服务事业和产业。党的十八届三中全会提出要"积极应对人口老龄化，加快建立社会养老服务体系和发展老年服务产业"。2017年3月6日，国务院印发《"十三五"国家老龄事业发展和养老体系建设规划》(以下简称《规划》)，明确了"十三五"期间促进老龄事业发展和养老体系建设的指导思想、基本原则、发展目标和主要任务。强调开展应对人口老龄化行动，加强顶层设计，构建以人口战略、生育政策、就业制度、养老服务、社保体系、健康保障、人才培养、环境支持、社会参与等为支撑的人口老龄化应对体系。习近平总书记在中国共产党第十九次全国代表大会上作了题为《决胜全面建成小康社会 夺取新时代中国特色社会主义伟大胜利》的报告。报告提出"实施健康中国战略"要促进生育政策和相关经济社会政策配套衔接，加强人口发展战略研究；积极应对人口老龄化，构建养老、孝老、敬老政策体系和社会环境，推进医养结合，加快老龄事业和产业发展。

(二) 开放养老服务市场

对于养老服务市场的支持，近两年来明显增多。2016年，中国政府出台了7个以上的有关养老领域的政策，涵盖金融、房地产、服务业等诸多领域，扶持养老服务业，以应对人口老龄化。养老服务作为重要的议题，在10月11日召开的中央全面深化改革领导小组会议第二十八次会议上，通过了全面放开养老服务市场的意见，要求引导社会资本进入养老服务业。养老服务涉及领域广泛，目前中国养老服务业尚处于初级阶段。考虑到中国庞大的老年人口，在政策支持下，未来这一行业领域发展潜力巨大。这也必将对人口老龄化背景下的社会经济发展起到重要的推动作用。

(三) 开展养老保险制度改革

我国的养老保障已经实现了制度上的全覆盖，但仍存在着资金平衡压力较大、城乡居民保障水平较低的问题(如图2-3-3所示)。党的十八大和十八届三中、四中全会精神，提出统筹推进社会保障体系建设，建立更加公平、可持续养老保险制度。2015年国务院印发《关于机关事业单位工作人员养老保险制度改革的决定》，决定从2014年10月1日起对机关事业单位工作人员养老保险制度进行改革，重点是改革基本养老金计发办法，待遇水平与缴费相关联，建立多缴多得、长缴多得的激励机制。

图2-3-3

人口老龄化、社会保障体系不健全等诸多因素对于中国的养老金支付产生较大压力，养老金的保值增值已经到了刻不容缓的地步。2015年8月国务院正式颁布了《基本养老保险基金投资管理办法》，标志着中国养老金投资管理改革正式启动，养老金市场化改革获得实质性推进。这将提高养老金的资金回报率，有效提升养老基金的保值增值能力，促进养老保险体系的进一步完善。

(四) 开展长期护理保险试点

探索建立长期护理保险制度，是应对人口老龄化、促进社会经济发展的战略举措，是实现共享发展改革成果的重大民生工程，是健全社会保障体系的重要制度安排。建立长期护理保险，有利于保障失能人员基本生活权益，提升其个人尊严和生活质量，弘扬中国传统文化美德；有利于增进人民福祉，促进社会公平正义，维护社会稳定；有利于促进养老服务产业发展和拓展护理从业人员就业渠道。

根据党的十八届五中全会精神和"十三五"规划纲要任务部署，2016年6月，人力资源社会保障部办公厅下发了《关于开展长期护理保险制度试点的指导意见》，选择了15个城市和吉林、山东两个省开展试点。长期护理保险制度是以社会互助共济方式筹集资金，为长期失能人员的基本生活照料和与基本生活密切相关的医疗护理提供资金或服务保障的社会保险制度。目前我国试点地区的长期照护保险主要是依托医疗保险进行筹资与支付，补偿对象主要为中重度生活不能自理人员(不包括失智老人和身体虚弱老人)，采用费用报销为主的金钱补偿方式。

(五) 鼓励市场力量参与老年服务业发展

老年服务产业发展滞后一直是制约我国养老服务水平提高的重要问题。近年来，在党和政府的高度重视下，各地出台政策措施，加大资金支持力度，使我国的社会养老服务体系建设取得了长足发展。养老机构数量不断增加，服务规模不断扩大，老年人的精神文化生活日益丰富，以居家为基础、社区为依托、机构为补充、医养相结合方式构建的养老服务体系初步形成。

但是，我国社会养老服务体系建设仍然处于起步阶段，还存在着与新形势、新任务、新需求不相适应的问题。党的十八大和十八届三中全会都提出了加快发展老年服务产业的要求，国务院也先后出台了《国务院关于加快发展养老服务业的若干意见》《国务院关于促进健康服务业发展的若干意见》，民政部等十部委也发布了《关于鼓励和引导民间资本进入养老服务领域的实施意见》，对老年服务产业发展作出部署。"十三五"规划纲要明确提出："全面放开养老服务市场，通过购买服务、股权合作等方式支持各类市场主体增加养老服务和产品供给。"这无疑为企业开发和提供养老服务及产品提供了巨大的发展机遇，从事健康养老的企业大有可为。

(六) 大力推动智慧养老发展

我国的智慧养老得到了政府和各界人士的积极推动，已有很多优质的智慧养老项目得到实施。如全国老龄办计划在全国推进"智能化养老试验基地"建设，并批准筹建全国智能化养老和全国老龄智能科技产业园；乌镇联合中科院物联网研发中心引进椿熙堂项目，建设惠及全镇的"物联网+养老"居家养老服务照料中心；长沙韶山路社区上线了"康乃馨智慧养老"综合服务平台，通过智能终端和体检设备为老人提供远程高科技养老服务(如图2-3-4所示)；常熟市建设了智慧居家养老服务中心，推出"CCHC持续照料社区"模式，打造"医养康护"四位一体的养老体系；内蒙古自治区也积极行动，以"互联网+"为抓手，构建"一台五网"智慧养老应用体系，通过为老服务热线对接需求与服务，实现多样化养老。老年信息科技产业属于战略性新兴产业，其发展方兴未艾，动力十足。2017年2月，工业和信息化部、民政部、国家卫生计生委印发《智慧健康养老产业发展行动计划(2017—2020年)》，提出到2020年，基本形成覆盖全生命周期的智慧健康养老产业体系，打造一批智慧健康养老服务品牌。可见，未来我国智慧养老、信息化养老等新形式的科技养老将进入快速发展的黄金年代。

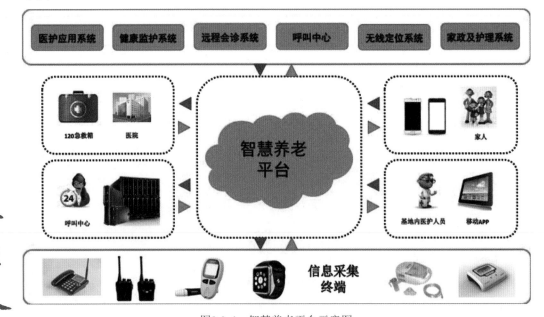

图2-3-4　智慧养老平台示意图

任务实施 ▶▶▶

根据任务描述中的要求实施以下内容：

一、将全班同学进行分组，每个小组选择一个国家或地区，将所收集资料进行整理。

二、各小组归纳总结该国或地区在应对人口老龄化方面所采取的具体行动，并思考对我国有何借鉴和启示。

三、每个小组在课堂上汇报展示本小组制作的PPT，相互交流、评价，最后老师点评。

任务自评 ▶▶▶

通过本章节的学习，请为你的任务完成情况作出评价。要求紧扣"应对老龄化行动"的主题，能够做到层级分明、布局合理、内容充实、体现本节课学习成果；汇报时做到口头表述清晰、逻辑鲜明、能充分解释说明应对老龄化的具体行动措施。

评价内容	知识点	任务完成情况			重难点自我总结
		A良好	B一般	C不好	
国外有关国家应对老龄化的行动	政府把敬老、养老、助老纳入社会管理和公共事务管理的范畴				
	制定科学、详细和有针对性的计划、政策				
	用法律法规来加以规范养老、敬老、助老事业				
	不断加大对养老、敬老、助老的财政支持力度				
	建立不同层次、不同级别、不同阶段的养老、敬老、助老体系				
	充分发挥和利用好各种社会资源进行养老、敬老、助老工作的开展				
	积极发展老龄产业				
我国应对老龄化的行动	党和国家一直高度重视老龄工作，重视购买服务工作				
	开放养老服务市场，完善配套政策				
	开展养老保险制度改革，推动养老金市场化改革				
	开展长期护理保险试点工作				
	鼓励市场力量参与老年服务产业发展				
	积极推动智慧养老、信息化养老的发展				
任务总结					

延展阅读 ▶▶

日本的"老龄化"行动

日本很早就进入老龄化社会，老龄化早已是社会热点话题。2015年日本65岁以上人口占总人口的30%，农村比例更高，东京这样的大城市老龄化现象也开始显现。40年后，每三人中就将有一位65岁以上老人，每四人中就将有一位75岁以上老人。日本政府和社会当下关切如何应对老龄化，并开始着手解决他们的养老和医疗问题。1973年，日本60岁以上老人医疗还是免费的，但随着老龄化社会的到来，财政支出面临压力，1980年老人需要自己承担部分医疗费用。即便如此，由于非低收入者进养老院费用需要自理，医院住院费用低于养老院，因此很多老人长期住院，占用医院资源，本来是看病的医院却要承担护理功能，医疗保险不堪重负。遂有了介护保险制度，一种综合身体照顾和家务服务的保险制度，2000年正式实施。

日本的介护保险制度涵盖老人福祉和老人医疗两大制度。保险制度有三条原则：全社会性的养老；自立支援，即协助自立养老；利用者本位，即老人可以有自主选择的权利。介护制度财政来源：50%来自国家财政税收，其中国家占25%，都道府和市町村各占12.5%；另外50%来自保险费。介护制度被保险者有两种：第1号被保险者是65岁以上老人，保险费占22%；第2号被保险者是40～64岁之间，保费占28%。日本还将老龄人口细分为前期高龄者(65～75岁)和后期高龄者(75岁以上)，75岁以上老人需要日常护理和照料。日本主张全体国民参加保险，社会上的主要险种有：国民健康保险，针对没有正式单位的自营业者；协会健康保险，针对中小企业员工；健康保险组合，针对大企业；共济组合，针对公务员。75岁以上的人员要加入后期高龄者医疗制度，享用者五成是公费。老人医疗服务方面，有一个地域性的医疗设施，类似社区医院，各医院病房分为四种机能：高度急性期机能、急性期机能、恢复期机能、慢性期机能。地域医疗涵盖去医院治疗、家中援助预防、老人护理，在当地社区就能解决，不一定非要去大医院。

除了介护保险制度提供必要的保障，日本在应对老龄化方面还有很多其他措施，对前期高龄者，中小企业鼓励一些有能力的人继续工作。针对老年人的精神生活，还有生活支援、老年人俱乐部、自治会、义工组织、NPO[①]等，鼓励高龄老人走向社会，发挥余热，给社会作贡献。面对支持老人的年轻人越来越少，日本还提倡高龄者互助。

(资料来源：张晓林. 国外应对人口老龄化的做法和启示[N]. 中国经济时报，2014-05-27.)

模块梳理

进入老龄化国家，判断标准要记牢。

60岁以上占一成，65岁以上占7%。

发达国家老得早，发展国家老得快。

未富先老是我国，高龄空巢失能多。

理解认同再应对，健康积极又成功。

策略引导加行动，国内国外各不同。

政策法规加保险，各路资源建体系。

人口老龄不可怕，应对要靠你我他。

---

① NPO，是英文"Non-Profit Organization"的缩写，直译为"非营利组织"。

模块三 服务与管理篇

模块概览

我国目前已初步形成以居家为基础、社区为依托、机构为补充、医养相结合的多层次养老服务体系。养老服务的核心是服务，而服务的质量则是由管理来保证的。本模块专门就养老服务与管理的知识进行梳理与讲授，是本课程的重点。本模块首先介绍了我国养老服务体系的构成、发展历程与未来发展趋势，然后重点讲述了老年人服务的内容和原则、养老服务机构的内外部管理工作的具体原则与方法，最后介绍了老龄产业的概念与分类以及我国老龄产业的发展现状与发展趋势。

总体目标

1. 了解我国养老服务体系的内涵、发展现状及趋势；掌握老年人日常生活服务、生理健康服务、心理健康服务、社会关系和社会活动服务的内容和原则。

2. 熟悉养老院及为社区居家养老提供服务的机构的核心管理工作及每项管理工作的具体内容、原则及方法，并培养学生在管理实践中树立"以人为本"理念。

3. 了解老龄产业的概念、分类及发展现状及趋势，树立对我国老龄产业发展的信心。

任务一

认识我国社会养老服务体系

学习目标

知识目标

1. 了解社会养老服务体系的内涵及其构成；

2. 掌握我国社会养老服务体系发展现状与存在的问题；

3. 了解我国社会养老服务体系的发展趋势。

能力目标

能够举例说明目前我国社会养老服务体系建设存在的问题和未来发展趋势。

素质目标

1. 客观认识我国养老服务体系发展存在的问题；

2. 树立对我国养老服务体系发展的信心。

情境导入

现年75岁的林奶奶，自己一个人居住于北京市某社区。林奶奶身体状况良好，日常生活能够自理，平时经常在社区内的活动中心，跟老人们一起活动，有时也会选择在社区内就餐。社区还经常组织人员对社区内的老年人进行体检和医疗知识讲座，但由于专业性不足，只能进行一些基本的检查。林奶奶是退休干部，每个月有退休金，经济上比较稳定，但随着林奶奶年龄逐渐变大，并患有高血压，且老伴去世多年，子女们都在外地居住，老人目前自己一个人居住，危险性比较高，虽然社区内为老人配备了专门的呼叫装置，也会有定期的上门服务，但子女们还是在犹豫是否让林奶奶住进专业的养老机构。请通过下面内容的学习，给林奶奶的子女提供一些建议。

任务描述 ▸▸

林奶奶的情况不是个例，有相当一批老年人不知道该选择何种方式养老，请以情境导入中的林奶奶为例，以小组为单位，在学习本部分知识后，再结合自己收集的资料和思考，制作一份PPT，向林奶奶的子女介绍一下我国社会养老服务体系的内涵与构成、我国社会养老服务体系的发展现状，以及未来趋势，为林奶奶选择养老方式提供参考。

知识准备 ▶▶

　　做好老龄相关工作，必须首先了解一下我国养老服务体系的整体情况，明确社会养老服务体系的内涵与构成，了解我国社会养老服务体系发展现状与存在的问题，掌握未来我国社会养老服务体系的发展趋势。

一、我国社会养老服务体系的内涵与构成

(一) 社会养老服务体系的内涵

　　社会养老服务是政府和社会为老年人安度晚年提供的各类服务的总称。它有广义和狭义之分：从狭义上讲，养老服务仅指为老年人提供生活照顾、康复护理和精神慰藉服务等；从广义上讲，养老服务则是一个大服务的概念，几乎涵盖了老年人衣食住行、生活照料、医疗服务、文化、健身、娱乐等多个行业领域。

　　社会养老服务体系是通过多元化服务主体、社会化服务网络、专业化服务标准，面向全体老年人提供生活照料、康复护理、精神慰藉和社会参与等养老服务的综合载体及保障机制。该定义首先肯定了政府、市场、社会组织等服务主体的地位；其次强调了社会养老服务体系区别于家庭养老的社会化、专业化特点，同时明确了社会养老服务体系生活照料、康复护理、精神慰藉等核心功能；最后，社会养老服务体系的良性发展还需要政府立法及产业发展为其提供支撑和保障。该定义体现出社会养老服务体系发展过程中"政府主导、政策扶持、社会参与、市场推动"相结合的原则。

(二) 我国社会养老服务体系的构成

　　根据养老场所，可以将我国养老服务方式分为社区居家养老服务和机构养老服务。

1. 社区居家养老

　　社区居家养老服务是指政府和社会力量依托社区，为居家的老年人提供生活照料、家政服务、康复护理和精神慰藉等方面服务的一种服务形式。它是对传统家庭养老模式的补充与更新，是我国发展社区服务，建立养老服务体系的一项重要内容。

　　社区居家养老服务提供的形式主要包括把老人"请出来"和到老人家里去服务两种形式，如图3-1-1所示。

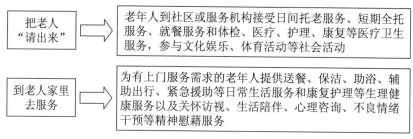

图3-1-1 社区居家养老服务的提供形式及内容

社区居家养老服务的提供方式，主要包括政府、社会力量和家庭。社区居家养老服务的内容涵盖生活照料、家政服务、康复护理、医疗保健、精神慰藉等。对身体状况较好、生活基本能自理的老年人，提供家政、餐饮、法律援助等服务；对生活不能自理的高龄、独居、失能等老年人提供家务劳动、家庭保健、辅具配置、送饭上门、无障碍改造、紧急呼叫和安全援助等服务。

社区居家养老服务本质上应该属于公共服务或者福利性服务的范畴，其费用支出方式主要包括两种，如图3-1-2所示。

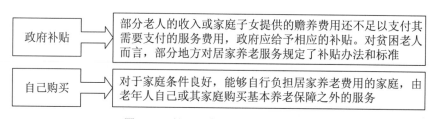

图3-1-2 社区居家养老费用支付方式

2. 机构养老

机构养老是指老年人离开家庭，以养老机构为养老地，依靠国家资助、亲人资助或老年人自费的形式购买机构服务，由专门的服务人员，统一为入住老年人提供基于老年人各种需求的生活照料、康复护理、精神慰藉、文化娱乐等多样化服务的养老方式。

机构养老以各种养老服务机构为载体。养老机构是专有名词，是指为老年人提供生活起居、餐饮膳食、文化娱乐、清洁卫生、康复训练、医疗保健等综合性服务的机构。它可以是独立的法人机构，也可以是附属于医疗机构、企事业单位、社会团体或组织、综合性社会福利机构的一个部门或者分支机构。[1]现今养老机构的名称繁多，常见的主要有敬老院、老年社会福利院、养老院、老年公寓、护老院、护养院、护理院等。根据社会养老机构出资和运营主体的不同，可以把我国的养老机构划分为公办公营型、公建(办)民营型、民办公助型、民办民营型四种类型(如表3-1-1所示)。养老机构服务的主要对象是老年人，但某些养老机构(如农村敬老院)也接收辖区内的孤残儿童或残疾人。习惯上，按照老年人生活自理程度将养老机构的服务对象分为自理老

---

① 不含社区中的托老所、日间照料中心等养老设施(居所)。

年人、半自理(介助)老年人和非自理(介护)老年人。因此，根据不同类型养老机构的入住对象和服务内容需求等，还可以将养老机构划分为自理型养老机构、助养型养老机构、养护型养老机构三类。

表3-1-1　根据养老机构出资和运营主体不同划分的四种养老机构特点

类型	建设出资方	运营管理方	法人性质及营利性质	运行经费来源	收住老年人	收费标准确定
公办公营型	各级政府和公有制单位	政府	事业单位；福利型	政府财政全额拨款	"三无"老人①、"五保"老人②、残疾人和部分社会老人	"三无""五保"老人免费，其他基本养老服务保障对象老年人床位费、护理费实行政府定价或政府指导价，伙食费等收费项目按照非营利原则据实收取
公建(办)民营型	各级政府和公有制单位	社会组织或服务团体承包经营	福利性或非营利型	主要由运营方自己承担	部分基本养老服务保障对象老年人(包括低收入老人，经济困难的失能、半失能老年人等)；部分社会托养老人	由运营方依据委托协议等合理确定
民办公助型	民间组织或者机构，包括企业或者非营利组织	民政部门注册的"民办企业单位"；非营利型	主要来源于入住者的缴费，但政府的建设和床位补贴，以及社会捐助也是重要来源	所有老年人	由经营者合理确定，政府有关部门可对其进行必要监督
民办民营型	私人等民间资本	工商部门注册的企业；营利型	入住者的缴费		由经营者根据市场情况自主确定，但应符合价格法律制度要求

模块三　服务与管理篇

二、我国社会养老服务体系的发展情况

(一) 发展历程

新中国成立以来，我国社会养老服务体系的发展大致经历了以下四个阶段。

---

① "三无"老人是指城镇居民中无劳动能力、无生活来源、无赡养人和扶养人，或者其赡养人和扶养人确无赡养或扶养能力的60周岁及以上老年人。

② 依照《农村五保供养工作条例》规定对农村丧失劳动能力和生活没有依靠的老、弱、孤、寡、残的农民实行保吃、保穿、保烧、保教、保葬的一种社会救助制度。其中所涉及的老人即为"五保"老人。

1. 孕育阶段(1949—1978年)

新中国成立初期，社会经济百废待兴，社会化的养老保障制度尚未建立，国家兴办的福利机构只有能力容纳无劳动能力、无依无靠、无法维持生活的残、老、孤、幼人员。此时，由于"企业办社会"的现象严重，一般城镇老年人的一切生活都由所在单位负责，有了就业保障就有了从生到死的生活保障。进入老年期后的保障由单位内部的福利制度解决。而农村老人的养老服务除了"五保"家庭外，主要靠各自的家庭来提供，家庭养老肩负着赡养、照护老年人的主力军作用，实现对老年人物质与精神赡养。总之，改革开放之前，城镇家庭的养老功能强大，家庭和单位合力使老年人的养老服务资源得到很好的发挥，尽管资源有限，但各尽其力。在农村，政府和集体合力为"五保"老年人提供养老服务，而其他农村居民只有靠家庭，有时需要求助亲戚和邻里来照顾。

2. 探索阶段(1978—1999年)

这一时期虽然老年人口占比急剧增加，但我国社会化养老服务的观念没有形成，家庭仍然是重要的养老服务主体。各级政府主要还是通过福利院、敬老院、光荣院等收养性社会福利机构帮扶孤寡老人和生活困难的老人，养老服务仍然具有较强的救助性与补缺性。同时，在这一时期企业改革使单位的社会保障功能被剥离，"单位人"向"社会人"转化的过程中，大量退休人员、下岗失业人员和流动人员进入社区，使"社区服务"应运而生，社区建设逐渐开展起来，社区服务工作在全国范围内正式启动。并且在这一时期，我国机构养老发展取得了显著成就，各类养老服务机构由1978年的8365个[①]增加到1999年的40 030个，各类养老机构接收人员也从14万人增加到77.6万人。但是，总的来看，这一时期社区居家养老服务和机构养老服务的数量和质量，与广大人民群众的需求还有相当大的差距。

3. 初步形成阶段(2000—2010年)

在这一阶段，随着老龄人口的急剧增长和家庭支持功能的不断下降，多元化、层次化、体系化的社会养老服务发展模式受到国家重视。2000年，民政部、财政部等十一部委提出了《关于加快实现社会福利社会化的意见》，提出建设以国家兴办的社会福利机构为示范、多种所有制形式的社会福利机构为骨干的社会福利服务网络。2001年，民政部印发《"社区老年福利服务星光计划"实施方案》，积极兴建老年活动中心、社区老年服务站、家庭养老服务中心、老年人日间服务中心等社区服务设施网络，依托社区为老年人生活照料提供载体、为居家养老服务提供支持。2005年，为推动我国养老服务事业的健康发展，民政部颁布《关于支持社会力量兴办社会福利机构的意见》。2006年，《关于加快发展养老服务业的意见》第一次从产业发展的角度，将"养老服务业"认定为一种为老年人提供生活照顾和护理服务等基本生活需求

---

① 其中绝大部分是退休军人、干部的疗养机构。

的现代服务业。对拓展社会养老服务体系、扩大受益老年群体、充实为老服务内容具有推动意义。2008年，居家养老成为社会养老服务工作推进的第二个重心。《关于全面推进居家养老服务的意见》研究制定"民办公助"的政策措施，鼓励社会力量参与兴办居家养老服务业。到2010年，我国社会养老服务体系初步形成。

4. 持续发展阶段(2011年后)

进入"十二五"时期，国务院先后印发了《中国老龄事业发展"十二五"规划》和《社会养老服务体系建设规划(2011—2015年)》，2012年全国人民代表大会常务委员会修订了《老年人权益保障法》，2013年国务院印发了《关于加快发展养老服务业的若干意见》，2014年财政部、发展改革委、民政部、全国老龄办联合下发《关于做好政府购买养老服务工作的通知》，2015年国务院办公厅转发了卫生计生委等九部门《关于推进医疗卫生与养老服务相结合指导意见》。2016年国务院办公厅印发了《关于全面放开养老服务市场提升养老服务质量的若干意见》，随后民政部、发展改革委等11个部委联合印发了《关于支持整合改造闲置社会资源发展养老服务的通知》、中国人民银行、民政部、银监会、证监会、保监会联合印发了《关于金融支持养老服务业加快发展的指导意见》。2017年国务院印发了《"十三五"国家老龄事业发展和养老体系建设规划》。

伴随着有关法规政策的出台，我国老龄事业和养老体系进入持续发展阶段，基本养老、基本医疗保障覆盖面不断扩大，保障水平逐年提高；以居家为基础、社区为依托、机构为补充、医养相结合方式构建的养老服务体系初步形成，养老床位数量达到672.7万张；老年宜居环境建设持续推进，老年人社会参与条件继续优化；老年文化、体育、教育事业快速发展，老年人精神文化生活日益丰富；老年人优待项目更加丰富、范围大幅拓宽，敬老、养老、助老的社会氛围日益浓厚，老年人的获得感和幸福感明显增强。

(二) 发展现状

目前我国已形成以居家为基础、社区为依托、机构为补充、医养结合的多层次养老服务体系。在居家和社区养老服务方面，国家通过政府购买服务、发放养老服务券、鼓励专业化养老服务机构参与等形式，为老年人提供生活照料、家政服务、康复护理、医疗保健等服务。在机构养老方面，公办公营、公建(办)民营、民办公助和民办民营等多种类型并存。近年来，在国家的大力倡导下，公办养老机构改革逐步推进，社会资本不断涌入养老服务市场，公建(办)民营、民办公助和民办养老机构不断涌现。

1. 顶层制度设计愈加完善

2010年以来，随着我国人口老龄化程度快速发展，养老服务需求也与日俱增。党中央、国务院以及民政部、卫计委等部门密集出台了大量有关加快我国社会养老服务体系建设的大政方针。

这些法规、政策的出台，对我国老龄事业和养老服务体系发展作出了顶层设计、系统安排和全面部署，从降低市场准入、用地保障、财政支持、税收优惠、改革试点、规范标准等方面扶持养老服务业发展和养老服务体系建设。

2. 养老服务设施快速增长

随着《社会养老服务体系建设规划(2011—2015)》的出台，全国各地社会养老服务体系建设步伐明显加快。据统计，截至2015年底，我国各类养老服务机构和设施11.6万个，同比增长23.4%，其中注册登记的养老服务机构2.8万个，社区养老服务机构和设施2.6万个，互助型养老设施6.2万个；各类养老床位672.7万张，同比增长16.4%。其中，社区留宿和日间照料床位298.1万张，占养老床位总数的44.3%；每千名老年人拥有养老床位30.3张，同比增长11.4%，已实现"每千名老年人拥有养老床位30张"的规划目标。[①]

3. 养老企业在微利中不断发展

从当前老年人群收入来看，据统计，我国90%的65岁以上老人主要依靠离退休金、家庭其他成员供养生活，经济来源相对固定。由于收入不多，如果他们愿意入住养老机构，城镇老年人个人和家庭平均每月能承担1016元费用，农村老年人每月则为172元，消费能力较低。从企业经营来看，由于居家、社区养老主要提供的是大众化养老服务，利润率不高，而机构养老一般需入住率超过70%时才能维持盈亏平衡，因此总体来看，大多数养老企业处于微利经营状态。

4. 养老服务模式不断创新

近年来，在居家、社区、机构养老的基础上，上海、大连、青岛、宁波、温州等经济发达城市不断创造各具特色的养老服务模式。其中，居家养老有信息化养老、管家服务养老、"市、街道、社区"三级社会化养老等模式；社区养老有日托养老、老年专业社区养老、政企合作社区养老等模式，机构养老则有普通养老院、老年养老公寓、小型家庭养老院、医养结合养老等模式。一些省区还积极探索医疗、养老、家政、健身、旅游等服务业深度融合和互动发展模式，并开展了养老医疗、健康养生养老、康复护理养老、养老产业园等项目。

5. 养老服务内容日趋丰富

随着养老人群需求的日益个性化、多元化以及网络技术、信息技术的发展，我国养老服务内容不断丰富，逐渐从生活照料向老年文化教育、健身娱乐、医疗康复、精神慰藉、法律服务等方面扩展，逐渐从保障老年人的衣食住行等日常生活照料为主向提供康复照料、情感护理、法律援助等专业化服务提升，逐渐从传统化、模式化服务向系统化、网络化、信息化服务方向发展。

---

① 高宝华. 我国社会养老服务体系基本形成[N]. 国际商报，2016-11-28.

(三) 存在的问题

尽管近年来我国养老服务业得到了快速发展，但目前养老服务业的发展还处于起步阶段，存在总量不足、结构失衡、体制机制不顺、资金来源单一、人才缺乏、政策落实不到位等问题。

1. 专业化人才缺乏

老年服务与护理人才短缺、为老服务人才专业化和综合素质参差不齐，已经成为制约我国养老服务体系发展的主要瓶颈，也是提升我国养老服务质量的主要障碍。目前我国养老服务行业中，养老护理员多以农村已婚女性为主，而且年龄普遍偏大，受教育程度偏低。据《中国老龄事业发展报告(2013)》数据显示，中国失能老年人有3750万人，这部分老人需要专业的护理和照顾，如果按照老年人与护理员比例3∶1推算，全国至少需要1000万名养老护理员。目前，全国各类养老服务机构42 475个，从业的养老护理人员仅约为100万人，其中只有不足10万人拿到了养老护理职业资格证书。

2. 总量不足

我国自2000年起就成为人口老龄化国家。2015年，我国60岁及以上人口达到2.22亿，占总人口的16.1%，其中65岁以上人口占比为10.5%，人口老龄化程度逐步加深。截至2014年底，我国80岁以上的高龄老人达2400万，失能、半失能老人达4000万；老年家庭空巢率达50%，大中城市高达70%。此外，到2020年，我国老年消费市场规模将达3.3万亿元，对养老服务、老年用品等相关产业将产生巨大需求。但从供给状况来看，2015年，我国养老床位总数仅占全国老年人口的3%，低于发达国家5%～7%的比例；每千名老人拥有养老床位30.3张，远低于发达国家约70张的平均水平。此外，居家、社区和机构养老的覆盖人群有限，供给总量明显不足[①]，养老服务的供需矛盾突出。

3. 结构失衡

一是在居家养老和社区养老方面，服务内容较为单一，主要提供日常生活照料，其他康复服务、法律援助、文化娱乐等专业性服务较少。二是机构养老供求失衡且普通型、护理型床位比例失调。据统计，全国养老机构平均空置率在48%左右[②]，其中有相当一部分来自农村敬老院。另外，机构养老的普通供养型床位和护理康复型床位的比例严重失衡。据统计，在我国入住养老机构的老年人当中，完全自理和半自理的老年人达69.7%，不能自理和临终关怀老年人只占30.3%。三是城乡、区域之间发展不平衡。目前，农村养老落后于城镇，中西部地区养老落后于东部地区。

---

① 高宝华. 我国社会养老服务体系基本形成[N]. 国际商报，2016-11-28.

② 吴玉韶，王莉莉，等. 中国养老机构发展报告[M]. 北京：华龄出版社，2015.

4. 体制机制不顺

一是政府、市场职责权限不清。政府并未明确自身在养老服务业中的职能定位，导致政府与市场的养老职责权限不清。再加上政府的管理角色并未完全转变，导致政府该管的没管住、不该管的插手太多，限制了民间投资的发展。2013年，全国近4万个养老机构中，公办养老机构数约占72%，民办养老机构仅占28%。[①]二是管理体制不顺。目前，养老服务业的业务管理部门涉及民政部、卫计委(包括卫生、医保)、发展改革委、人社部、商务部等多个部门，容易造成政出多门、政策不协调等问题，影响了养老服务行业的快速和健康发展。

另外，资金来源单一、可持续发展能力弱等问题也制约着养老服务业的发展。

案例3-1-1   **上海市养老服务业发展现状**[②]

上海是我国最早进入老龄化的城市。1979年，上海60岁及以上户籍老年人口占总人口比例超过10%，上海开始步入老龄化社会。到2014年末，上海常住人口总数达2425.68万，其中60岁及以上常住老年人口452.06万，占比为18.6%，上海已成为深度老龄化城市。

2000年，上海率先提出以居家为基础、社区为依托、机构为支撑的发展框架，基本形成"9073"养老服务格局。上海一方面加大财政投入，聚焦重点、补足短板，持续推进养老床位、老年人助餐点、老年人日间服务中心等设施建设。另一方面，大力发展多种形式的养老服务项目，不断提高养老服务能力；并不断完善养老服务的各项政策措施，推进养老服务法制化、规范化、标准化。

至2015年末，全市共有养老机构699家，床位12.6万张，全面实现了"十二五"规划目标任务。全市共有224家社区助老服务社、3万余名助老服务员，为30.2万名老年人提供社区居家养老服务；累计建有442家日间服务中心，为1.5万名老年人提供日间照料服务；累计设立634个老年人助餐服务点，为7.3万名老年人提供助餐服务；建成社区标准化老年活动室5407家，日均活动30万人次以上。实施"老伙伴计划"，鼓励低龄老年人为高龄老年人提供志愿服务。2013年末起，全市在100个街镇开展了老年宜居社区建设试点，致力于打造"没有围墙的养老院"。

案例解析 上海市养老服务业的发展现状是我国一线城市的代表，其发展主要围绕社区居家养老和机构养老两大类模式展开，主要体现在养老服务业的"硬件"(设施)建设和培养养老服务人才以及完善政策制度等"软件"建设两方面。

---

① 高宝华. 我国社会养老服务体系基本形成[N]. 国际商报，2016-11-28.

② 解读上海养老服务发展报告(白皮书)[EB/OL]. 上海民政，[2016-01-29]. http://www.shmzj.gov.cn/gb/shmzj/node687/u1ai41785.html.

三、我国社会养老服务体系的发展趋势

(一) 服务内容多样化

养老服务随着时代需求的演变,已经脱离了本身的老年照顾、生活服务为主的含义,未来的养老服务应该是包罗万象的综合性服务,涉及医疗、商贸、旅游、咨询、管理、文化、地产等诸多内容,主要可以理解为养老服务业和养老地产的结合。养老服务为养老地产提供服务功能,养老地产为养老服务提供项目载体,表现在居住层面和服务层面满足不同年龄段的老人养老需求。养老服务内容如图3-1-3所示。

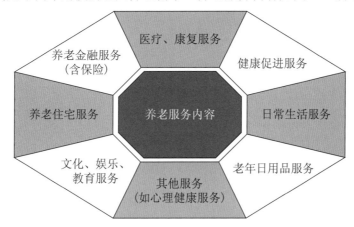

图3-1-3　养老服务内容

(二) 养老模式多元化

未来"中国式养老"的图景将是以居家为基础、社区为依托、机构为补充、医养结合的养老服务体系基本建成,老年人多样化、多层次的服务需求得到有效满足;各类社会保障制度有机衔接,孤寡、失能、高龄、特困等老年人群体权益得到充分保障;孝亲敬老的传统文化得到传承和弘扬。

1. 社区居家养老服务居于基础地位

社区居家养老是未来"中国式养老"的主流,既传承了中国注重家庭、家族的传统文化习俗,又可以在未富先老的国度里满足庞大的老年人口的养老服务需求,是适合中国特殊国情的一个最现实的选择。未来,在家庭养老能力不断下降、机构养老存在结构性失衡且总体上供不应求的背景下,社区居家养老的优势和长处更显突出。社区居家养老服务将一直是我国养老服务体系的基础,在我国整个养老服务体系中占有非常重要的地位。2016年国务院办公厅印发了《关于全面放开养老服务市场提升养老服务质量的若干意见》,提出了推进居家社区养老服务全覆盖的目标要求和具体措施。《"十三五"国家老龄事业发展和养老体系建设规划》提出,夯实居家社区养老服务基础。这些政策措施的实施，必将加强居家社区养老服务的有效供给，发挥居家社区养老服务在养老服务体系建设中的基础性作用。

2. 机构养老将发挥双重作用，走向多元化发展之路

机构养老可以为失能、半失能老人提供专业化的服务，可以让有刚需的老人有机构可进，可以使更多老人有机构可选，这将是未来中国养老机构担负的双重职责。无论是敬老院、福利院、养老院，还是老年公寓、护理院、疗养院等养老机构都将在未来我国养老服务体系中发挥重要的补充作用。如果经济不宽裕，可以入住公立养老院；如果不差钱，可以选择"高大上"的养老社区；如果喜欢家庭氛围，有居家式的养老机构；如果喜欢旅游，还有"移动式""候鸟式"的养老模式。可以预见，我国养老机构和养老模式将呈现多样化趋势，满足不同人群的不同养老需求。

3. 医养结合将是我国养老服务的主要形式

"医养结合"是实现"健康养老"的有效途径，也是老年人的迫切需求。我国56%的老年人患有两种以上的慢性疾病，"无医之养"成为老年人及其家庭的最大忧患。而目前我国"医养结合"模式尚处于探索发展阶段，存在养老机构医疗服务水平普遍不高、护理型养老机构建设严重滞后、医疗与养老机构之间缺乏高效稳定的合作机制等问题，无法应对多地高速老龄化所带来的老年医护需求潮，养老服务亟待推进医养深度融合。近年来，国家出台了鼓励医养结合发展的一系列政策，明确提出了建立医养结合绿色通道的"行动指南"，旨在深入推进医疗卫生与养老服务融合发展。可见，医养结合将成为未来我国养老服务体系发展的一大趋势。医养结合的主要形式如图3-1-4所示。

图3-1-4　医养结合的主要形式

案例3-1-2　　天津市静海区打造医养结合新模式

2014年7月，天津市静海区被列为天津首个"全国养老服务业综合改革试点区"，该区紧紧抓住这一契机，针对城乡老人养老需求，抓改革、促创新，探索打造"医养结合"新模式，深入推进养老服务业综合改革试点，取得显著效果。2016年12月，国务院第三次大督查中对静海区的典型经验给予了通报表扬。该区的主要做法就是积极推广在养老院所中建医疗机构，设有诊疗中心、康复理疗中心、体检中心等，聘请了专业医护人员定期坐诊、会诊、巡诊。平时会定期为入住的老人开展定制式体检、针对性综合评估、指标监测、心理疏导、饮食指导、运动指导等服务，全方位呵护老人的身心健康。该养老社区还通过与三甲医院建立就医住院'绿色通道'等举措，为老人提供24小时医护服务，形成了'医、护、健、养'的养老新模式。实现了居住在该养老社区中的老年人"小病不出户、常病不出园、大病直通车"。

案例解析 "医""养"脱节成为目前我国养老服务的"短板"，也是摆在政府面前亟待解决的重要课题。天津静海区的养老模式有效解决了群众健康养老"最后一公里"的难题，是"医养结合"的典型模式之一。

(三) 服务技术智能化

能够安全、舒适地在家中养老，对老年人来说是一种晚年幸福，对家庭和社会也是一件幸事。要实现这样的幸福目标，现实社会中确实存在很多挑战。发达国家的探索和实践表明，智能技术可通过提供性价比较好的辅助服务，来为实现这一目标发挥关键性的作用。伴随着我国科技创新能力的进步，智能化、科技化已经成为养老服务业新的发展热点，是目前和未来我国养老服务业发展中的一个重要方向。

案例3-1-3 　　　　　　　　　老年人专属智能手表

70岁的张爷爷，其两个子女都在另外的城市居住，老伴也已经去世，子女们想把老人接到身边共同居住，但是张爷爷还是想自己一个人生活。子女们想时刻知道张爷爷的身体健康和生活状况，于是为张爷爷购买了一款老年人专属智能手表。老年人专属智能手表是目前最常见的智能化养老设备，属于老年人可穿戴设备的一种，具备亲情呼唤、一键sos和电子围栏功能(如图3-1-5所示)。父母佩戴手表，与子女的手机通过App链接，组成亲联网，相互通信。假如父母挂念子女，可通过手表一键发送提醒信息到子女手机，提醒子女打电话回家，实现一键亲情呼唤。如若父母不幸受伤或发生意外，也可通过手表按键发送求救信息到子女手机，一键求助。子女可为父母设置一定的安全活动范围，假若父母意外走出"电子围栏"，手表会自动发送消息告知子女，确保父母活动范围可控。这样的功能设定不但可以让工作繁忙的子女省心，拉近亲情，也可以有效降低老年人的失踪率，从实处改善老年人的晚年生活。

图3-1-5

案例解析 科技的进步是当下经济发展的动力，智能化正是其集中体现。老年人服务技术的智能化发展，不仅能够为老年人的日常生活带来便利，也是让子女们省心的最佳途径。

任务实施 ▶▶

请根据任务描述中的要求按以下步骤制作一份PPT：

一、我国社会养老服务体系主要由什么模式构成？

二、什么是社区居家养老？社区居家养老一般提供哪些服务？如何收费？

三、什么是机构养老？我国的养老机构根据出资和运营主体的不同一般分为哪几类？每一类养老机构的法人性质、建设方、经营方以及主要收住哪些老年人、收费标准大概在什么范围？

四、当前我国社会养老服务体系存在哪些问题？

五、未来养老服务的内容、模式与技术都有哪些发展趋势？

六、为林奶奶的子女解释林奶奶在社区养老与机构养老的利弊，根据方案为林奶奶选择何种养老方式，并举例说明。

任务自评 ▶▶

请根据任务完成情况，参照下表给自己评定等级。

评价内容		评价等级 (A优秀；B良好；C一般)	总结
PPT内容	主题明确，结构清晰		
	表述清晰，可行度高		
	对内容把握准确		
	问题分析客观		
知识点	我国社会养老服务体系的内涵与构成		
	我国社会养老服务体系的发展情况		
	我国社会养老服务体系的发展趋势		

对机构养老服务体系的再认识

面对"十三五"开局，在整个社会化养老服务体系中，如何看待居家、社区、机构三者的关系，怎样统筹推动三者发展，更好地满足老年群体的多元性需求、适应养老服务业发展需要，是我们必须直面的问题。特别是怎样认识机构养老，更需科学分析。从北京市的实践来看，居家、社区和机构养老不是完全分割、彼此独立的体系，而是相互融合、互联互通的系统。机构在三者之中占有举足轻重的地位，发挥着示范引领、辐射带动、培训指导、专业支撑等多种功能。机构体系不是简单化的养老机构分层集群，而是以养老机构为核心、各类养老服务设施为主体、为老服务企事业单位组织为主力、专业为老养护服务设施为重点、涉老社会组织为补充的系统完善的服务保障体系。各类机构根据自身特点，服务不同类型的老人，满足着多元、多样、个性的养老服务需求，使居家和社区养老有依托、有主体、有骨架，不是无本之木、无源之水。因此，机构养老体系在整个养老服务体系中是真正起到支撑作用的。

正是基于对机构养老和养老机构概念的混同，对机构养老服务体系和养老机构服务系统认识的不清，出现了对机构养老的作用是补充还是支撑的两种表述。当把机构养老等同于养老机构时，就得出了是补充作用的结论；当把机构养老当作以养老机构为核心的整合性、综合性服务保障体系时，就得出了支撑作用的结论。2015年11月，北京市正式公布实施的《养老服务设施专项规划(2015—2020年)》，对此作了更为清楚的阐述和界定，将养老设施配置分为养老机构和社区养老服务设施两类，后者以托老所和老年活动场站为主体，居家养老不配置设施。2015年颁布实施的《北京市居家养老服务条例》明确规定，鼓励所有养老机构面向居家和社区开展服务。目前正着力在街道乡镇层面建设养老照料中心作为区域性统筹平台，在社区层面建设养老服务中心作为养老功能性供给和涉老资源整合的服务平台，在居家小区层面探索建设养老服务驿站作为延伸性社区养老服务设施，尤其注重在城市基层社区和老年人口较多的农村社区，以居家、托管生活为形式、以现代信息为手段，构建"广覆盖、多布局、贴需求、惠民众、可触及"的居家养老服务体系，满足老年人持续增长的多元化、个性化、大众化的养老服务需求，使全市老年人享受到来自家庭成员、社会专业服务机构和政府的三重关爱。

深化对机构养老服务体系的再认识，将机构养老服务体系的范围界定为养老机构、养老服务设施、社区配建养老设施、专业涉老社会服务机构、专业为老服务企事业单位和社会组织，建立在政府引导下，以需求为导向，以服务为中心，以社会组织为支持的立体化、综合式、全方位的机构养老服务体系，不但可以使机构养老服务体系的内涵更为丰富、保障更加有力，而且能使社区居家养老服务体系有坚实抓手、可靠依托，有利于我们在实践中更好地布局推进整个社会化养老服务体系的建设和发展，更好地动员全社会力量来应对严峻的人口老龄化形势。

(资料来源：李树丛，对机构养老服务体系的再认识[N]. 中国社会报，2016-03-03.)

老年人
服务与管理概论

掌握老年人服务内容

学习目标

知识目标

1. 掌握老年人日常生活服务；

2. 掌握老年人生理健康服务；

3. 掌握老年人心理健康服务；

4. 掌握老年人社会关系和社会活动服务的内容和原则。

能力目标

能够针对不同类型和特点的老人制定合理的服务方案。

素质目标

1. 耐心了解老年人的需要，在服务中尊重老年人、理解和接纳老年人；

2. 培养为老服务中的安全意识、隐私保护意识。

情境导入

社工小王发现养老院中的四位老人非常具有代表性：A老人常年卧床，日常生活不能自理，而且精神状态十分不佳；B老人身体硬朗，喜欢参加院里组织的活动，并且希望在自己有条件的情况下为养老院和社会奉献自己的一份力量；C老人家庭子女探望得少，老人心情十分低落，平时也不爱跟别的老人一起活动，经常独自坐着发呆；D老人虽然腿脚不便，经常出现摔倒致伤的问题，但还是喜欢跟老人们在一起，喜欢参加各种活动。小王发现这里的老人们都有着各自的特点，那么我们应当如何根据老人们的这些特点，为他们提供合理的服务呢？服务的过程中又应当秉承哪些原则呢？

任务描述 ▶▶

请根据情境导入中四位老人的具体情况，分析各位老年人的生理、心理和社会支持的现状及需求情况，为每位老年人制定一套服务方案。

该方案应包含以下内容：

1. 老年人日常生活方面都需要哪些服务？这些服务可以通过什么途径获得？

2. 老年人生理健康方面都需要哪些服务？如何获得这些服务？

3. 老年人心理健康方面都需要哪些服务？如何获得这些服务？

4. 老年人社会方面都需要哪些服务？如何提供这些服务？

知识准备 ▶▶

老年人在生理、心理和社会关系与社会活动方面会表现出一些与其他年龄段人口的不同之处，各种养老服务就是为了满足老年人这些方面的需求。老年人的需求千差万别，但是总体来说，老年人的主要服务需求可以归为日常生活服务、生理健康服务、心理健康服务、社会关系和社会活动服务。

一、老年人日常生活服务

进入老年期，老年人开始出现各器官功能的衰退，同时大多老年人都不同程度地罹患一种或多种慢性疾病，他们独立完成日常生活活动时常常出现困难，甚至需由他人帮助。

老年人日常生活照料服务就是由社区或机构的养老护理员、家庭护理员、家属等人为老年人的衣食住行等日常生活内容提供部分协助或完全性护理服务，以满足老年人的基本生活需要。

(一) 服务内容

老年人日常生活照料服务主要包括生活起居服务、清洁服务、居室环境服务、应急救援服务、助医服务和助(购)行服务，具体服务内容和目标如表3-2-1所示。

表3-2-1　老年人日常生活服务

服务类别	服务内容	目标
生活起居服务	室内温度、湿度、采光和空气调节；穿衣与换衣；居家老年人送餐服务，协助进食、饮水或喂饭、喂水、管饲等饮食服务；休息睡眠服务；如厕排泄服务等	满足老年人基本生活需要，保障老年人尊严
清洁服务	家庭卫生清洁；面部与头部清洁；身体洗浴；个人物品清洁等	保持室内设施陈列安全、简洁
居室环境服务	对居住的通道、居室、卫生间等生活场所进行通行、助浴、如厕等适老化改造，保持室内设施陈列安全、简洁	去除妨碍生活行为的因素，或调整环境使其能补偿机体缺损的功能，促进生活功能的提高，让老人感到安全和舒适
应急救援服务	安装紧急医疗救援呼叫器、烟感报警器等紧急救援服务设施，发生紧急情况时为老年人提供援助服务	防止意外突发事故，保护老年人生命安全
助医服务	为老年人提供健康管理及就医便捷服务，比如常见急症处理建议等	保障老年人就医服务需求
助购(行)服务	帮助老年人正确使用轮椅、拐杖等物品；杂事代办、陪同购物、外出陪侍	保障老年人出行安全

(二) 服务原则

1. 尊重原则

了解每位老年人的偏好，对服务来说非常重要，因为一方面体现了对老年人的尊重，另一方面可以得到老年人的配合和参与。也就是说，如果有两种以上的方式可以提供服务，就要考虑到老年人偏好哪一种，而非养老护理员自己偏好哪一种。另外，考虑到老年人的特定文化、生活习惯，日常生活照料服务必须制订有针对性的个体服务计划。老年服务人员要与老年人确认需要服务的内容，也就是在服务之前和之中，告诉老年人要做什么，尊重其意愿，不强行要求。

2. 鼓励原则

老年人由于疾病治疗或卧床不起而无法独立完成日常生活和活动时，需要社区护士、家属和家庭护理员提供部分协助或完全性护理服务。但部分老年人由于疾病及衰老的原因，往往会对家属和护理人员产生强烈的依赖心理，甚至有些老年人只是为了得到他人的关注和爱护而要求照顾。因此，对老人的日常生活包揽一切的做法是有害无益的，护理人员和老人家属应鼓励老年人最大限度地发挥其自主、自理能力，最大程度地让老年人自主参与，如老人能自己吃饭，则鼓励老人自己吃。既帮助老年人，又促进其自主性，达到辅助、维持和提高老年人日常生活能力的最终目的。

3. 安全原则

老化的生理性和病理性改变造成诸多不便甚至是不安全因素，会严重威胁老年人的健康，甚至生命。因此，在为老年人提供日常生活照料和服务时，保障老年人的安全是首要原则。须注意老年人容易发生跌倒、噎呛、坠床、服错药、交叉感染等安全问题，要时刻预防并在出现问题时及时采取有效措施保证老年人的安全。

4. 尊重隐私原则

尊重老年人的隐私，是对老年服务提供者的基本要求。护理人员或服务人员侵犯或暴露老年人的个人隐私是对老年人的基本权益权利的侵犯，也会损害相互之间的信任和尊重。

案例3-2-1　　　　　　　　**如何为老年人提供日常生活服务？**

成都某公寓是全托服务的养老项目，该老年公寓既接受长者的日托、全托、病后看护理疗，还接收在家老年人的居家看护，提供健康、医疗、康复、膳食、家政和跑腿等各种服务。该老年公寓的公共空间设置，充分尊重了老年人的偏好，考虑了"喜动"和"喜静"两类老年人的不同需求，按需为老年人提供服务。喜动的老年人可以集中在热闹的多功能厅进行活动。而喜静的老年人则可以选择到较为安静、独立的阅览室兼书法室进行读书、写字等活动。这里每个房间都配有卫生间，而且为了维护老年人的自尊，保护老年人的隐私，公共浴室全部都有单独的隔间，实行预约制，会有专人陪护，如果有需求，甚至可以由工作人员帮助其洗澡。出于保护老年人的安全的考虑，入住公寓的老年人，都将会配备一个智能手环，这个智能手环最主要的就是将老年人的各类信息与智者公寓的看护人员以及老年人的子女进行联通共享，老年人还可以通过智能手环上的按键呼叫看护人员，看护人员可以第一时间定位到呼叫老年人并提供帮助。另外，公寓的看护理念并不是在帮老年人完成一切日常活动，而是通过各种方式激发其自理能力，更多地实现自力更生，来获得生活的自信和成就感。

　　案例解析 该老年公寓在为老年人服务的过程中，始终秉持按需为老年人提供服务、维护老年人的自尊、保护老年人的安全和鼓励老年人发挥其自理能力的原则为老年人提供生活起居、应急救援等服务，保障了老年人的晚年幸福生活，提高了生活质量。

二、老年人生理健康服务

　　老年人生理健康服务是以促进老年人身体健康为目的，为老年人提供"预防保健、疾病治疗、慢病管理、康复、养老护理"的全过程服务。老年人生理健康服务通常由医院的医生、护士以及健康管理机构的专业人员实施。

(一) 服务内容

　　老年人生理健康服务主要包括健康管理服务、医疗服务、护理服务和康复服务等(如表3-2-2所示)。

　　老年人健康管理服务是从生活习惯、饮食、生活环境等方面出发，通过体检、疾病评估、专家咨询和生活方式干预等方式，对疾病进行早期预警，从而降低慢性病的发生率，减少就医需求。

　　老年人医疗服务是为发病老年人开展紧急救治与抢救、疾病诊断治疗等专业医疗服务，由医院的医护工作者提供。老年人接受就医服务的途径主要有：一是由与老年人签约的家庭医生定期为行动不便、长期卧床的老年人和独居老年人开展巡诊、送医、送药上门服务，主动将医疗护理服务延伸至老年人家庭；二是在医院开辟独立的老年人专用就诊区域，并设导诊人员和"绿色通道"，让老年人在挂号、化验、检查、取药、缴费、办理住院手续等环节享受优先服务；三是通过"医养结合"建立的急救急诊、预约就诊、双向转诊、定期巡诊、业务指导等合作机制进行就医。

　　老年人护理服务是综合运用专业护理知识以及临床普通护理学知识，结合护理手段或措施解决老年人现存和潜在的健康问题，保持、恢复和促进老年人健康，预防和控制由急、慢性疾病引起的残疾，发挥老年人的日常生活能力，实现老年人肌体的最佳功能，保持老年人的尊严和舒适生活。

老年康复服务是由老年康复治疗护理人员，运用康复医学知识和有关技术设备，使病、伤、残者(包括先天性残疾)已经丧失的功能尽快地、最大程度地得到恢复和重建，提高生活质量。

表3-2-2　老年人生理健康服务

服务类别	服务内容	目标人群	目标
健康管理服务	全面健康评估； 建立健康档案； 健康教育； 慢性病管理与干预； 安全用药指导与咨询等	全体老年人	增强老年人的自我保健意识和能力，提升老年人健康素养水平
医疗服务	紧急救治与抢救； 疾病诊断治疗等	患病老年人	
护理服务	基础护理； 疾病护理； 临终护理	长期失能、半失能老年人；失智老年人；临终老年人等	增强老年人自我照顾能力，延缓健康衰退及恶化，提高生命质量、安享晚年
康复服务	功能训练治疗； 辅助器具和矫形器使用指导； 日常生活能力训练； 预防并发症	心脑血管疾病患病及术后老人；骨关节疾病老年人；一般老年人延缓衰老等	帮助老年人疾病康复，恢复生活能力

(二) 服务原则

1. 全面性原则

全面性原则包含三层含义：一是指老年生理健康服务的对象应该是全体老年人；二是指老年人生理健康服务是多层次的，不仅要关注健康老年人的疾病预防和保健，还要保障患病老年人的诊治和康复；三是指老年生理健康服务是贯穿整个老年期的，要为老年人提供治疗期住院、康复期护理、稳定期生活照料以及临终关怀等覆盖老年期全过程的服务。

2. 区域化原则

区域化原则是指以社区为基础来提供老年人生理健康服务。许多老年人其实更愿意留在家里而不是住进各种各样的养老机构或医疗机构。老年人的居家养老将是我国今后养老的主要形态。因此，建立老年人社区医疗保健制度是相当必要的。一方面，通过在家庭、邻居、社区一级提供生理健康服务，帮助老年人及其照顾者；另一方面，已建立的长期护理机构通过专业或辅助性服务，日益深入社区为老年人服务。

3. 费用分担原则

英国、法国、瑞典等国家，先后实行了医疗保险。英国1946年制定的《国民健康服务法案》规定，在英国居住满3个月以上，不论男女老幼均可享受国民健康服务，无须交纳保险费；法国1967年修改的全民医疗保险，对老年人采取免交或少交保险费等优待办法；瑞典政府1983年制定的《卫生与医疗服务法案》规定，老年人在公立医院或牙科医院治疗时享受免费待遇，慢性病需要长期护理的老年人，由本地区医疗机构负责家庭护理，由国家发给护理补助。但随着社会老龄化程度及老年保健需求的日益提高，老年保健费用的筹集成为一个越来越严峻的问题。"风险共担"的原则愈来愈为大多数人所接受。我国正在探索国家、企业、个人三方负责的多层次老年人医疗保障体系。

4. 功能分化原则

功能分化原则是指在对老年人健康的多层次性有充分认识的基础上，对老年人生理健康服务的各个层面都有足够的重视，提供多种功能的服务。例如，由于老年人的疾病有其特殊性，对老年人的健康服务就可以有老年医院和老年护理院等的分化。为老年人健康服务的团队，也要能体现多种专业功能，不仅有医生和护士，还要有社会工作者、健康教育工作者、保健计划设计者等。

5. 防止过分依赖原则

由于受传统文化的影响，大多数人包括老年人群体本身，认为老年人即弱者，生活中理应得到家人周到、细致的照顾，而忽视了老年人的主观能动性。因而老年人容易被冠以病人角色，容易对医护人员或家人产生依赖，影响了老年人机体功能的保持与发展。因此，对老年人的生理健康服务，必须防止其过分依赖，要充分调动老年人自身的主观能动性，依靠其自身力量，维护健康，促进康复。

案例3-2-2   **医养专护机构将成为失能老人新选择**

某养老社区是以"医疗+康复+养老"为经营理念的养老社区，它通过为老年人提供独立、协助、专护一体化的医疗和康复服务，使老年人在健康状况和自理能力变化时，可以获得与身体状况相对应的治愈服务。

王女士的父亲在一场急性脑卒中抢救后，便丧失了生活自理能力，随后被安排住进了该养老社区，社区护理部门的管理人员为其制定了相应的康复护理服务。患有脑卒中的老年人常见的症状有痉挛、语言交流障碍等，并且呼吸道、消化道、泌尿道这三个开放器官需要护理，这就需要由医生、运动治疗师、作业治疗师、言语治疗师，以及心理医生、社会工作者、家属组成一个治疗小组，共同对患者进行治疗和康复照料。社区首先为王女士的父亲制定了脑卒中疾病之后的康复训练，包括功能性训练、辅助器具和矫形器具的使用指导，以及由专业护理人员对老人进行日常生活能力的恢复训练，帮助老人较快地恢复；另一方面，社区工作人员秉持全面性的护理服务原则，不仅对老人进行疾病的康复训练，还指导王女士和父亲一起了解脑卒中疾病的并发症，指导他们有效地预防并发症，并对以后的生活保健给予科学的指引。

案例解析 在这种"医疗+康复+养老"的养老社区里，专业人员为老年人提供的医疗、健康护理以及康复训练等服务，坚持了全面性的服务原则，不仅关注老年人的治疗与康复，还保障了老年人的并发症预防以及日后生活保健，使老年人最大程度地得到恢复，提高了老年人的生活质量。

三、老年人心理健康服务

进入老年期，老年人各种生理功能逐渐衰退的同时，还常常面临社会角色的改变、疾病、丧偶等生活事件。老年人必须努力面对和适应这些事件，如果适应不良，常可导致一些心理问题，甚至出现严重的精神障碍，损害老年人的健康，降低生命质量。

(一) 服务内容

改善老年人的心理状态，对于老年人能有一个健康的身体和良好的心态具有非常重要的意义，也已成为当今为老服务的重要内容之一。

1. 帮助老年人正确认识和评价衰老、健康和死亡

生老病死是人生的自然规律，而健康长寿是人类的追求目标。应帮助老年人深刻理解这些规律，面对现实，用辩证唯物主义的观点看问题，正确对待疾病，采取适当的求医措施，顽强地与疾病抗争，促进病情的稳定和康复。只有这样，老年人才能正确对待生活中的苦和乐，积极面对生活中的各种矛盾，抵制各种不健康的生活观念，热爱生活。

2. 帮助老年人调整心理状态

老年人由于受各种消极因素的影响，易产生不良心理。如常易缅怀自己以往的业绩，悔恨以往的缺点与不足，羡慕中青年的大好机会和光辉前程，埋怨自己过去的错失良机，看不惯某些不正之风，喟叹自己已无能为力等。面对这种情况，就要培养老年人知足常乐、达观超脱的心态；要做好老年人的宣泄疏导工作，解除老年人心中的压抑和不快；同时，还要引导老年人培养新的兴趣，化解老年人的消极心理。

3. 鼓励老年人勤用脑

坚持适量的脑力活动，使脑细胞不断接受信息刺激，对于延缓脑的衰老和脑功能的退化非常重要。研究表明，对老年人的视、听、嗅、味、触的器官进行适当的刺激，可增进其感、知觉功能，提高记忆力、智力等认知能力，减少认知症的发生。护理人员应该引导老年人不断学习，通过电视、收音机、报纸或者网络等渠道促进老年人坚持学习。

4. 为老年人提供心理咨询和治疗服务

心理咨询是指由专业人员通过言语、表情、姿势、态度和行为对老人施加影响，

以减轻或消除患者不良的心理因素，改善其适应能力。除帮助老年人本身外，还需调整老人与周围人的关系，建立和谐的气氛和环境。对患有疾病的老年人进行指导和教育，鼓舞老人战胜疾病或困难的信心和意志。采用暗示和疏导宣泄等方法，进行安抚治疗或让老人倾诉衷肠，发泄心中的压抑情感、苦闷和委屈，使其心理上得到一定的平衡(如图3-2-1所示)。

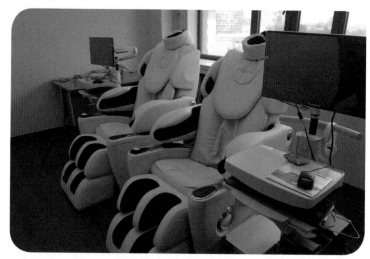

图3-2-1　音乐放松

(二) 服务原则

1. 适应原则

心理健康强调人与环境能动地协调适应。环境包括自然环境和社会环境，随时都可能遇到打破人与环境协调平衡的各种刺激。尤其社会环境中的人际关系能否协调，对心理健康有重要意义。人对环境的适应、协调，不仅仅是简单的顺应、妥协，还需要积极、能动地对环境进行改造，以适应个体的需要或改造自身以适应环境的需要。因而，需要帮助老年人积极主动地调节环境和自身，减少环境中的不良刺激，学会协调人际关系，发挥自己的潜能，以维护和促进心理健康。

2. 整体原则

每个个体都是身心统一的整体，身心相互影响。因此，通过积极的体育锻炼、卫生保健和培养老年人良好的生活方式以增强体质和生理功能，将有助于老年人促进心理健康。

3. 系统原则

人是一个开放的系统，无时无刻不与自然、社会文化、人际间相互影响、相互作用。例如生活在家庭或者群体之中的个体会影响家庭或群体，同时也受到家庭或群体的影响。老年人心理健康的维护需要其自身发挥积极主观能动性作出努力，也依赖于家庭或社会群体的心理关爱。所以，要从自然、社会文化、人际关系等多方面、多角度、多层次考虑和解决老年人的心理健康问题。

4. 发展原则

人和环境都在不断变化和发展，人在不同年龄阶段、不同时期、不同身心状况下和变化的环境中，其心理健康状况不是静止不变的，而是动态发展的。老年人也会因其自身的生理、生活状态发生心理变化。所以，要以发展的观点动态地把握和促进老年人的心理健康。

案例3-2-3	社区助力老年心理健康发展

陈奶奶出生于一个中产阶级家庭，年轻时出过一次车祸导致右侧膝盖受伤。虽休养了一段时间，但随后出现走路困难，且一直没有得到很好的恢复。几年前发现右腿微跛，导致行走更加困难，需借助助行器。为此，老人十分懊恼，并慢慢对生活感到失望，觉得自己没有用了。其后，医生诊断陈奶奶患上了抑郁症。服药一年左右，症状改善停药，但却仍有不想接触外界等情况，甚至连床也懒得下。自那以后，陈奶奶逐渐变得更加孤僻，不但出出进进形单影只，还经常与人争吵，三句话不对便大发雷霆，难以沟通，常常弄得自己和家人都不愉快。针对这个现象，社区服务中心工作人员为陈奶奶提供了心理咨询和治疗服务。首先，工作人员主动和陈奶奶聊天，耐心倾听她的心声。例如她生病前后的生活情况、兴趣爱好、人际关系以及生活满意度等，从这些方面了解陈奶奶的心理状况，并对她的焦虑心理进行了相对应的疏导；其次，工作人员鼓励陈奶奶走出家门，到小区的公园散步，闻闻花香，看看大自然美妙的景色，并且与小区其他老人进行愉快的交流；最后，工作人员建议陈奶奶的家人一定要和睦相处，打造一个融洽幸福的家庭氛围。通过社区工作人员和家人的共同努力，经过一年多的时间，陈奶奶的笑容越来越多了。

案例解析 老年人在产生心理问题之后，不要置之不理，一定要及时进行心理健康服务。上述案例中社区工作人员合理地运用了系统性原则，通过老人与自然环境、家人和社会其他成员间的相互支持与影响来促进老人的心理健康，帮助老人排解心里的苦闷，进行有效的心理治疗。

四、老年人社会关系和社会活动服务

老年人在其生理需求和安全需求这两项基本需求得到满足之后，通过与人交往、参加各类文化娱乐活动、参与社会活动等来满足自己的其他各个层次的需求。

老年人社会关系和社会活动服务的主要目的是维护老年人和谐的婚姻家庭关系、丰富老年人的闲暇生活、保障老年人的合法权益、满足老年人自我价值实现的愿望。

(一) 服务内容

老年人社会关系和社会服务内容如表3-2-3所示。

良好的人际关系是老年人晚年生活愉快的重要条件，也是老年人保持身心健康的基础。老年人的社会关系服务主要围绕老年人的婚姻关系、家庭关系、朋友关系等人际关系展开，通过对老年人婚姻关系、家庭代际关系以及亲朋好友关系的调节服务，达到促进老年人生活愉快、保持身心健康的目的。

2015年北京市人民代表大会公布的《北京老人居家养老服务需求最新调查结果》显示，文娱体育活动以73.6%的需求率，列社区大众养老服务和社区特殊养老服务需求首位。[1]休闲娱乐活动是老年人日常生活中不可或缺的一种活动，通过策划和组织体育性、知识性、娱乐性、艺术性等类型的老年活动，开展老年教育和老年人关爱服务，使老年人的生活更愉快、更充实，达到娱乐和康复的双重目的。

针对我国老年人社会参与水平低的现状，通过开发老年人力资源、组织老年志愿服务、建立老年社会组织、保障老年人政治参与等服务，达到老年人自我价值实现以及老有所为的目的。

老年人的合法权益是指老年人依据宪法和法律应当享受的各种权利和利益。针对日常生活中老年人婚姻家庭纠纷、子女不履行赡养义务甚至虐待或遗弃老年人、老年人财产自由处分权受侵犯、婚姻自由权受到干涉等侵犯老年人合法权益的现象，为老年人提供普法宣传教育、矛盾纠纷调处、法律援助和司法保护等服务。

表3-2-3　老年人社会关系和社会活动服务

服务类别	服务内容	目标
婚姻家庭关系调节服务	婚姻危机调节；再婚问题处理；代际关系调试	促进老年人婚姻家庭和谐，提高生活质量
文化娱乐活动服务	组织策划老年活动；老年教育支持服务；老年人关爱活动	丰富老年人生活，使其老有所乐、老有所学
社会参与服务	开发老年人力资源；组织老年志愿服务；建立老年社会组织；保障老年人政治参与	满足老年人自我价值实现，实现老有所为
合法权益保障服务	婚姻家庭纠纷调解；受虐老年人权益维护；财产处分及保护；防诈骗教育；老年人法律援助；法律法规普法宣传教育	保护老年人合法权益不受侵犯

(二) 服务原则

1. 接纳、肯定原则

对老年人提供社会支持与服务，工作者应在掌握老年社会学及老年社会工作有关理论和方法的基础上，用积极的心态面对老年人。不能把老人当成负担，而应从从内

---

[1] 王皓. 北京老人最需要文体活动和紧急救援服务[N]. 北京日报，2015-11-23.

心接纳老人、尊重老人。考虑老年人的生理和心理特点，不以自己的行动和反应能力来要求老年人，更不能急于求成。在对老年人开展服务工作时，要有较强的耐心，说话语气要尽量委婉，必要时应作反复说明以使老年人充分理解自己的意图。开展服务活动时要给予老年人细致周到的照顾，确保老年人在体力和心理上能够承受。对老年人多加鼓励，对其所取得的任何进步和改变都应及时地给予肯定和赞赏，以促使他们建立起良好的自信心。

2. 自决、自愿原则

对老年人提供社会支持与服务，服务人员不能代替老年人作出行动和决策，因为对老年人大包大揽并不是解决问题的好办法，反而会伤害老年人的自尊心，使他们感到自己无能而产生沮丧心理。应当相信老年人自身的能力，并通过充分调动和发挥老年人的自立能力，提高老年人的自信心，积极鼓励他们在可能的情况下自行作出选择和决定。

3. 量力而行原则

要充分考虑老年人具有不同于其他社会群体的独特的生理和心理特点，并且每一位老人都是独特的个体，切不可用某一固定的模式去要求他们。特别是在文体娱乐活动组织和社会参与服务时，应根据老年人个体和群体的特点与需要，在老年人健康状况允许的前提下量力而行。

4. 依法合法原则

组织开展老年人活动或为老年人提供支持服务，一定要遵守国家法律法规及有关规定。在对老年人开展婚姻家庭关系调节服务和合法权益保障服务时，不能违反《婚姻法》《老年人权益保障法》的强制性规定；在对老年人开展文化娱乐活动和社会参与服务时，不能违反《劳动法》《社会团体登记管理条例》《中国注册志愿者管理办法》等法律法规的有关规定。

案例3-2-4　　**"银色一族"成为K歌队伍的新力量**

为丰富老年人的日常娱乐生活，某养老社区的工作人员与附近的几家KTV进行洽谈之后，这几家KTV同意向社区的老年人免费提供服务，并与社区签订了服务合同，以保证老年人通过娱乐活动更好地参与社会，保持身心健康。首先，根据老年人的消费习惯和兴趣爱好，在KTV服务内容上进行专门设计，本着让老年人爱玩想玩并有益身心健康的目的"下菜单"。在KTV点歌单的制作上进行了精心策划、打包，选取一些经典老歌、红歌、草原歌曲、地方戏剧选段等老年人喜闻乐见的主题和内容。此外，社区还开展免费电脑培训活动，专门精选适合老年人娱乐、学习、健康咨询的网站，供老年人使用。其次，试点场所均设置老年人免费服务专区，安排佩戴相应标识的"辅导员"专人专岗为老年人服务，为老年人上网、唱歌提供设备操作指导以及其他帮助。辅导员的选择要求标准高，首先要有尊老爱老的爱心；其次要有责任心和耐心，辅导的同时还得照顾好老年人身体，嘘寒问暖、细心照顾、体贴入微；再次，应熟悉电脑知识、专业化程度高、会讲解。比如，针对通过网络可以获取的购物、外卖、订餐等日常服务，安排"辅导员"进行一对一的讲解和操作演示，确保老年人能够熟练掌握和运用。此外，还专门讲授一些典型的网络诈骗模式和案例，提高老年人识别网络诈骗、应对风险的能力。

<u>案例解析</u> 休闲娱乐活动是老年人日常生活中不可或缺的一种社会交往形式。社区工作人员通过热情、积极的态度，专业、科学的工作方法，真诚地接纳每一位老年人，耐心地为老年人提供娱乐性、知识性、艺术性活动服务，为老年人送去关爱，丰富了老年人的生活。

任务实施 ▶▶▶

一、分析情境中的老年人的生理、心理和社会支持情况。

二、利用所学知识，从日常生活服务、生理健康服务、心理健康服务和社会支持方面，设计针对该老年人的服务方案。

三、每个小组在课堂上汇报展示本小组设计的服务方案，相互交流、评价，最后老师点评。

任务自评 ▶▶▶

请根据任务完成情况，参照下表给自己评定等级。

	评价内容	自评掌握等级 (A优秀；B良好；C一般)	总结
服务方案	方案是否依据老年人的实际情况		
	方案设计的服务内容是否全面		
	方案中设计的服务是否是老年人需要的		
	方案是否充分利用情境中的老年人具体信息		
	方案是否具有可行性		
知识点	老年人日常生活服务内容与原则		
	老年人生理健康服务内容与原则		
	老年人心理健康服务内容与原则		
	老年人社会关系和社会活动服务内容与原则		

老年人服务与管理概论

老年人参与社会：广场舞之外大有可为

我国有2.22亿60岁及以上的老年人口，但根据中国人民大学2014年开展的"中国老年社会追踪调查"数据来看，全国约九成的老年人都是完全自理的。不仅如此，随着老年人的受教育水平、经济收入等不断提高，越来越多的老年人已经不仅仅满足于"被养"，他们希望能够积极主动地参与到养老服务工作中，这也是一种积极参与社会的形式。

从广义上来讲，老年人不论以何种形式保持与社会的联系都属于社会参与活动。具体形式上可以分为家务活动参与、经济活动参与、志愿活动参与、休闲文化活动参与和政治活动参与，在这些参与中老年人的角色是照顾者、工作者(员工)、志愿者或终身学习者，都充分体现了老年人的主动性和创造性。

根据世界卫生组织2002年提出的积极老龄化政策框架，老年人的社会参与、健康和保障是实现积极老龄化的三大支柱。老年人的社会参与对老年人、家庭、社区、社会都有积极作用。多元化、多层次的参与，可以帮助老年人提高健康水平、生活满意度，缓解因退休产生的不适应。参加社会活动还有助于老年人扩大社会交往面，结交更多的朋友；在家庭层面，老年人的社会参与能减少老年人对家庭的依赖，促进家庭和睦；对社区而言，老年人提供社区服务是社区治理和社区建设的重要组成部分；老年人的社会参与还可以创造一定的经济价值。例如，美国政府提供的最新数据显示，美国65岁及以上的老年人口在2014年总共提供了2亿小时的志愿服务，产生的经济价值高达45.7亿美元。按照这样的方式计算，我国蕴藏着巨大的老年资源等待开发。

前不久我国人力资源和社会保障部部长提出要"开发老年人力资源"。此话一出，便在网上引来一番吐槽，认为这是"榨取老年人的价值"，是"跟年轻人抢饭碗"。读完本文，相信大家现在明白，以上观点其实是对"老年人力资源开发"的片面理解。因为开发老年人力资源既是老龄化社会发展的趋势所致，也是大部分老年人自我实现的需求，而且开发的形式也远不止"延迟退休"一种。

让我们换个角度看老人，你会发现不一样的他们。

模块三 服务与管理篇

知识目标

1. 了解我国养老服务外部管理工作的内容、原则及方法；

2. 了解我国养老服务机构内部管理工作体系构成及具体内容。

技能目标

能解释说明我国养老服务机构管理工作的主要核心内容。

素质目标

形成"以人为本"的管理理念。

A市某区民政局聘请第三方评估机构——××社会服务中心对本辖区内一家民营养老机构的经营管理情况进行评估。专家组通过实地查看、汇报交流、翻阅档案、满意度调查等形式，按照相关标准，对参评的养老机构进行专业评估并提交了详细的评估报告。

任务描述 ▶▶

作为××社会服务中心参与评估的工作人员，你需要与工作伙伴共同对该养老机构进行专业评估并提交评估报告，根据要求重点关注养老机构在质量、后勤支持及入住老人意外伤害三方面的管理工作。具体而言，需要在以下几方面进行深入调研：养老机构质量管理的范畴、原则和方法；后勤支持管理的内容、特点及具体要求；入住老人意外伤害的特点、防范措施及相关纠纷的处理办法等。

知识准备 ▶▶

管理是为了达到某一共同目标而采取的一种有意识、有组织且不断进行协调的活动。对于承载养老服务运行的机构(包括养老院、社区居家养老服务中心/站、日间照料中心等)，也应当遵循管理学的基本原理与方法，按照养老服务行业经营与发展规律，构建组织管理体系，制定管理方针、目标与方法，进而对养老服务与经营实施有效管理。养老服务管理归纳起来可以分为外部管理和内部管理。

一、养老服务外部管理

养老服务的外部管理主要来自政府，即通过政府职能部门的服务与行政监督来强化对养老服务机构业务的指导与管理。政府职能部门的管理目标就是要求养老服务机构规范服务、依法经营、规避风险，持续改进服务质量，提高经营效益。

(一) 管理内容

一般来说，养老服务机构所在乡镇人民政府(街道办事处)是机构的主办单位，负责对养老机构建设运营的组织实施和领导。尽管民办养老机构的主办方不是政府，但当地政府也负有规划、审批、监管等责任。具体而言，民政部门作为养老服务机构的业务主管部门，肩负着对养老机构工作的业务指导、协调和监督的责任。民政部门是养老机构成立、变更、撤销的审批机关，负责养老机构的筹建、审批、验收、注册登记和发证，日常经营业务指导、监督，建设和发展规划的审批，年度审核、考评、奖励工作，养老机构的纠纷调解和意外事故的调查处理工作，还包括对公办养老机构和乡镇敬老院领导的任命和调整等。

同时，各级财政、卫生、人力资源和社会保障、城乡建设、国土资源、消防、税务和环保等行政部门也从各自的专业角度对养老服务机构实施技术指导与监督管理。

(二) 管理原则

1. 依法管理

政府职能部门依据国家、行业和地方相关政策法规及管理规范，代表一级政府对养老服务机构的工作进行业务指导和管理。例如，民政部门的管理主要依据《老年人权益保障法》《社会福利机构管理暂行办法》《老年人社会福利机构基本规范》及《关于加快推进养老服务业放管服改革的通知》等。

养老服务机构的管理者应当熟悉并掌握相关政策法规，以适应政府职能部门依法管理的需要，保证养老服务机构在国家政策法规允许的范围内开展建设、服务与经营管理工作。

2. 以服务为中心

政府对养老服务机构的管理本质上属于一种服务行为，通过业务或专业指导与管理，帮助机构规范服务，规避风险，提高服务质量。养老服务机构的管理者要正确认识政府职能部门的管理作用，主动接受其指导与管理。

3. 科学管理

政府对养老服务机构的管理还应当建立在科学管理基础之上。所谓科学管理就是要根据现实的国情、省情和地区实际情况，用科学发展观统筹规划本区域老年社会福

模块三　服务与管理篇

利事业的建设与发展，不可盲目追求养老服务机构的数量、规模和等级而忽视实际运营与服务质量。

(三) 管理方法

1. 依法管理

依法管理既是管理原则又是管理方法。政府职能部门应当帮助养老服务机构学法、懂法、依法经营，同时，应加强对养老服务机构的执法监督力度。

2. 目标管理

政府主管部门应根据实际情况制定养老服务机构年度管理目标，包括经济目标、服务目标、质量目标和安全目标等，并与养老服务机构法人或负责人签署目标责任状，督促养老服务机构做好服务、经营与管理工作。

3. 行业协会管理

行业协会管理的基本特征是在机构与政府、机构与机构、机构与市场之间架起一座"桥梁"，发挥服务、沟通、协调和纽带作用。目前我国养老服务机构大多加入当地社会福利协会。行业协会在行业自律、规范行业服务行为、开展行检行评、进行行业协调、开展人员培训等方面发挥着重要作用。

二、养老服务内部管理

对于养老服务机构而言，科学的管理工作是实现其为老服务和尊老敬老工作的基础，因此，从以下几个关键环节和领域进行科学、完善的内部管理至关重要。

(一) 机构建设管理

养老服务机构的建设涉及诸多方面。随着老龄化程度的加剧、机构养老需求的急剧增长，养老服务机构建设管理也越来越受到重视。本部分重点就机构选址及内部规划与设计进行简要介绍。

1. 机构选址

养老服务机构的选址既要考虑成本、配套，又要考虑老年人特殊的心理和生理需求。一般而言，项目选址需要慎重考虑建设规模、服务定位、开发方式、开发强度、交通因素、环境因素及配套设施等，并应遵循以下原则。

第一，符合规划要求。城市养老服务机构选址应当符合当地社会福利机构设置规划，农村敬老院选址应以乡镇为单位。我国政府要求每一个乡镇兴建一所敬老院或数个乡镇联合兴建一所中心敬老院。在规划的框架下，合理布局、选址，使资源得到有效利用。

第二，交通便利。地理位置偏僻、生活设施不全、交通不便，很难吸引老年人入住，造成资源浪费。所以，养老机构宜选择交通较为便利，方便老人生活、家属前来探望的位置。

第三，居住安全舒适。应设置在地质稳定、场地干燥、排水通畅、日照充足、无污染、无危险、视野开阔的地方。老人选择养老机构特别看重居住环境的安全与舒适。环境宜人使老人感到舒适，是子女家属放心让老人入住的重要条件之一。

第四，方便就医。宜设置在医疗机构附近。特别是对于一些中小型养老院，靠近医疗机构既方便老人看病就医，又有利于老人在突发疾病及意外时得到及时救治，还可以节约因增设医务人员编制、仪器设备投入而增加的经营成本。

广州养老设施建设不断推进，其养老机构建设选址就很好地体现了这些原则要求。根据《广州市养老服务机构设施布局规划(2013—2020)》，在2014年至2020年期间，每年动工建设8100张养老床位，在原十区范围内新选址53处地块建设养老机构，用于缓解养老问题。

本轮养老机构的建设按照"五临近一远离"的标准进行：临近医疗卫生设施、公共交通设施、生活配套设施和公园绿地、大型居住区，远离邻避设施。具体是：距离大中型医疗卫生设施不超过3000米，小型医疗卫生设施不超过500米，方便老年人就近医疗、康复等；距离重要公共交通设施不超过500米，便于老年人出行和子女探视；与公园绿地、健身设施的距离尽量不超过500米；临近生活配套设施；临近大型居住区，便于融入社区生活；远离加油站、消防站等邻避设施。

对于社区居家养老机构如社区养老服务中心(站)、日间照料中心等而言，建设选址则相对简单。这些机构主要建在社区，各地对此一般有明确规定：要求新建居住区按照养老服务规划，以一定标准，配套建设养老服务设施，与住宅同步规划、同步建设、同步验收。老旧小区没有养老服务设施或者现有设施未达到配套建设指标的，由所在地人民政府通过购置、置换、租赁等方式逐步进行配置。

2. 内部规划与设计

(1) 内部规划要求

由中华人民共和国住房和城乡建设部发布的《养老设施建筑设计规范》(编号：B50867-2013)，是现行的我国养老服务机构内部规划的国家标准。从基本规定、总平面、建筑设计、生活用房、安全设施及建筑设备五个方面制定了详细而具体的规定(具体内容详见《养老设施建筑设计规范》)。此处需要提及的是规范所突出的六大重点内容。

一是按照老年人体能变化与行为状态将老年人分为自理老人、介助老人和介护老人，以科学、动态地反映老年人的体能变化和行为障碍状态，力求建筑设计充分体现适老性。

二是将养老服务机构分为老年养护院、养老院、日间照料中心，并规定各自的服务对象和服务内容。

三是从生理、心理等方面充分关注老年人，在养老设施规划中，侧重住、医、服务和环境设施的综合配套设计。

四是分类分级提供设计标准与技术指标。

五是本着科学性、适老性和安全性的原则，对无障碍及安全作出具体设计。

六是着力提高养老设施建筑的舒适度。

(2) 设计原则

适应性：应有相应的分级服务措施，以便为自理、半自理、失能、失智等不同类别的老年人提供有针对性的服务，同时应考虑为子女和护理者提供方便。

自立性：便于老年人自己使用，以增进老年人机体活动愿望和更长久地保持独立生活的能力为原则。

可变性：具有可改造性和加设相应设施的可能性，满足老年人随年龄增长和其他变化而要求居住建筑功能变更的需求。

选择性：应在保证老年人对居住的安全、自立和使用方便的前提下，针对居住对象不同，平面布局、设备、材料有适当的选择性。

安全性：所有设施的设计，应确保老年人使用安全，应设置老年人专用空间、构造、设备和设施。

(二) 经营管理

经营管理是指在企业内，为使生产、营业、人力资源、财务等各种要素按经营目的顺利执行、有效调整而进行的一系列管理工作。养老服务机构经营管理的目的就是为了满足老人及其亲属的需求，调配内外部资源为老年人提供照护与服务，从而取得良好的效益，最终实现养老机构自身发展的目标。

1. 经营管理内容

养老机构的经营管理主要包含以下几个方面的内容。

(1) 市场定位：就是要找准机构服务的目标人群，及其年龄、健康状况、生活自理能力、经济承受能力和需求层次如何。通过充分的市场调研找准自己的市场定位，包括老年人的需求调查、同行市场定位比较和对整个行业未来需求与发展趋势的把握。

(2) 经营方针与目标：是指机构经营的宗旨和发展预期。目标是方向性的、定性的和宏观的，应与养老服务机构服务宗旨相呼应。机构的目标制定应包括总体目标和阶段性具体目标。在养老服务机构中，每一个经营目标可能涉及几个，甚至所有部门。如果只有一个总体目标，没有具体目标和检测指标，当其未能达成时，就很难分析其中的原因，更无从采取改进措施。因此，养老机构必须将总体目标和具体指标详细分解到各部门。

(3) 资源配置：养老机构要落实经营方针，继而达成经营目标，离不开资源支持。

无论是人力资源，还是物力(设施、环境)资源，都是养老机构投入的资本。对任何一个养老机构来说，资源都是有限的。要使有限的资源发挥出最大的效用，就需要通过明确资源配置、加强资源维护、注重资源使用效率以及加强经营管理等环节对资源作出合理的配置。

2. 经营管理策略

随着国家改革的深入推进，市场化进程不断加快，养老机构面临的问题也越来越突出。公办养老机构缺乏经营意识、竞争意识和创新意识，民办养老机构市场定位不清、服务意识不强、资金短缺等。可见，养老机构要实现健康发展必须注重各自的经营策略。

(1) 公办养老机构的经营策略

随着国家政策的逐步放开，越来越多的社会资本进入养老服务行业，公办养老机构将面临来自民办养老机构的市场竞争。为提升竞争能力，我国公办养老机构的经营要关注以下问题。

第一，坚持公益导向

公办养老机构的使命是承担"三无"老人、"五保"老人和孤寡老人等其他有特殊困难老年人的供养任务，这也是公办养老服务机构存在和获取国家资金与优惠政策的依据。公办养老机构应本着服务社会的原则，充分借助国家给予的优惠条件和政策，弘扬"以人为本、为老服务"的精神，努力提高老年人的生活条件，发挥"托底保障"作用。

第二，拓宽经营内容

根据老年人的需要，适度拓宽经营内容，增加医疗、娱乐、心理、婚姻及法律支持等服务项目，更好地满足老年人的需求。

第三，创新管理模式

一种模式是通过改善公办养老机构的软硬件环境和提升服务能力，开展有偿服务吸纳其他老人入住，以缓解运行压力，提高服务质量和管理水平，实现良性循环；另一种模式是政府出资委托非公养老机构、社会组织对公办养老机构进行管理，提供服务。民政部门对被委托方的实际管理水平、服务质量定期进行评估。

第四，社会工作者介入

在养老服务机构内引入社会工作专业人才有助于提升服务水平。在具体实施时，应注意几个方面：首先，要根据公办养老机构的具体需要确定社会工作者的需求数量；其次，要区分专业社工和兼职社工，无可替代、有特殊需求的技术岗位需要专职社工，而一般性的志愿性质的工作则需要兼职社工；三是根据老年人和机构的需要，积极与职业院校、其他社会公益组织合作组建志愿者队伍。

第五，社会化互动

建立志愿者登记制度，让真正有爱心的志愿者定期到公办养老机构为老年人服务。此外，还可以鼓励发展"时间储蓄银行"，将志愿者在公办养老机构的志愿服务经历记录到个人社会服务档案中。

(2) 民办养老机构的经营策略

第一，充分的市场调研，准确的市场定位

养老服务业前期投资大，成本回收时间长，是有风险的微利行业。投资人在投资前要有清醒的认识，必须做好充分的市场调查、分析和论证，然后进行投资决策。应充分考虑老年人需求的差异性，在市场竞争中，根据自身优势和特色选择恰当的竞争策略。

第二，寻求政府和社会的支持

国务院和地方各级政府出台了支持社会力量进入养老服务行业的各项规定，对民办养老机构的发展给予了很大的鼓励和支持。民办养老机构应该积极地与当地政府联系，协调落实优惠政策。同时，也要积极地与社会公众互动，争取社会慈善组织的捐赠。此外，随着民办养老机构的逐步壮大，应该建立自己的行业协会，以加强行业内部的沟通和交流，并向政府表达诉求，谋求行业发展的优惠政策。

第三，提高员工素质

要提高养老机构的服务水平，必须提升服务人员的整体素养和专业技能水平。一是提高机构人员的工资待遇，以吸引更多的人员从事养老服务工作；二是积极开展对机构服务人员的专业技能培训，通过采取岗前培训和定期更新专业培训中心知识体系的方式对养老机构的服务人员进行管理；三是积极引进专业人才，支持和鼓励更多专业护理人员和高等院校毕业生来养老机构工作，为他们的职业生涯发展作好规划，提升岗位认同感和职业自豪感。

第四，重视规模经营

虽然民办养老机构不能将追求经济利益作为组织目标，但并非不能赢利，否则便无法长期稳定运转。民办养老机构可以适当扩大规模，克服因规模小、经营分散带来的效率低、成本高等问题。有条件的民办养老机构还可以实施连锁经营。

第五，创立自身品牌，打造特色服务

品牌知名度是服务对象老年人及家属对养老机构及其服务认可度的体现。民办养老机构要想获得较好的市场回报，就必须重视品牌建设，以老年人为本，注重每一个服务环节的质量；增加服务种类，科学有效地满足老年人在物质、医疗、精神等方面的需求。

第六，与多方合作，优势互补

民办养老机构应借助专业院校的力量，积极培训服务和护理人员，并积极争取劳动保障部门的支持，鼓励本机构内的养老护理人员参加职业技能培训。与医院合作，争取在医疗机构内为老年人开设绿色通道，积极记录老年人的健康信息，保证老年人遇到急症时能得到及时救治。有条件的民办养老机构还可以申请自办医疗机构，并申请医保定点，使得老年人能在机构内使用医保卡就医。此外，还应该积极与保险公司合作，购买相关意外伤害险或者长期照料保险，以此降低风险、避免纠纷，确保机构运营正常。

案例3-3-1 **敬老院床位闲置之忧**

2010年，某镇政府出资43万元对敬老院进行了翻新改造，改善了敬老院的硬件设施。此外，院里还与镇社区卫生服务中心对接，有医生定期来为老人们进行身体检查。然而，即便条件不错，拥有70张床位的××敬老院也只住进了24位老人，仍有大半床位闲置着。

其他镇的社会福利中心也存在这样的困境。64岁的陈大爷是住在这里的"五保"老人，用他的话说，这里的房间宽敞整洁，配有电视机和独立的盥洗室，每天吃穿不愁，还有专门的阿姨帮忙护理，生活条件相当不错。尽管如此，该福利中心的入住率也还不到14%。

案例解析 与上述镇敬老院的情况类似，目前我国的公办养老服务机构床位闲置问题较为突出。公办养老机构由于职能定位不明确、运营活力不足、专业化程度低等原因，造成一方面不少敬老院无法有效开展社会化寄养工作，另一方面老人不愿或不能进入的局面。公办养老机构深入改革、创新管理模式迫在眉睫。

（三）质量管理

1. 质量管理内容

所谓质量管理就是向消费者提供高质量产品或服务的活动过程。只有通过管理，才能不断改进产品的质量，提高顾客的满意度和忠诚度。质量管理不仅要确定质量方针、目标和职责，还要在质量策划、质量控制、质量保证和质量改进等质量体系中实施其管理职能。

养老服务机构质量管理包括护理质量管理、医疗服务质量监督、膳食服务质量监督、财务管理监督以及安全等其他后勤服务质量监督工作。

2. 质量管理原则

质量管理原则是质量管理最基本、最通用的一般性规律，适用于所有类型的产品或服务，是有效实施质量管理必须遵循的原则。

(1)"以顾客为核心"原则

老年人及其家属是养老服务机构最主要的服务对象，顾客的满意是机构服务质量管理的最终目的，因此，机构应当不断地识别、理解并提供超越老年人期望的服务，提高老年人及其家属的满意度。

(2)"领导作用"原则

领导者的职责是确立机构统一的宗旨与方向，并制定富有挑战性的目标。就养老服务机构而言，"领导作用"除了体现在制定大政方针、规章制度、管理规范和构建管理体系外，领导者还应身先士卒、率先垂范，经常深入基层参与服务、检查与指导，用其真诚的态度、精湛的服务去感动老年人，影响员工。

(3)"全员参与"原则

全员参与的核心是调动人的积极性。目前，我国养老服务机构由于员工素质普遍不高及社会地位低、待遇差等原因，缺乏主人翁意识和参与意识，全员参与质量管理的积极性不高。要使他们积极、主动、热情、创造性地履行职责，需要给予更多的理解和人文关怀，并且逐步改善他们的福利待遇，激发其工作热情和参与质量管理的意识。

(4)"过程方法"原则

养老服务是一个庞大的系统，由大大小小许多过程(或称之为环节)所构成(如图3-3-1所示)，任何一个过程或环节管理和服务不到位，或衔接不好，都有可能造成服务上的差错或留下安全隐患，甚至造成入住老年人和养老服务机构的损失。所以，为使组织有效运行，管理者必须识别和管理众多相互关联的过程。

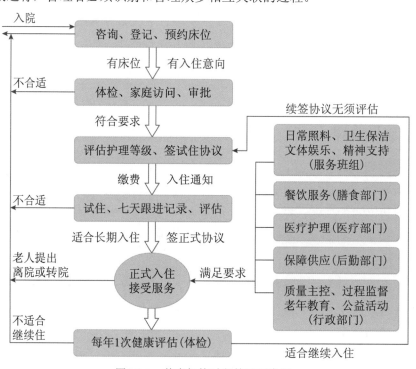

图3-3-1 养老机构过程管理示意图

(5)"管理的系统方法"原则

为了成功地领导和运作一个养老服务机构，需要采用一种系统和透明的方式进行管理，以帮助机构提高实现目标的有效性及效率。这是一种管理的系统方法，其优点是可使过程相互协调，最大限度地实现预期的结果。

(6)"持续改进"原则

事物是在不断发展的，都会经历一个由不完善到完善，直至更新的过程。入住老年人对生活照料服务质量的要求也在不断提升。因此，养老服务机构的管理者应建立一种适应机制，及时识别、积极应对，以适应入住老人不断提升的需求变化(如图3-3-2所示)，这样才能吸引和留住老年人，提高养老服务机构的竞争力。

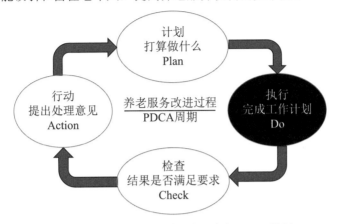

图3-3-2　养老机构服务质量改进流程(PDCA循环)

持续改进是增强满足要求能力的循环活动，每个过程都可以按照PDCA的方法处置。PDCA循环体系反映了进行质量管理工作的四个必经阶段，是全面做好养老服务机构服务质量管理最基本的思想方法和工作程序，是持续改进业绩的重要工具。

(7)"基于事实的决策方法"原则

科学的决策是建立在基于现实工作的数据采集和信息分析的基础之上的。养老服务机构信息化管理系统是集计算机技术、通信技术和管理科学为一体的养老机构信息化管理系统，是基于事实决策的最好工具。养老服务机构的管理者可以借助该系统适时监控机构的运行状况和入住老年人的需求变化，即使在外出期间，也可以借助互联网登录本机构信息化管理系统，对机构的工作进行适时调控，对重大问题或事件作出科学决策。

(8)"与供方互利的关系"原则

组织与供方是相互依存的，互利的关系可增强双方创造价值的能力。养老服务过程中同样存在着供方与合作伙伴，养老服务机构的供方包括水、电、气、食品原料、生活物品、药品、办公用品及其耗材等原材料供应商，以及其他服务组织的合作伙伴，如专业洗衣房、地方医疗机构、物业管理机构和餐饮服务机构等。养老服务机构要审慎地选择供方与合作伙伴，与有正规资质、诚实守信的供货商合作，以保证供货与服务质量，降低采购与服务成本。

3. 质量管理方法

(1) 建立健全质量管理机构

质量管理机构的主要任务是进行质量教育，树立质量意识。按照"管理的系统方法"原则，养老服务机构应成立由院领导和各职能、业务部门负责人组成的质量管理领导小组，负责本机构服务质量方针、目标的设计和制定，建立健全质量管理制度、保障机制和实施措施。规模较大的养老服务机构还应设置专门的质量管理部门，具体负责全院养老服务质量的组织、实施、评估、监督和管理。

(2) 完善质量管理制度

建立健全质量管理制度，明确质量职责，使员工和管理者在服务与管理过程中有章可循、有据可依是至关重要的。完善的质量管理制度，应包括各项规章制度、各级人员岗位职责、各种操作规程、各类工作质量标准和质量评价标准等。

(3) 推行服务质量目标管理

目标管理的最大特征就是方向明确，有利于把整个团队的思想和行动统一到同一个目标、同一个理想上来，是企业提高工作效率，实现快速发展的有效手段之一。

(4) 推行"5S"质量管理和标准化建设

"5S"是整理(Seiri)、整顿(Seiton)、清扫(Seiso)、清洁(Seikeetsu)和素养(Shitsuke)这5个词的缩写。因为这5个词的日语的罗马拼音第一个字母都是"S"，所以简称为"5S"。开展以整理、整顿、清扫、清洁和素养为内容的活动，称为"5S"活动。

① 整理：把要与不要的人、事、物分开，再将不需要的人、事、物加以处理，这是改善生产现场的第一步。

② 整顿：把需要的人、事、物加以定量、定位。

③ 清扫：把工作场所打扫干净，设备异常时马上修理，使之恢复正常。

④ 清洁：整理、整顿、清扫之后要认真维护，使现场保持完美和最佳状态。

⑤ 素养：努力提高人员的素养，养成严格遵守规章制度的习惯和作风，这是"5S"活动的核心。

"5S"是现场管理的基础，是全员参与的生产安全的前提，是全面品质管理的第一步，也是ISO9000有效推行的保证。

国际标准化组织(International Organization for Standardization，ISO)提出了"质量管理体系"概念，并制定了质量管理体系标准，为全球企业实施质量战略、品牌战略构筑了一个基本框架。目前，我国北京、上海、天津、江苏、浙江和广东等经济较发达地区的国办社会福利机构都推行ISO9000族质量标准体系认证，所产生的效果是积极和显著的。

为推动标准化建设，充分发挥标准化工作对发展养老服务业的技术支撑作用，积极营造安全、便利、诚信的养老服务消费环境，2014年1月26日，民政部等5部门以民发〔2014〕17号联合印发《关于加强养老服务标准化工作的指导意见》(以下简称《意见》)。《意见》提出的主要任务是：加快健全养老服务标准体系；加强养老服务标准化研究；抓好养老服务标准的贯彻实施；推进养老服务领域管理标准化；健全规范养老服务市场秩序。

林老太入住某养老院，护理等级为三级。某日下午4时林老太在自己居室内走动时因地面湿滑而摔倒，造成左股骨骨折。老人及亲属遂将养老院告上法庭。原告称，当天下午护理员曾在屋内拖地，地面湿滑，造成自己受伤。法院认为，原、被告签订有入住协议，双方已形成服务合同关系，被告因此负有保障原告不受伤的义务。

案例解析 老年人由于行动迟缓、平衡功能下降，容易发生诸如跌倒等损伤事件，所以对其居室及周边环境有着特殊的要求。按照"5S"质量管理的要求，做好老年人居住环境的整理和清洁卫生工作至关重要。应做到物品不乱堆乱放，井然有序；地面平整、清洁、干燥、不湿滑、无痰迹、无异味。

(四) 后勤支持管理

养老服务机构后勤支持是养老服务机构管理的重要组成部分，为养老服务机构的顺利运行提供各方面的支持与配合。

1. 后勤支持的内容

后勤支持管理主要包括三个方面的内容，也可以说是建立三个体系：一是后勤支持领导体系。具体而言，从实行严格的岗位责任制、选择合适的领导者以及树立领导者服务意识三方面加以完善。二是后勤支持服务体系。主要包括为老人服务的体系和为员工服务的体系。为老人服务的体系主要包括完善老人服务体系和饮食管理体系；为员工服务的体系主要是加强对员工工作和生活的关心，为其提供必要的生活和福利保障。三是后勤支持的资财管理体系。后勤部门要安排专人保管资财，并完善资财奖惩体系，以此做到物尽其用，为养老机构所有工作的进行提供物资保证。

2. 后勤支持的特点[①]

养老服务机构的服务是一种以护为主、医养结合的综合性服务活动。同时，养老服务机构的服务更多地具有福利性和个性化，在服务中更注重照顾老人的特殊性。正是由于养老服务机构的这种特性，决定了后勤支持必须具备与之相适应的特点。

(1) 先行性：即事前做好工作，各项工作都要求后勤支持先行一步。在机构建设时，需要选择建设地址，购买符合老年人特点的设施与设备；在开业前，必须事前制订护理、服务计划，做好设施、设备检修；在不同季节要做好季节性防暑、防寒等工作。

(2) 全局性：后勤支持必须从养老服务机构的整体视角来处理问题，应当考虑到养老服务机构的基本建设和条件、财产管理、事务性工作管理、员工生活福利以及老人膳食管理等多个维度的工作，并且这些维度的工作能够协调有序地进行，形成一股合

---

① 李键，石晓燕. 养老机构经营与管理[M]. 南京：南京大学出版社，2016.

力，朝着机构发展的终极目标共同前进。

(3) 服务性：不仅要为老人服务，还要为员工、养老服务工作服务。

(4) 政策性：为支持养老服务机构高效运行，后勤支持必须对相关国家政策、制度有深刻的理解与把握，同时，养老服务机构为保障高效运行也必须建立起自己的相关制度，使活动有法可依、有章可循。

3. 对后勤支持的要求

为了使后勤支持工作能够发挥最大功效，应做到如下五点。

(1) 树立为老年人生活服务的思想。不仅要求后勤人员掌握相应的专业知识，还需要他们真心关爱老年人，全心全意为老年人的生活与身心发展服务。

(2) 树立为员工服务的思想。养老服务工作强度大、难度高、压力大，员工对生活和工作环境、工作条件的满意程度直接影响其在养老服务工作中的积极性和主动性。因此，要使员工感受到家的温暖，后勤应最大限度地满足他们在生活、工作中的基本要求，为他们提供轻松、温馨的工作环境，使其能够专心致志地投入养老服务工作。

(3) 健全后勤管理制度。制定并不断完善和健全后勤管理制度是做好后勤支持工作的开始。科学的管理制度可以使养老服务机构的各项后勤工作的基本程序系统化，对后勤人员的职责要求系统化，从而使得养老服务机构的后勤管理朝着更完善、更科学、更人性化的目标前进。

(4) 加强后勤工作队伍建设。后勤工作目标必须通过人来实现。后勤队伍良好的素质，不仅取决于后勤工作人员的体力状况，更重要的是思想上的觉悟。必须热爱自己的本职工作，还必须具备吃苦耐劳的品质。

(5) 坚持勤俭办院方针。所谓勤俭，并不是说一切从简，而是要把钱花在刀刃上。有的养老服务机构浪费十分严重，这种浪费不仅包括没有遵循成本效益原则所造成的浪费，还包括管理者不懂或不顾老年人身体状况，耗费巨资买了或建了老年人无法使用的设施、设备。

(五) 意外伤害管理

意外伤害属于入住老年人的安全管理范畴。如何防范入住老年人意外伤害事件发生，如何化解由此引发的矛盾和纠纷，已成为养老机构管理中必须高度重视的问题。

1. 意外伤害的特点

养老机构的服务是一种特殊的照料服务，服务对象是在社会关系中处于相对弱势的老年人，是一个特殊人群。因此，养老服务机构伤害事故呈现出如下特点。

(1) 伤害事故种类多，发生频率高。骨折、摔伤、烫伤、自伤、他伤、自杀、噎食、走失、猝死等伤害事故在养老机构内经常发生。其中，骨折最为普遍，欺辱、虐待和谩骂等侵犯老人权益的行为也极易导致伤害事故。

(2) 伤害事故责任主体多样，责任难以认定。伤害事故既有因机构服务管理的过失、疏忽、不当造成的，也有第三方或老年人的自身因素所致。养老服务机构中的服务大多数是一对一、一对几的人为服务，服务过程及质量难以记录和衡量，再加上许多老年人年事已高，行为能力、认知能力都已经衰退，一旦发生纠纷双方举证都很困难，事故责任难以认定。

(3) 伤害事故使养老机构处于不利地位，不堪重负。伤害事故交织着经济、道德、伦理、法律等多个层面的关系，因而往往使事情复杂化。各方面对机构内事故发生的认识分歧，法律法规不健全及个别司法处理有失公正等原因，导致事故处理不正常、不合理的现象时有发生，使养老服务机构处于不利地位。伤害事故发生后，非养老机构的责任事故会被当作养老机构的责任事故来对待，受害人及其家属往往会归咎于养老机构。

2. 意外伤害事故的防范[①]

尽管造成入住老年人意外伤害事故的原因是多方面的，但是绝大多数事故是可以预防和避免的，因此，意外伤害事件的防范就显得极为重要。

(1) 完善制度，加强监管

从政府管理的层面，应加强监督。一是对新建养老服务机构要严格审批、严格管理，督促其依法履行法人登记程序，承担法律责任。二是对已开业的养老服务机构要加强消防安全、食品卫生、医疗服务、环境设施安全、工作人员持证上岗的监督检查，及时查找安全隐患，化解意外风险。

从养老服务机构自身管理的层面，要完善制度，从制度上保障入住老人的居住安全。这些制度包括老年人入住管理制度、护理等级评定制度、健康管理制度、员工管理制度、岗位职责制度、服务标准、操作规范以及其他各种管理制度与监督机制。任何一个服务环节、过程管理缺失或疏于管理，都有可能为入住老年人日后的安全埋下隐患。

(2) 完善硬件，加强防范

养老服务机构的硬件设施是保障老年人入住安全的基础。基础不好，留下隐患，将为日后的服务与安全管理增加难度。因此，对新建、改建和扩建的养老服务机构一定要按照《老年人社会福利机构基本规范(2001)》《老年人建筑设计规范(1999)》和《老年人居住建筑设计标准(2003)》进行科学规划与设计、建筑与装修。已建成的服务机构也要及时查找硬件设施中可能存在的安全隐患，自觉接受行业主管部门和消防安全等部门的监督，不断完善服务机构的硬件设施。此外，服务机构应当配置必要的应急设施和救急设备，以应对突发事件的发生。

---

① 陈卓颐. 适用养老机构管理[M]. 天津：天津大学出版社，2009.

（3）提高素质，增强意识

不安全因素、隐患潜藏在养老护理服务的全过程，稍有不慎，就有可能造成意外。因此，员工应增强安全意识，提高自身思想道德品质和专业素质。尽管目前由于观念、待遇等原因，养老服务机构很难招募到高素质的养老护理人员，甚至很难招募到一线养老护理员工，但是从安全角度以及养老服务机构的生存与发展的角度，引进思想道德好、文化素质高、身体健康的高素质专业技术人才势在必行。对现有的员工，特别是养老护理人员要严格按照国家规定执行岗前培训、持证上岗，并加强服务监督，切实提升员工的安全意识和责任意识。

案例3-3-3 　　　　　　　**护工缺乏责任意识致使老人窒息死亡**

70岁李姓老人入住某养老院，端午节时因护工护理不当，让老人躺着吃粽子，还让老人喝水，致使糯米卡在喉咙，窒息死亡。事发后，双方就丧葬费、医疗费等赔偿事宜达成协议，但之后老人女儿又将养老院告上法庭，要求养老院赔偿精神损害抚慰金和务工损失。法院审理认为，被告在管理中未对护理人员进行正规培训，致使老人进食发生意外，养老院负有责任。

案例解析 此类事故主要是因为护理人员缺乏相应护理知识和责任意识而造成的。作为养老院的护理人员，理应劝导、阻止体弱多病的老年人吃不易消化食物。机构应加强对护理人员的专业知识与技能培训。对护理人员来说，不仅需要爱心，也需要熟练掌握服务技能，一方面可以提高服务质量，同时也可规避服务风险，尽可能避免事故的发生。

（4）加强沟通，征得理解

养老服务机构的工作人员除了在工作中增强服务意识和安全意识，努力提高服务质量之外，还需要加强与老年人亲属的沟通，主动介绍老年人健康状况、可能突发的疾病与意外，以及养老服务机构能够采取的防范措施，以增加入住老年人亲属对养老服务机构工作的理解与支持。

3. 意外事故纠纷的处理

意外伤害事件发生后容易引发矛盾与纠纷，解决的办法是调查、调解和诉讼。

（1）意外事故纠纷处理程序

第一，救助、告知。养老服务机构发生了意外伤害事件，当事人应立即向班组、科室负责人和院领导报告。有抢救机会的，应组织力量全力抢救。同时，还要及时通知老年人的家属和原单位；情形严重的，应当及时向民政及有关部门报告；属于重大伤亡事故的，主管部门应当按照有关规定及时向同级人民政府和上一级民政部门报告。

78岁的李大爷，患糖尿病、脑梗、老年痴呆，生活不能自理。8月29日傍晚，护理员下楼打饭时，李大爷自行从床上爬起，导致摔跤，护理员因害怕而没有及时汇报，到8月31日早晨交接班时才向组长汇报了此事。后经本院医生检查，未发现四肢关节、皮肤有异样，并通知家属到院，商量是否去医院作进一步检查，家属观察后表示不用去医院。9月1日早晨查房时，发现该老人精神差，就再次通知其家属，由家属把老人送入医院治疗。至9月8日，时隔8天后，家属通知敬老院，老人锁骨骨折，肯定是上次摔跤造成的，现在要求敬老院赔偿全部的手术费用。

案例解析 该事件发生的整个过程，明显反映出机构管理中的问题。尤其是当老人摔倒后，护理员不及时汇报，加重了对老人的伤害，使事故的后果变得更为严重，使院方因此陷入被动，并承担了更为重大的责任。

第二，调查、调解。各养老服务机构应成立意外事故调查处理领导小组，由坚持原则、作风正派、办事公正，又有一定业务水平的管理人员与主治医师以上的医务人员若干人组成，负责本机构意外伤害事故的调查和纠纷的调解。

事故调查与调解工作要以事实为依据、以法律为准绳，避免感情用事，不做无原则的迁就，力求定性正确、责任明晰、处理及时、不留尾巴。如果双方协商处理不成，可以书面请求地方民政主管部门或行业协会出面调解；民政部门、行业协会收到调解申请，认为有必要的，可以指定专门人员进行调解；亦可依照法律程序直接提起诉讼。

第三，诉讼、报告。在调解无效，双方不能达成一致意见，或调解过程中一方提起诉讼，人民法院已经受理时，应终止调解。对经调解达成的协议，一方当事人不履行或反悔的，双方可以依法提起诉讼；事故处理结束，养老服务机构应将事故调查处理结果书面报告地方民政部门；重大伤亡事故的调查处理结果，还应向同级人民政府和上一级民政部门报告。

(2) 需要注意的问题

第一，注意查看老年人入住协议和补充协议。这些协议是处理意外事故纠纷的有力法律依据，它明确了老年人入住期间可能发生的意外、处理方法以及免责条款。如果养老服务机构认真履行了服务协议，无过错，应尽力维护自己的合法权益；反之，如果在服务过程中确实存在一些疏忽、过失，则应勇敢地承担相应法律责任，以维护老人年的合法权益。

第二，做好来访接待工作。来访接待是处理意外事故纠纷的一项重要工作。老年人及家属来访反映的问题，应按照归口原则，指定一个部门负责接待，并坚持文明接待。由于意外事故引发的纠纷问题比较复杂，处理时科学性和政策性比较强，因此，负责接待的人员应具有较高的政治素质，掌握相关政策法规，有一定的医学、社会学、伦理学和心理学知识，对问题有较强的分析能力，善于通过交谈，掌握来访者的真实动机和要求，因地制宜地做好疏导工作，争取把问题解决在来访之中。

第三，谨慎接受媒体调查。对于媒体的调查，养老服务机构应当高度重视，一方面对其介入持积极肯定的态度；另一方面，在事故原因尚未查清、作出定论之前，原则上谢绝采访，以免影响正常调查。为此，对于媒体调查必须经过正规途径、履行相关手续并征得机构主管领导同意。所有接受采访调查的部门和人员都应态度诚恳、实事求是。

第四，病例、护理记录及原始资料的保管及现场处理。病例、健康档案及护理记录是医疗及护理过程中最原始、客观、真实的材料，对意外事故纠纷的处理有着重要作用，应妥善保管，或移送指定部门封存保管，以避免丢失、抢夺、涂改、伪造、销毁的事件发生。亲属如需复制病例、健康档案、护理记录等相关资料，应按照正规程序办理手续。

在发生意外事故纠纷之前，医护人员正常补记抢救及护理记录不属涂改范围。当发生意外事故纠纷之后，如发现原始记录有差错或笔误，可在一定场合说明，但不能再修改原有记录。

第五，现场维护及物证保管。对老年人抢救的现场、死亡后的尸体，如条件允许应尽量让死者亲属目睹，由有关人员做好现场整理和记录，将尸体移送殡仪馆保存。对于住院期间发生的自伤、自杀、他杀，医护人员一旦发现，如有抢救希望，应立即组织现场抢救，此时，移动老年人并非破坏现场，是合法的，但应根据实际情况或在医护人员电话指导下谨慎进行。若老年人无法救治，暂时不应移动，可通过公安部门勘察现场。对可能导致老年人致伤、致残、致死的物品要妥善保管，残留的药液、血液、呕吐排泄液要留样备查。

任务实施 ▶▶

按照以下步骤完成任务描述中的具体任务：

一、分组分工，每个小组负责对养老机构管理工作评估的一个具体内容。

1. 质量管理；

2. 后勤支持管理；

3. 机构内老人意外伤害管理。

二、小组讨论方法和步骤。

1. 问卷调查：针对本组评估任务设计调查问卷；

2. 访谈：设计谈话大纲。

三、按照预定的方法和步骤对辖区内某民营养老机构进行调研和评估。

四、完成评估报告。

五、各小组进行评估结果反馈、交流和总结。

任务自评 ▶▶

通过本章节的学习，请结合以下问题为你的任务完成情况作出自评。

任务名称与项目		评价等级		
		A优秀	B良好	C一般
养老服务管理工作	是否掌握质量管理的八项基本原则			
	是否理解养老机构对后勤支持的基本要求			
	是否明确养老机构防范入住老人遭受意外伤害的措施			
自我总结				

延展阅读 ▶▶

英国社会养老服务建设与管理

英国的养老服务类型多样，包括居家养老服务(Home Care)、日间照护服务(Respite and Day Care)、老年公寓(Sheltered Housing)及养老院/护理院(Care Home)等，另外，还有很多专门针对有某种特殊需求的老年人的养老院或护理院，如临终关怀机构(Hospices)、专门看护痴呆病人的养老院(Care Home for Dementia Patients)等。这些机构可以根据老年人的身体状况、经济状况以及需求的不同为其提供不同的服务内容。

英国的老年社会服务主要由卫生部和地方社会服务部门管理。1974年之前，卫生部门负责主要的长期照护服务，随着20世纪70年代英国"去机构化"呼声的提高，以及"社区照顾"(Community Care)理念的出现，特别是1974年地方社会服务部门的成立，老年人的社会服务责任逐渐由中央健康单位转移到地方社会服务部门。从职能划分上来看，卫生部主要负责老年人的卫生服务体系，社会服务的政策和标准制定、监督与管理等职能；地方政府则主要承担着对老年人的服务评估、服务信息发布、养老资源配置、服务购买等具体工作，包括公正、合理地配置国家养老资源，建立需求评价体系，根据评估结果决定老年人享受何种服务。英格兰、苏格兰都有专门的机构负责监察和评估养老服务机构的组织，如英格兰的照顾质量委员会(Care Quality Commission)、苏格兰的社会服务监察会(the Care Inspectorate)，都是具体负责境内整个社会服务评估、监督工作的部门。

20世纪90年代以来，英国开始在社会服务领域建立"准市场"机制，鼓励私营部门和志愿组织充当直接服务提供者，政府则尽量减少充当服务供给者的角色，更多地充当政策制定、监管、评估以及购买服务的角色。目前英国养老服务的供给越来越多地呈现出多元化和市场化的特点，政府直接提供服务的比例越来越小，更多地是依靠民营养老服务机构和慈善组织为老年人提供各种养老服务。

总体而言，英国养老服务管理有完善的建设、管理和服务标准；有"以人为本"的建设与服务理念；充分发挥民营和志愿组织的力量；有严格的监督管理体制；注重社区照护服务的发展等值得借鉴的经验。但也存在着如经济衰退、社会服务费用缩减，护理丑闻频发、服务满意度下降，护理人员收入低、流动性高等突出问题。

（资料来源：王莉莉，吴子攀. 英国社会养老服务建设与管理的经验与借鉴[J]. 老龄科学研究，2014(7):61-70.)

了解老龄服务相关产业

学习目标

知识目标

1. 了解老龄产业的概念、范围和分类；

2. 了解中国老龄产业的发展状况和趋势。

技能目标

1. 能划分出老龄产业四大板块各自所包含的具体类别；

2. 能识别身边的老龄产业，并能分析它的现状和发展趋势。

素质目标

认识到发展老龄产业是我国应对人口老龄化和经济转型发展的战略地位。

情境导入

　　李大爷患有严重的关节炎，随着年龄的增大，关节炎症状也越发明显，甚至连上下楼梯都很吃力。"每次坐家里那套软绵绵的布艺沙发都有点害怕，坐下去后想再站起来非常困难，后来我干脆不坐沙发了，免得受罪。"另外让李大爷很难受的就是上厕所，蹲下后要使很大劲儿才能站起来。"每到那时就特别想在马桶旁安个扶手，能让我借一把力站起来，但现在的家居产品根本没有这样的设计。"李大爷无奈地说。

　　老年人因身体方面的原因，对家居产品有着不同于年轻人的特殊要求。李大爷所面临的问题说明，老年人口数量迅速增加在带来养老压力等各种问题的同时，也带来新的商机。满足数量越来越庞大的老年人方方面面的特殊需求就自然能够促使老龄产业快速兴起并呈蓬勃发展之势。

任务描述 ▶▶

　　结合以上情境，请了解家中的老年人在日常生活中有哪些特殊需求，市场满足情况如何？并据此分析这些老龄产业在我国的发展现状及趋势。

知识准备 ▶▶

　　21世纪，"银发经济"逐渐跃入人们的视野。现如今，老年人的需求越来越多，

"银发经济"日益升温，老年投资理财、老年保健品、老年养生会馆、老年社区……日渐丰富的老年产品和服务不断满足着老年人的需求，老龄产业已然呈现出蓬勃发展之势。

一、老龄产业概念与分类

(一) 老龄产业的概念

老龄产业是为满足老年人的特殊消费需求，由市场提供产品和服务的生产部门和企业的集合。之所以强调"由市场提供"，是为了与老龄事业相区别。需要把握老龄产业的两个要点：一是老龄产业是一种商业；二是老龄产业是为了满足老年群体的需求而兴起和产生的，它的宗旨就是为老服务。

老龄产业既是一个企业集群，也是一个产业集群。在对其范围进行界定时需要把握三个"不能"。

第一，不能把凡是为老年人提供产品和服务的行业和企业都称为老龄产业。因为老年人所购买的商品多数是老年、中年、青年各类人群所通用的。不能因老年人到菜场里去买一斤白菜，就把生产和经营白菜的农场和商店定义为老龄产业；也不能因老年人要看病、要看戏、要旅游、要住疗养院，就把医院、疗养院、戏院和旅行社都定义为老龄产业。

第二，不能把生产老年消费产品的行业和企业都统称为老龄产业。因为一个老人一年的消费是他全年衣、食、住、行等各种商品的消费总和，他们大部分都不是由老龄产业提供的，所以不能把老年消费的商品和服务都说成是老龄产业。

第三，不能把老年组织举办的企业和单位都称为老龄产业。因为老年人或老年组织所举办的一些企业和单位大多并不是为老年人提供商品和服务的，它们并不都属于老龄产业。

(二) 老龄产业的分类

老龄产业是一个非常庞杂的产业体系，大致可以划分为老龄用品业、老龄服务业、老龄金融业和老龄房地产业等。

1. 老龄用品业

老龄用品是以老年人为主要消费人群的任何器械、器具、用具和物品，以满足老年人因残障、疾病、体弱或其他特殊的身体、心理特点而产生的对物品的特殊需求。

老龄用品业属于实体经济，是指从事老龄用品生产、销售和提供相关服务的经营性行业。

由于老年人的特殊需求具有多元性，老龄用品也因此涵盖了生活的方方面面，产品种类多，而且会随着老年人需求的增强、市场的细化、科技的进步而日益增多。基于老年人对老龄用品的主要需求，依据老龄用品的核心功能和用途，将常见老龄用品分为如表3-4-1所示的十二大类。

表3-4-1　老龄用品分类①

类别名称	细分项目
老年日用品	食品、家居用品、家具、化妆品
老年服饰用品	服装、鞋帽、饰物
老年文化体育用品	图书、杂志、报纸、体育健身器材、玩具
老年电子产品	手机、电脑、家电、空间感测器、可穿戴式活动感测器、服务型机器人
老年保健用品	保健功能纺织品、保健器械、特殊用途化妆品、五官保健用品、其他保健用品
老年个人照顾与护理辅具	沐浴类辅具(沐浴椅、沐浴床等)、如厕类辅具(坐便椅、坐便器等)、排泄类辅具(尿流装置、集尿器等)、衣着类辅具(穿袜辅助器、长柄鞋拔、辅助穿衣杆、穿衣架、长期卧床和轮椅使用者适用的衣物等)、饮食类辅具(加粗把柄餐具、改良式夹式筷子、喂食器械、斜口杯、防滑垫等)、手动或电动床、失禁用品(成人尿不湿等)
老年行动辅具	行动辅具(手杖、拐杖、助行器、轮椅、电动代步车等)、移位辅具(移位滑板、床边栏杆、翻身垫、升降架、转位带、搬运带、移位机、轨道爬梯机等)
老年居家生活辅具	携带与运送辅具(购物手推车、可爬楼梯购物车、提袋辅助握把等)、摆放与起吊用辅具(升降晾衣架、升降平台、滑轮组、机器手臂、机器人等)、爬梯机、升降平台、扶手、栏杆、特制门窗、特制门窗开关、斜坡道、地面和楼梯的防滑材料等
老年沟通与信息辅具	听觉辅具(助听器、植入式辅具、辅助性听觉装置等)、视觉辅具(放大镜、望远镜、视野扩展器、低视能特制眼镜、折射眼镜、滤光器等)、警示、提示与信号辅具(电动闹钟、语音手表、门铃闪光器、电话闪光震动器、跌倒警示器、离床警示器、烟雾侦测器等)
老年康复器材	运动功能损伤康复训练设备、家用理疗/体疗设备、大小便控制训练辅具、认知技能训练辅具、其他康复器材
老年医药用品	药品、医疗器械
老年丧葬用品	墓地、殡葬消耗品、祭奠用品

2. 老龄服务业

老龄服务业属于第三产业，是指面向公民老年期，以提供生活性老龄服务产品为主的生产部门和企业的集合体。老龄服务业具有广泛性和综合性特征。广泛性是指老龄服务业几乎涵盖了服务业的主要领域，包括卫生和社会工作、居民服务、教育、文化、体育和娱乐业等。综合性是指从涵盖的行业内容来看，主要以传统服务业和生活性服务业为主，即老龄服务业主要是民生服务业，是直接为消费者提供服务产品的服务业，但它也涉及一些现代服务业和生产性服务业，具有明显的综合性特点。

具体来说，可以把老龄服务业划分为如表3-4-2所示的九大类。

---

① 吴玉韶，党俊武. 中国老龄产业发展报告[M]. 北京：社会科学文献出版社，2014.

表3-4-2　老龄服务业分类[①]

类别名称	具体项目
老年生活服务业	餐饮、理发、美容、洗浴、家庭雇工、修理与维护、婚姻服务等
老年健康促进服务业	健康管理、健康保健服务等
老年医疗服务业	门诊医疗、医院服务等
老年康复护理业	老年养护、康复护理服务等
老年商务服务业	老年咨询、老年法律、老年人力资源、老年金融、老年房地产服务等
老年文化服务业	老年影视、老年教育、老年旅游、老年休闲娱乐服务等
临终关怀服务业	临终关怀服务
殡葬服务业	丧葬礼仪、墓地安葬服务等
其他	其他未列入的老龄服务业

3. 老龄金融业

老龄金融业是指经营老龄金融商品和提供老龄金融服务的特殊行业。老龄金融业横跨银行、证券、保险、基金、信托和房地产等金融的所有领域(如表3-4-3所示)。在西方发达国家，老龄金融是现代金融体系的主体板块之一。

表3-4-3　老龄金融业分类

类别	具体内容
银行类	养老储蓄、住房反向抵押贷款
证券类	养老型长期国债、养老型股票
保险类	医疗保险、养老保险
基金类	养老基金
信托类	养老信托
房地产类	租赁、互换
其他类	组合型老龄金融、市场化运作的社会基金

4. 老龄房地产业

老龄房地产业是老龄产业的新兴板块，也是第三产业快速发展的新的增长点，它是指从事与老年人相关联的房地产开发、经营、管理和服务的产业。老龄房地产业是一个多功能的集合体，房屋仅仅是实现这些功能的载体，实际上反映的是一种生活方式和生活理念。老龄房地产业十分特殊，至少应包括四个方面的属性，如表3-4-4所示。根据上述属性可以将老龄房地产分为养老社区、养老机构、城市老年公寓、农村老龄房地产、异地养老房地产、二手老龄房地产、社区养老服务机构、老年医疗卫生服务机构、现有住房的适老性改造等类别。

表3-4-4　老龄房地产业分类

分类依据	具体内容
金融属性	以房养老、租赁、互换
人文属性	现有住房的适老化改造，为老年人创造温馨的宜居环境
服务属性	养老社区、养老机构，满足老年人的核心需求和增值需求
复合属性	老年公寓、旅游养老地产

[①] 吴玉韶，党俊武.中国老龄产业发展报告[M].北京：社会科学文献出版社，2014.

二、老龄产业发展现状及趋势

当前，我国老龄产业发展政策环境良好，市场需求逐渐释放，市场供给不断扩大，社会力量参与老龄产业的热情日益高涨，迎来了前所未有的发展机遇。

(一) 老龄产业发展现状

1. 老龄用品业发展现状

(1) 市场需求日渐增强

中国老龄用品的市场规模非常巨大，而且随着经济的持续快速发展，社会保障制度的不断完善，老年人的经济保障水平不断提高，老年人及其家庭的消费观念也在不断升级。与低龄消费不同，老年消费在意志上更加自主，老年人即使到了高龄，行动不便，但只要其独立思考的能力依然存在，消费意志的自主性就不会消失，他们能理智地选择适合自己的用品。据《2013年中国老年消费者权益保护调查报告》显示，食品、日用品、医疗是老年消费群体的三大主要消费需求，同时，服装、餐饮、旅游、营养保健、娱乐健身正成为老年消费群体的新增需求点。[①]

老龄保健品、康复辅具、医疗器械市场受老年人强劲需求的影响最为显著。老龄化社会的到来和人们对于健康的关注，带动了保健食品和保健用品市场的蓬勃发展，老年健康产业也随之兴起。老年文化用品需求和销量迅速增加。目前，全国老年报刊有近60家，发行量达1400万份。另外，随着老年人对互联网接受和使用程度的不断加深，老年人对老龄用品的消费需求进一步得到提升和释放。不管是网上聊天还是网上购物，互联网都极大地影响了老年人的生活。例如，在很多知名购物网站上就有大量的、种类繁多的老龄用品在销售。据《2013年中国老年消费者权益保护调查报告》显示，互联网跻身成为老年消费者获取消费信息的第三大渠道，通过网络订购旅游产品、购买保健品在老年消费者中悄然流行。

案例3-4-1　　　　　　　　　　**《快乐老人报》强势增长创奇迹**

《快乐老人报》于2009年9月28日创刊于湖南，系中南出版传媒集团旗下媒体。《快乐老人报》是国内首份精准定位"快乐老人生活"的现代都市纸媒。

2014年，《快乐老人报》入选"中国邮政发行报刊百强排行榜"；2015年，蝉联"中国邮政发行报刊百强排行榜"，入选国家新闻出版广电总局发布的"中国百强报刊"，成为唯一同时入选两个榜单的中老年报纸。

自创刊以来，《快乐老人报》的发行量实现了飞跃式发展，连年刷新全国报纸发

---

① 中国消费者协会. 2013年中国老年消费者权益保护调查报告[EB/OL]. 中国消费者协会网，[2013-10-14]. http://www.cca.org.cn/jmxf/detail/23886.html.

行纪录。从创刊到2013年1月，在不到三年的时间里，发行量就冲破百万，达110.2万份，增幅高达125%，在全国近万种邮发报刊中，增量、增幅、流转额增幅三项排名全国第一。2015年，发行量突破160万份，邮发量名列全国第四(前三名分别是《人民日报》《参考消息》《新华每日电讯》)。连续三年发行增量排名全国第一，而且是自费订阅全国第一、省级办报发行量全国第一。

案例解析 《快乐老人报》的强势增长反映出随着老年人口的增加和国家经济的发展，我国老年人的精神文化需求凸显，也反映出面向老年群体提供优质而丰富的精神文化产品，必然会造就"银发产业"发展的黄金时期。

(2) 市场供给不断扩大

老龄用品市场供给不断丰富，表现为消费者能选择的产品越来越多，进入老龄用品领域的生产和销售企业越来越多。中国是加工生产大国，具有很强的产品制造能力。有些生产老龄用品的企业，不仅做国际市场，现在也加强国内市场的开拓。许多银发产业发达国家的知名老年用品生产企业，也纷纷进军中国高端用品市场。例如国外著名的六大助听器企业已经全部在中国开办生产厂家，铺设销售渠道，占据中国助听器市场的九成以上。

老年服饰用品的供给不断扩大，商场中老年服饰专柜越来越多；各种老龄家居日用品不断出现在市场上。在2016国际养老产业(上海)峰会暨展示会上，各种最新款的"适老化"家居成为展会的焦点。老年人电子产品等智能化科技产品的供给也日趋丰富。不少企业推出了老年人专款手机，而且通过添加紧急呼叫、助听等功能，越来越多地被应用到老年人日常生活和照护中；在互联网、物联网的技术环境下，随着智慧养老、远程医疗、远程照料等新型服务形态的出现，越来越多的智能化科技产品逐渐出现在老年人日常生活中。越来越多的以前针对残疾人生产和销售假肢、轮椅、矫形器等传统产品的国内康复辅具生产企业逐步意识到老年人市场以及国内市场的重要性，一些海外企业也纷纷转向国内老年人市场。

(3) 社会消费环境更加积极

决定购买力的重要因素就是收入水平。一方面老年人处于家庭周期的空巢期，子女已经成家立业，家庭负担已经明显减轻，且老年人的经济收入来源主要是过去的长期积累、离退休金、子女或家属的赞助及社会保险和救济等，老年人的这些收入和积蓄基本上可用于自我消费；另一方面中国老年人的思想观念有所转变，摒弃传统观念，自我消费、自我娱乐等，提高自己的生活质量，弥补过去因条件限制而未能实现的消费欲望。

(4) 市场机制更加成熟

经过30多年的改革开放，中国的市场环境已经发生了很大变化。从市场准入、市场竞争规则到市场监管，都在逐步形成完整成熟的体系。这种市场环境的改善推动和激励着老年用品业的发展，企业不再担心无序竞争和恶性竞争，可以潜心研发和创新。

2. 老龄服务业发展现状

(1) 老龄服务成为投资新热点

党的十八届三中全会明确指出，要"加快建立社会养老服务体系和发展老年服务产业"，随后中央和地方政府出台了一系列推动和支持养老产业发展的政策措施。民间资本投入老龄服务业的积极性空前高涨，一些大型金融机构支持老龄服务市场的发展趋势也更加明显；2013年7月1日起施行的《养老机构设立许可办法》第一次明确许可外国组织可以独资或者合资设立养老机构，上海、广东、深圳等地开始吸引境外资金投入老龄服务市场，许多国外的老龄服务机构开始涉足中国的老龄市场。这一切为老龄服务业的发展营造了良好的社会环境。

(2) "医养护结合"成为引领养老服务发展新模式(如图3-4-1所示)

医疗、养老和护理是老年人最需要的服务，从近年来老龄服务业的市场发展情况来看，医养护结合型的老龄服务项目发展迅速，其主要发展模式包括如下三种：一是在老龄服务机构中设医疗机构。北京、上海、江苏、广东等地的老龄服务机构特别是大型老龄服务机构中，医疗机构的配套已经非常普遍。二是在医院直接建立老龄服务机构。如重庆医科大学附属第一医院设立的老年护养中心，依托医院的医疗优势，将老年人的医疗、护理、养老、康复服务融合在一起。三是民间投资的专业护理机构和老年病医院。如浙江医院与众安集团合作建立的集治疗、康复、保健、养生于一体的综合性医疗机构；实行"小病就地诊治，急危重病人到医院，经医院治疗好转或痊愈的老人送回养老院"的医养合作模式。

图3-4-1

(3) 老龄服务项目体系趋于完善

大型化、综合性老龄服务项目引领市场需求。比如上海的一养老社区，按照入住群体的年龄、身体状况，将社区划分为独立生活、协助生活、专业护理、记忆障碍等不同功能的居住单元，为不同老年人提供养老服务。

小型化、专业化老龄服务项目展示出社区适应性。规模不大但专业化较强的连锁型老龄服务机构将会成为老龄服务市场的重要力量。

案例3-4-2 离家不离街——北京某养老机构的社区养老模式

2011年，××养老院在北京朝阳区××小区中一处幽静的独立院落里安家，采用公助民办的模式，引进国外先进养老理念，主要为居家老人和需要长期照料的半自理或不能自理的老年人提供专业便捷的服务。该养老院打开了"中国式养老"的创新之门——社区—居家—机构一体化的新模式。

该养老院共能接待100多位护理型老人。在面向的老年人群及入住费用等方面，更接近普通居民大众，老人们在这里可以离家不离街，安心而快乐地过着有尊严的晚年生活。目前，这种"养老院加社区"的模式正在以连锁的形式在北京发展。

案例3-4-3 养老不离"家"——上海社区"嵌入式养老院"

长者照护之家，是近年来上海推行的一种新型社区养老机构，有"全托"，有"日托"，因"嵌"进社区，老人可实现不离社区养老，子女能随时探望。

家园内还设有家庭照护增能坊、居家照护站等，可向有需求的家庭提供辅助用具租赁及指导、护老培训等服务，使机构内的专业服务延伸到家庭。

上海已把建设"长者照护之家"列入市政府实事项目予以推进，目前全市已有73家，到年底，将实现中心城区和郊区城市化地区街镇全覆盖。[1]

案例解析 以上案例就是把小型养老服务机构"嵌入"社区的典型代表。在这样的机构养老，老年人可以实现既不离开熟悉的生活环境，也方便子女随时探望。随着政府推动和连锁经营，这样的机构也正在开启社区居家养老服务新模式，以居家为基础，以专业养老机构为支撑，以社区为依托，搭建专业化养老服务平台，以点带面，把各种碎片化的为老服务整合起来，提供多层次的养老服务，即小规模、社区型、多功能、广覆盖、专业化。

(4) 智能化、信息化养老服务项目方兴未艾

基于智能化的网络服务平台或者利用科技、智能化的老龄服务产品(如图3-4-2所示)，也是目前我国老龄服务业发展中的一个重要方向。比如北京市的"智慧社区"建设，日本电气(中国)股份有限公司(简称NEC)建立的智能老年公寓等，都是利用物联网、云计算、移动互联网、信息智能终端等新一代信息技术，来实现对老年人的数字化、网络化和智能化服务。

图3-4-2

3. 老龄金融业发展现状

(1) 老龄金融业尚处于起步期

与发达国家相比，中国老龄金融发展尚处于起步阶段，以养老储蓄为代表的传统老龄金融服务在银行类老龄金融产品中依然处于主流地位，证券类老龄金融产品相对稀少，保险产品品类有了一定的开发，而基金类和信任类老龄金融产品几乎还

---

① 吴振东. 上海社区"嵌入式养老院"走访见闻[EB/OL]. 新华网，[2017-01-15]. http://sh.xinhuanet.com/2017-01/15/c_135983806.htm.

是空白，房地产类老龄金融产品正在酝酿试水，综合性老龄金融产品只是出现了一些雏形。中国的老龄金融业处在积极酝酿的起步阶段，基本上还没有形成市场化的发展机制。

(2) 老龄金融业的发展处于机遇期

随着老龄化的加剧和中国金融业的发展，人们为了寻求更多的自我保障，对商业保险、基金、信托等金融产品的需求必将越来越多，银行、保险、基金、证券等金融机构已经意识到人口老龄化带来的机遇，并在市场业务中开始回应老年人群日益增长的金融需求。例如，2012年上海银行设立老龄金融部，专门为养老金客户提供服务；中信银行率先在国内试点"养老按揭"业务，可以将不动产变成持续稳定的现金流，为老年人提供稳定的养老保障；长城人寿推出"长城祥顺老年意外伤害保险"等。

4. 老龄房地产业发展现状

(1) 老龄房地产业成为投资新热点

在人口老龄化日益严峻、各级政府陆续出台一系列旨在鼓励和引导社会资本大力发展老龄产业的政策的背景下，养老地产成为各路资本竞相角逐、炙手可热的投资领域。

养老地产市场基本形成以万科、保利等地产企业为代表的"房企系"，以平安保险、中国太平洋保险等保险公司为代表的"险企系"和中国石化、中国水电等企业为代表的"央企系"三足鼎立的局面。与此同时，外国资本成为进军中国养老地产的第四股力量。比如，中国首家外资老年康复护理机构美国凯健国际公司以上海、北京为中心建立的高端养老机构，日本西科姆(SECOM)公司和上海陆家嘴联手进军上海养老地产，日本知名护理企业维斯福祉(WISNET)公司在大连开设的第一家养老院于2014年正式运营。

(2) 开发模式多元化

针对老年人的不同需求，各地对老龄房地产的开发进行了大量探索，初步形成了以下几种模式。

综合性养老社区：除了居住建筑外，还建有医疗服务中心、老年活动中心、老年大学、老年康体中心等较为完备的配套设施，通常情况下这类社区会选址在城市郊区或郊外，老人不出社区，就可享受到全方位的关爱与呵护。

养老组团：在一个较大的楼盘中专门拿出一部分建设养老组团或养老社区，以此达到和社区其他组团共享各项配套服务设施和资源，并且和其他年龄段人群共同居住生活的目的。以广东惠州某项目为例，该项目占地总面积约2万亩，总建筑面积720万平方米，项目从中划出150亩地进行养老社区建设，计划建设约18万平方米的养老住宅产品。

旅游度假型养老公寓：通过发展连锁经营或者成立联盟，在当地购买适老性住房的产权或者使用权后，为老年人提供服务。例如，昆明一老年公寓主要接纳生活完全自理的老人和候鸟式养生养老的老年群体，推出互动旅游服务，目前在大理、丽江、香格里拉、西双版纳、玉溪、腾冲设有服务处，让老人可以在这些地方享受到和昆明一样的居住、就餐和旅游服务。

此外，主题养老社区、业务转型类养老公寓等模式也在一些地方有着很好的实践。

(二) 老龄产业发展趋势

1. 老龄用品市场将进入快速发展黄金期

随着老龄社会的进一步发展，老年人及其家庭的消费观念也将不断改变，对各类老龄用品的需求也将逐步释放。以老年人的医疗需求为例，中国老年人，尤其是高龄、失能以及患慢性病的老年人口的快速增长，将会对康复器具、护理产品、医疗器械、医用药品以及保健品等产生巨大的需求。而且老年人自身收入水平的提高、消费观念的转变也将促使潜在的需求转变为实际的购买行为，从而推动老龄用品市场蓬勃发展。

再如老年人的服装产业和美容产业，不管是从购买力角度，还是从消费观念转变的角度来看，更健康、更年轻成为今天老年人追求的生活目标。因此，与老年人保持年轻相关的产业的市场潜力巨大，未来多样化和品牌化的产品将有不可估量的开发潜力。

庞大的市场蕴涵着巨大的商机。可以预见，各类老龄用品会越来越被人所接受和需要，企业必然也会迎合市场需求，深挖、细分市场，为老年人提供更多满足各种需求的适老化产品。尤其在中国积极推进供给侧结构性改革的进程中，老龄用品业将加快减少传统的、低端的无效供给，扩大新型的、中高端的有效供给。

2. 优先发展养老服务业是一项战略选择[①]

未来老龄服务业的发展会成为老龄领域的优先产业，并带动整个老龄产业的发展。具体体现在以下几个方面。

(1) 老年照护服务体系建设仍将是未来发展重点

第四次中国城乡老年人生活状况抽样调查的相关数据显示，2015年全国失能、半失能老年人4063万人，占老年人口的18.3%；高龄(80岁及以上)老年人口占13.9%，达到3100万。他们当前的养老服务需求已经凸显，对养老设施、医疗、护理等一系列养老服务提出更高要求。预计到2026年，随着20世纪40和50年代出生的低龄老人集体迈向高龄阶段，我国养老产业界将形成空前的照护压力。但是从我国老年照护体系的

[①] 中国公益研究院. 2017年中国养老产业的八大趋势[EB/OL]. 凤凰网，[2017-01-18]. http://wemedia.ifeng.com/7362800/wemedia.shtml.

发展现状来看，还相当薄弱，养老机构维持在以保障基本生活为主，以健康老年人为主，以保障贫困人口为主的传统格局。

根据《国务院办公厅关于全面放开养老服务市场提升养老服务质量的若干意见》(国办发〔2016〕91号)等文件中有关"将养老资源向失能、半失能老年人倾斜，进一步扩大护理型服务资源"的要求，我国将实施有行动力的老年照护服务体系建设推进方略，加紧建设以养老护理人员队伍、养老护理教育培训、养老护理技术标准、养老护理设施、养老护理政策、养老护理管理体制和运行机制为内容的养老照护服务体系，满足符合老年人身心特征的护理需求。

(2) 老年旅游将成为养老产业发展的重要市场

旅游在提升老年人生活品质方面发挥着重要作用。第四次中国城乡老年人生活状况抽样调查结果显示，旅游已成为老年人休闲生活的新选择，2015年，13.1%的老年人明确表示未来一年计划外出旅游，9.1%的老年人表示有可能在未来一年外出旅游。以此推算，每年将有近5000万老年人选择旅游。

而据全国老龄委一项调查估算，2015年老年人走出家门旅游8.24亿人次，平均每人每年达4次；结合携程网《2015年国内老年人旅行行为分析报告》中老年人每年人均旅游消费3200元的推算，2015年我国老年旅游市场消费总额已达2.636 8万亿，已经成为中国旅游市场重要的"一极"。未来，随着我国经济发展水平和人口老龄化程度的不断提升，老年旅游市场规模将进一步扩大，也将逐渐成为老年人精神文化领域发展的主要内容，最终成为银发族退休生活的主要消遣方式(如图3-4-3所示)。

图3-4-3

(3) 老年教育将成为实现积极老龄化战略组成部分

第四次中国城乡老年人生活状况抽样调查显示，我国老年人口受教育程度正在大幅提升：2015年初中和高中文化程度已占25.8%，大专及以上文化程度占3.1%，与2000年相比，分别上升14.3%和1.1%。以他们为代表的老年群体，面对越来越迅速的时代发展大局和自身紧迫的居家养老服务需求，已经有10.3%(2288.66 万)的老年人明确提出希望得到健康教育服务。目前，全国已有7 328 143位老年人在全国52 624所老年学校学习，近千万老年人通过社区教育、远程教育等各种形式参与学习，距离实际2288.66万人尚有500万人左右的需求空间。

未来五年，以《国务院办公厅关于印发老年教育发展规划(2016—2020年)的通知》(国办发〔2016〕74号)等文件为指导，我国老年教育工作的开展将逐步成为实现积极老龄化战略的组成部分；尤其在县乡(镇)两级老年教育机构基础能力建设，老年学习资源的规范化、多样化、体系化方向发展，以开放大学和广播电视大学为主体的老年远程教育，以银龄行动、老年志愿者服务队伍为代表的"老有所为"计划等方面将迎来重大发展机遇。

(4) 养老类社会服务机构将呈现快速增长态势

2016年9月1日，《中华人民共和国慈善法》正式实施，原有"民办非企业单位"表述更名为"社会服务机构"；随着《社会服务机构登记管理条例》的即将正式出台，社会服务机构的管理运作机制将更为规范，更多优惠性待遇也将有望得到开发。具体到养老产业方面，目前我国民政部门登记的民办非企业养老服务机构还有很大缺口，根据《国务院办公厅关于全面放开养老服务市场提升养老服务质量的若干意见》(国办发〔2016〕91号)等文件的有关要求以及各地社会力量的参与力度不断加大，未来养老类社会服务机构将呈现快速增长态势。

3. 老龄金融业将成为金融业的核心竞争力

人口老龄化的加速发展，将带来消费结构、投资结构、储蓄结构乃至社会经济结构的重大转型。在此背景下，大力发展老龄金融(如图3-4-4所示)，充分利用金融手段和金融工具实现"老有所养"，不仅关系到我国老年人的生活质量，更影响我国金融业乃至整个宏观经济的健康发展。

图3-4-4

未来随着金融体制改革步伐加快和全社会养老金融意识的增强，保险类、信托类和房地产类老龄金融市场将会优先得到发展。到2020年前后，保险类老龄金融市场将取得快速发展，到2025年前后将出现买方市场转向卖方市场的历史性大逆转；房地产类老龄金融市场将在2020年前后进入第一个快速增长期，在2030年前后进入峰值期；银行类老龄金融产品将在2025年前保持良好态势，之后随着其他老龄金融产品的丰富完善逐步转型。

4. 老龄房地产市场供需将持续走旺

老年居民的收入水平不断提高；随着中年人进入老年期，老年人的消费意愿将发生大的转变；生育率不断下降，家庭日益小型化，子女面临巨大的养老压力，养老的刚性需求增加，这些都预示着中国老龄房地产市场潜力巨大。

通过开发运用房地产类老龄金融产品为老龄房地产开发经营提供资金保障，也为老年居民改善居住状况、投资理财等提供便利。通过开发适宜的金融工具，进行"以房养老"、租赁、互换，可以很好地发挥房产的养老功能。未来老龄房地产市场将会出现多个以品牌为名片开拓市场的知名开发商。与老年人多样化的养老服务需求相适应，未来老龄房地产将呈现养老社区、社区老龄服务机构、养老机构、老年医疗卫生服务机构、异地养老房地产项目、城市老年公寓、现有住房的适老化改造、二手老龄房地产、农村老龄房地产等多种模式竞相发展的态势。

任务实施 ▶▶

一、请列举至少三项身边老年人所使用的老龄产品或服务，并说明这些产品或服务属于老龄产业的哪个板块。

二、请根据上述身边老年人使用的老龄产品或服务所属老龄产业板块对老年人产生的影响(如老年服务业中的老年康复业)撰写调研报告。报告提纲如下：

1. 产品或服务使用现状说明；

2. 老年人使用该产品或服务的具体感受(生理、心理)；

3. 该产品或服务所属老龄产业板块的发展现状与趋势分析。

任务自评 ▶▶

通过本章节的学习，请结合以下问题为你的任务掌握情况作出自评。

任务名称与项目		评价等级		
		A优秀	B良好	C一般
老龄产业调查	列出家中老年人使用的产品或服务			
	列出家中老年人计划使用的产品或服务			
	提交客观真实、表达清晰、逻辑性强的调查报告			
	列出家中老年人有需求但无处获得的产品或服务			
自我总结				

欧盟国家发展老龄产业的主要经验

欧盟国家老龄产业发达,其成功经验主要体现在以下几个方面。

1. 鼓励更多的民营资本进入老龄产业

瑞典民营资本在进入老龄产业的过程中取得了辉煌的成绩,形成了众多国际知名的大企业,成为瑞典老龄产业发展的中坚力量,如开发、销售老年远距照护产品及多朗系列老年手机的瑞典DoroAB(多朗)电信和家电集团,全球尿失禁管理方面的领导品牌瑞典添宁,世界著名老年辅助器具生产商瑞典 Permobil(博动)集团都是瑞典民营资本进入老龄产业后促使行业腾飞的典型写照。

法国充分发挥市场在资源配置中的基础性作用,积极引导民间资本进入老龄产业,丰富了养老市场。通过简化审批手续等方式,鼓励民间资本投资养老机构,促进营利性养老机构的发展。随着养老市场的迅速扩张,私营企业在法国养老市场中发展迅速。

2. 政府在老龄产业中起主导作用

瑞典实行的养老主要由政府提供服务,因此,相应的老龄产业由政府主导。瑞典的社会养老机构分为三种管理模式:一是政府直接管理;二是由政府设置、私人进行经营;三是由政府资助、非政府组织承办。此外,在养老服务护理人员培训、养老设施采购、养老用品研发、老年培训与咨询等方面的老龄产业均由瑞典政府主导。

法国政府将老龄产业作为优先发展的产业加以推动并在其中起着主导作用。首先制定面向老年人的政策法规,以养老规划的形式确保老年人在生命周期内生活质量的提高。在明确的法律规范下,法国政府引导各类社会力量兴建养老机构等基本养老设施,并根据相应情况通过不同方式给予老年人一定的补贴。

3. 老龄产业以需求为发展导向

根据大多数老年人以居家养老为主要养老方式的特点,芬兰老龄产业将老年文娱服务与家政保健服务等作为产业发展的重点,并取得了巨大的成功。

瑞典涉老企业不断调整相应老龄服务供给以满足养老市场不断变化的需求。在机构设施方面,对其居住环境的布置趋向"家庭化",以满足老年人对家庭养老的心理需求,设施布置皆以老年人的舒适、安全为目标,并结合最新科技,做到精益求精。

德国针对老年人需求推出将居家养老与机构养老优势相结合的护理式养老居住模式。

4. 增强老年群体的消费能力

法国以发行养老服务券的形式增强老年人对养老产品与服务的消费能力。养老服务券由经政府认证的几家大型公司发行，企业与个人均可购买。

荷兰完善的养老保险制度确保人人都可在达到法定退休年龄后享受体面的晚年生活。迄今为止，荷兰养老金指数位居世界第二。荷兰已形成一套完善的养老保障体系，使得荷兰老年人对养老产品、服务消费充满信心，从而在一定程度上支持了荷兰老龄产业的蓬勃发展。

"以房养老"模式对于缓解养老金压力起到了一定程度的积极作用。在世界经济不景气的背景下，更多的欧洲居民开始关注"以房养老"。"以房养老"模式的开展，再加上欧盟国家完善的社会福利制度，使老年人的养老消费能力得到了明显提高，从而为欧盟国家老龄产业的发展提供了必要的市场条件。

(资料来源：李东阳. 欧盟国家发展老龄产业的经验及启示[J]. 老龄科学研究，2016，4(07):73-80.)

模块梳理

服务体系构建好，社区居家机构妙。

历程现状前景现，制度人才要优先。

内容模式方向新，技术智能好处显。

老年服务很重要，内容原则不可抛。

生理心理和社会，全面系统有保障。

服务人员要谨记，态度积极热情高。

养老管理少不了，内外兼管要抓牢。

内部管理五步走，外部管理政府导。

管理力度要加强，原则方法不能忘。

协同工作齐努力，牢记责任勇担当。

老龄服务内容广，老龄产业分四样。

养老服务需求多，老龄用品有市场。

老龄金融刚起步，房地产业持续旺。

模块四 职业与创业篇

模块概览

本模块从老年人服务与管理的职业出发，学习从事养老服务业不同岗位、道德素养及创新创业的路径，对岗位前景、从业者要求及职业发展进行概述。总体来说，老年人服务与管理工作的岗位、从业人员的道德素养规范、创新创业的方法和途径，都是老龄工作中不可或缺的部分。本模块帮助大家对从业情况有所了解，是老年人服务与管理理论知识的延伸、深化与应用。

总体目标

1. 了解老年人服务与管理的职业分类，老年各岗位的前景，老年服务职业道德的基本内涵，养老行业的双创热点与政策，熟悉各岗位等级及主要工作任务，理解创业与创新的概念与意义。

2. 能够规划自己的职业岗位与发展路径、判断养老职业的发展前景，能够在学习和生活中逐步加强老年服务职业道德与素养，运用创新创业理论和经验，提高在老年领域创新创业的能力。

3. 提高对老年人服务与管理工作的认同感，认同老年服务职业道德与素养的基本内容，培养在养老领域的认同感和归属感。

任务一
认识老年人服务与管理岗位

知识目标

1. 了解老年人服务与管理的职业分类;

2. 熟悉各岗位等级及主要工作任务;

3. 了解养老行业各岗位的前景。

能力目标

1. 能介绍养老服务业的基本职业和具体岗位名称;

2. 能看到行业发展前景和职业发展方向。

素质目标

1. 培养职业认同感;

2. 提升敬业精神。

小李是老年人服务与管理专业的中职二年级学生,学习成绩优异,但缺少相关从业经历。小李计划利用暑假,找到合适的职务实习,积攒工作经验,为就业作好准备。她搜索到三家单位招聘:一个是居家养老服务中心,招聘中心主任;一个是社区养老中心,招聘专业护士;一个是综合养老院,招聘养老护理员。这三家单位的组织结构和任职要求分别如图4-1-1所示。哪个职位更适合小李呢?经过咨询与思考,小李最终选择了养老机构的养老护理员,从一线做起。

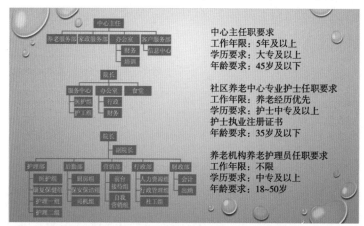

图4-1-1 养老单位组织结构和任职要求

1. 请分小组讨论：小李找到的三个招聘职位分别属于什么类型？每个职位的岗位职责是什么？为什么小李最终选择了养老护理员的工作？

2. 请结合自身实际，完成一份职业发展规划书。

知识准备 ▶▶

老年人服务与管理专业的职业定位是什么？每种岗位属于什么类型？各职位又是如何定义、分级的，主要的工作内容是什么？养老服务从业人员的晋升路径是怎样的？

一、养老服务从业人员的现状及发展

(一) 养老服务从业人员的现状

养老服务从业人才是行业发展的基石。近年来为积极应对人口老龄化，养老队伍有了一定程度的发展，但目前还存在以下问题。

1. 养老服务人员总量有限

第四次中国城乡老年人生活状况抽样调查显示，2015年我国失能、半失能老年人大致有4063万人，参照国际公认的护理人员与老年人1∶3的标准，我国需要养老护理员1300余万人。但目前全国护理人员不足百万，人才总量缺口极大。

2. 养老服务管理人员严重缺乏

管理人员的匮乏制约了养老机构的发展，一些养老院为了能按时开张，不得不"拉郎配"，先找个人干着再说，专业素质暂时顾不上，严重影响了养老服务的质量。某地甚至出现几家养老机构共用一位管理人员监管的窘境，管理人员周旋于机构之间，整天忙得"团团转"，忙不过来时只能电话"遥控"，非常不利于养老院的有效管理。[①]

3. 养老服务人员结构失衡

目前我国养老服务人员结构主要以大龄(46～65岁)、女性(6成多)、低学历(高中及以下从业人员64%)为主，而专业人才缺乏，仅占服务人数的12.21%，营养师、康复师、心理咨询师、社会工作师等专业技术人员供不应求。[②]

因此，养老服务从业人员的数量有待增加，结构有待优化，不仅包括养老服务人员，还包括管理人员。只有养老服务队伍质量整体得到提升，才能为促进养老服务业的发展发挥积极作用。

---

① 三家养老院一个人来管？ [EB/OL]. 新民晚报，[2014-12-11.]. http://news.163.com/14/1211/15/AD6OGBK000014AED.html.

② 杨根来. 中国为老服务人才发展研究报告[EB/OL]. 新华网，[2017-1-22]. http://news.xinhuanet.com/gongyi/yanglao/2017-01/22/c_129457404.htm.

(二) 养老服务从业人员的发展

由于养老服务从业人员总量不足，需求很大，未来存在较大的发展。

1. 养老服务专业人才需求巨大

养老服务千头万绪，归根结底是对人的服务。服务日渐衰弱的老年人群不同于照护儿童，具有很强的特殊性。只有靠高质量的服务与护理，才能让老年群体有尊严、有质量地生活，才能帮助老年人拓展生活宽度，延长生命长度。庞大的老年群体，产生了巨大的社会需求。

2. 养老服务需求趋于多元

养老服务需求更加刚性，趋于多样化。按照老年人需要的协助和护理程度，可将老年人分为四类：第一类是相对健康、低龄的老年人，可自行支配和选择生活方式，部分需要极少上门居家养老服务；第二类是高龄、患有慢性病或急性病的恢复期的老年人，可选择居家、社区、日间照料中心或短期入住等服务；第三类是身心功能不全或残障的老年人，需要日间照料中心或养老机构的服务；第四类是完全或大部分失智或失能的老年人，会根据情况需要不同类型的机构照顾。各类型老年人的分布呈现三角形，服务的需求相应从家庭到社区机构发生变化。

3. 从业人员职业发展空间广阔

在我国，传统的老年人照料者主要是家庭成员。但随着家庭规模小型化及失能老年人比例的攀升，传统的依靠子女照料的家庭养老日益难以实现，老年人对专业人才的服务需求增加。但目前仅有33.73%的护理人员持有职业资格证书，11.11%的从业人员取得相关职称。①现阶段从业人员的专业化程度非常低，从业人员的职业技能和服务水平的提升空间广阔。

4. 养老人才培养的政策支持加大

2011年，民政部印发的《全国民政人才中长期发展规划(2010—2020)》提出，到2020年要实现养老护理员达600万人的目标。2013年发布的《国务院关于加快发展养老服务业的若干意见》中，就提出要从培训、补贴、职业资格等方面"完善人才培养和就业政策"。

二、老年人服务与管理的职业定位与岗位分类

(一) 老年人服务与管理的职业定位

就老年人服务与管理工作而言，服务与管理是内容，老年人是对象，服务与管理

---

① 张晓峰. 养老服务人才队伍建设亟须解决四个问题[J]. 社会福利，2015(2):48.

是为了满足老年人群的需求。从生命历程的视角来看，人在增龄过程中会发生一系列的退行性变化，包括生理的、心理的、社会适应方面的，服务提供主要是为了满足变化而产生的各种需求；从老龄社会视角来看，随着老龄化程度的不断深入，服务管理的发展是全社会的，不是各自独立的，因此也催生出一系列与之对应的岗位类别。

(二) 老年人服务与管理的岗位分类

老年人服务与管理工作，大多分布在社会福利院、养老院、敬老院、社区托老所、老年公寓、康复保健中心、老年产品生产及营销产业、社区服务与管理组织、NGO组织等。岗位可以分为四大类：行政管理岗、专业技术岗、生活服务岗及工勤技能岗，如图4-1-2所示。

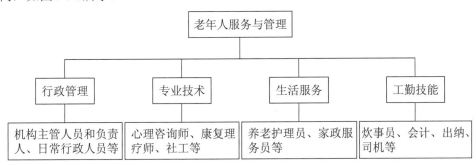

图 4-1-2　老年人服务与管理岗位框架图

生活服务类岗位中，养老护理员可以面向居家、社区及机构，是养老行业较为通用的岗位；家政服务员主要是居家养老服务的工作岗位。专业技术类岗位中，医护人员主要是在社区及机构中工作；社会工作者、公共营养师、健康管理师在居家、社区、机构中都有涉及；心理咨询师、康复理疗师在社区及机构中工作。行政管理类岗位中，负责人和主管、日常行政人员在居家、社区、机构中都需要设置；老年产品服务销售推广人员主要是在机构中开设。新兴职业中，呼叫服务员主要是居家、社区养老服务岗位；营养配餐师、厨政管理师主要在社区、机构工作；保健按摩师、保健刮痧师在居家、社区、机构均有所涉及。以上职业类别及定位如表4-1-1所示。

表4-1-1　养老不同职业的类别及定位

职业	养老护理员	家政服务员	社会工作者	公共营养师及营养配餐师	健康管理师	心理咨询师	康复理疗师	呼叫服务员	保健按摩师	保健刮痧师	厨政管理师	负责人(主管)	日常行政人员	产品服务销售推广
类别	生活服务岗		专业技术岗									行政管理岗		
居家	✓	✓	✓	✓	✓			✓	✓	✓		✓	✓	
社区	✓		✓	✓	✓	✓	✓	✓	✓	✓	✓	✓	✓	
机构	✓		✓	✓	✓	✓	✓		✓	✓	✓	✓	✓	✓

三、岗位任务分析

(一) 生活服务类

生活服务岗主要包括养老护理员与家政服务员，岗位任务分析如下。

1. 养老护理员

养老护理员属于生活服务照料人员，是对老年人生活进行照料、护理的服务人员。作为国家职业，养老护理员有严格的鉴定标准，分为生活照料、基础护理、康复护理和心理护理四大模块，对从业者的素质提出了综合要求。养老护理员是养老服务从业人员中规模最大的群体，是推动老龄事业发展的主力军。虽然目前已经取消其职业资格认定(见人社部发〔2017〕68号)，但实行了一段时间的国家人力资源与社会保障部的养老护理员职业资格考试培养了大批专业技术人才。养老护理员共设四个等级，分别为初级、中级、高级、技师。较低的级别经过一定的工作年限，达到规定的培训数量后，可以申报高级别的职业资格。

案例4-1-1　　　　　　　　　**救命的操作技能**

74岁的孙大爷在吃晚饭时发生严重的噎食窒息现象，常某(高级养老护理员)发现老人身体后仰，目光恐惧，面颊发紫，身体抽搐，于是第一时间拨打120求助，并对老人进行抢救。她与另一名护理员在老人身体两侧协助其站立，由身材高大的贾某(养老护理员技师)从背后环抱其腰部，右手握拳，左手盖在右拳上放在上腹部、下胸部位置，然后双手同时用力向上、向内挤压，动作猛烈快速，反复多次，并用手掌根在肩胛骨间连续敲击。常某把手指伸进老人的嘴里，终于，核桃大小的一块儿馒头从老人的嘴里喷了出来。他们仅用4分钟时间挽救了一条生命。随后赶到的120急救医生，为老人做了常规检查，老人安然无恙。大家齐心协力运用养老护理员专业的抢救方法，成功地遏制了一场因噎食可能导致死亡事故的发生。

案例解析　规范的操作技能不仅可以提高服务质量，关键时刻甚至可以挽救人的生命。养老院感受到了专业技能的实用性和必要性，养老护理员也掌握了在老人身体发生紧急状况时，第一时间就能作出准确判断的技能，真正做到学有所得、学有所用、用有所长，不断提升。

养老护理员(如图4-1-3所示)的主要工作任务包括五项：①照料老人的饮食、清洁、睡眠和排泄等日常生活；②采取安全保护措施，预防老年人意外伤害的发生，如跌倒等；③进行用药、观察、消毒、冷热应用等，做好相关记录；④协助开展急救，进行常见病、危重病的护理，做好临终护理；⑤进行老年人健康教育和康复护理。

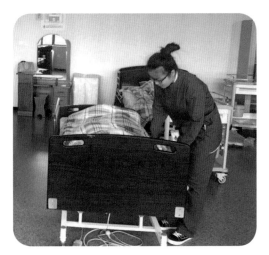

图4-1-3　养老护理员

案例4-1-2　　　　　　　　　　　　**失智老人的照顾**

"我儿子呢？这是什么地方？我要回家！"大年初一上午，在失智老人康复照料中心，患有老年痴呆症且半身不遂的张大爷再一次躁动不安起来。喊声很快把正在帮老人们做康复活动的护理人员吸引过来。一位年轻的姑娘快步上前，抓住老人的手说："大爷，您别着急，您的家人一会儿就过来陪您过年……"在温柔的话语声中，老人逐渐恢复了平静。患有阿尔茨海默症(又称老年认知症)的老人大多经常会躁动不安、幻视幻听，严重时甚至还有暴力倾向。类似张大爷的这种情况每天都会发生，护理员们只有耐心地安抚才能劝慰老人。在为老人们喂水、喂药、喂饭之后，护理员才松了一口气。这时隔壁的李大爷在床上解了大便，将粪便抹在床单和护栏上，护理员带上胶皮手套，帮老人清洗了身体，换上了干净的床单和被褥，开窗通风。

案例解析　2015年修订的职业分类大典中，养老护理员的系类下设失智老人照护员工种，说明失智老人的照顾与常规老人有所不同。照顾失智老人的工作更是辛苦，不光要不怕脏不怕累，还要特别有耐心，对待老人温柔体贴，培养老人定时饮水、定时排便的习惯，在老人情绪波动时对其进行心理疏导，这样才能做好照顾工作。

2. 家政服务员

家政服务员是指根据要求为所服务的家庭操持家务，照顾儿童、老人、病人，管理家庭有关事务的人员，老人是其工作中的重要服务对象。随着居家上门服务需求的日益旺盛，家政服务与"就地老化"的理念更加契合，从业人员也成为老龄市场的主流。家政服务员的国家标准分为三个等级，分别为初级、中级、高级，达到一定条件可以申报高一级别的职业资格(2017年已经取消)。

家政服务员承担的跟养老有关的工作任务包括：①操持家务，为老年人家庭制作餐点、家居保洁、衣物的洗涤和保管、家用电器和燃具使用、采买与记账；②照料老年人，包括老年人的饮食料理、日常起居料理、异常情况的发现与应对；③看护老年病人，及其饮食料理、起居料理、异常病情的发现与应对。

案例4-1-3　　　　　家政服务员的技巧：不能不吃的"福根"

40多岁的家政服务员曲某，在雇主家干了20多天就不干了。原来，曲某照顾瘫痪在床的80多岁的老人，每次喂饭到快吃完时，老人总要把剩下的一口让曲某吃完，不吃老人就生气，甚至发怒。了解情况后，另一位家政服务员张某自愿前往，说保证会把老人照顾好。过了一个星期，雇主高兴地说：自从张某来了以后，老人再也没犯上次的毛病，还特别听话。老人和其子女都很满意，一个月后就给她涨了工资。问及张某采取了什么绝活能让老人改掉毛病时，她轻松地说："当他让我吃剩饭时，就对他说'您现在多有福气呀，最后这一口必须吃完，都说这是福根，如果不吃了，你就没有后福了'。老人听后，赶紧把剩的一口吃得干干净净，从那以后，再也不剩饭了。"

案例解析　家政服务员遇到困难时要有自信，并且要开动脑筋想办法克服困难。只有学会解决问题，才能愉快工作。家政服务工作也是有技巧的，方法不一样，结果会大不相同。

养老服务员和家政服务员是养老服务队伍中需求最大的岗位，承担着老年照护中最核心的工作。调查显示，养老从业人员中，直接为老年人提供服务的养老护理人员仅占42.12%，缺口较大，因此，养老行业需要高素质的人员来承担生活服务类的岗位。而且，生活服务类的工作，在技能之外对从业人员职业道德的要求较高。

(二) 专业技术类

专业技术岗主要包括医护人员、心理咨询师、老年社会工作者、公共营养师等。其中，医护工作需要执业医师或护士注册的人员，属于卫生服务类。

1. 心理咨询师

心理咨询师是运用心理学以及相关学科的专业知识，遵循心理学原则，通过心理咨询的技术与方法，帮助求助者解除心理问题的专业人员(如图4-1-4所示)。作为高知识含量的职业，心理咨询师直接从三级开始鉴定，分为心理咨询师三级、心理咨询师二级、心理咨询师一级三个等级。心理咨询师所承担的与养老有关的工作包括：①与老年咨询对象进行交谈，了解其心理状况；②分析老年人的信息，引导其寻求诱发心理问题的原因和认知因素；③确定咨询切入点和切入方式，指导老年人解决心理问题；④运用心理测验方法，进行老年人心理测评，解释测评结果；⑤提出基于老年人性格特点的心理问题解决方法；⑥研究、改进心理问题分析和咨询技术；⑦介绍心理问题

老年人服务与管理概论

严重的老年人接受专业的心理治疗。

图4-1-4

2. 老年社会工作者

老年社会工作者(老年社工)是指从事老年社会工作服务且有资质的社会工作人员。社会工作者职业共设四个等级，分别为：社会工作者四级、社会工作者三级、社会工作者二级、社会工作者一级。老年社工从事的主要工作包括：①救助服务；②照护服务；③适老环境改造；④家庭辅导；⑤精神慰藉；⑥危机干预；⑦社会支持网络建设；⑧社区参与；⑨老年教育；⑩咨询服务；⑪权益保障；⑫政策倡导；⑬老年临终关怀。[①]

3. 公共营养师及营养配餐师

公共营养师是指从事公众膳食营养状况的评价与指导、营养与食品知识传播、促进社会公众健康工作的专业人员，共设四个等级，分为四级公共营养师(国家职业资格四级)、三级公共营养师(国家职业资格三级)、二级公共营养师(国家职业资格二级)、一级公共营养师(国家职业资格一级)。公共营养师与养老有关的工作内容包括：①进行老年人身体营养状况评价、管理和指导；②进行老年人膳食营养评价、管理和指导；③对常见食品进行营养评价和选购指导；④对老年人进行营养知识的咨询与宣教。

营养配餐师是指从事及拟从事营养咨询、营养配餐等相关专业的人员，根据用餐人员的不同特点和要求，运用营养知识，配制符合老年人营养要求的餐饮产品的人员。从事的工作主要包括：根据老年人的不同需要和食物的营养成分编制食谱和菜谱；为老年人配餐。

4. 健康管理师

健康管理师是指从事健康的监测、分析、评估以及健康咨询、指导和健康干预等工作的专业人员，共设三个等级，分别为：助理健康管理师、健康管理师、高级健康管理师。健康管理师承担的与养老有关的工作内容包括：①采集和管理老年个人或老

---

① 民政部《老年社会工作服务指南》(M2/T 064-2016)。

年人群的健康信息；②评估老年个人或老年人群的健康和疾病危险性；③进行老年个人或老年人群的健康咨询与指导；④制订老年个人或老年人群的健康促进计划；⑤对老年个人或老年人群进行健康维护；⑥对老年个人或老年人群进行健康教育和推广；⑦进行健康管理技术的研究与开发；⑧进行健康管理技术应用的成效评估。

5. 康复理疗师

康复理疗师是指以应用功能训练为主要手段，对病人进行综合康复治疗，恢复或改善其功能，提高其生活质量的专业人员(如图4-1-5所示)。该职业资格共分三级：助理康复理疗师、康复理疗师、高级康复理疗师。康复理疗师与养老有关的工作主要包括：①询问和检查老人，应用必要的设备进行功能评测；②对检查和功能测试的结果进行分析和评估，制订康复治疗计划和开具康复处方；③指导老年人综合康复治疗；④提供恢复生活能力、工作能力等方面的技术指导和咨询服务；⑤指导社区康复工作。

图4-1-5

6. 其他职业

(1) 保健按摩师与保健刮痧师

保健按摩师是指运用中国传统的按摩、推拿手法或通过器械、媒介等，对人体进行保健按摩的人员。保健刮痧师是指运用传统与现代的刮痧理论和技术，通过专用器械和介质，对人体进行保健刮痧的人员。保健刮痧师在新版的《中华人民共和国职业分类大典》中属于中医行业的保健调理师类，另外还有三个并列的工种，分别为保健艾灸师、保健拔罐师(如图4-1-6所示)、保健砭术师。

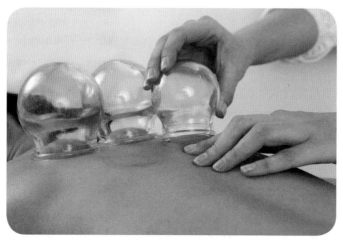

图4-1-6

(2) 厨政管理师

厨政管理师是指从事餐饮厨房生产与行政管理工作的人员，主要从事厨房生产运营管理工作。现在提倡建设推广老年餐桌，对老年厨房提出了更高的要求。厨政管理师在老年餐桌的运营中发挥着重要的作用，可以有效地进行厨房的质量管理和安全管理等工作，以及开展老年餐饮活动策划与产品开发。

(3) 呼叫服务员

呼叫服务员是指利用通信工具，主动或被动地专门受理和处理客户诉求的人员。老年人通过呼叫平台，获取呼叫服务员的帮助，以便接受诸如医疗健康、紧急求助、定位、家政等服务。同时，呼叫服务员也承担回访等客户服务任务。老人足不出户，便可享受到快捷高效的服务。

综上所述，专业技术人员在养老服务行业是不可或缺的，民政部2013年颁布的《养老机构设立许可办法》中明确指出，设立养老机构，需要有与开展服务相适应的专业技术人员。民政部2013年颁布的《养老机构管理办法》中规定，养老机构中从事医疗、康复、社会工作等服务的专业技术人员，应当持有关部门颁发的专业技术等级证书上岗。从事养老服务业的专业技术人员数量和质量都有待提高。

(三) 行政管理类

养老从业者除生活服务人员、专业技术人员之外，还有相应的管理人员，包括负责人或主管、日常行政人员和老年产品服务销售推广人员。

1. 负责人或主管

负责人或主管在养老组织及其职能部门中担任领导职务并具有决策、管理权。从事的工作主要包括主持制定本单位的工作目标、发展规划；主持确定内部机构设置、职能分工和人员配备；主持制定各项规章制度，检查制度执行情况；主持本单位养老业务工作，主持事故与纠纷的处理工作；主持拟定上报上级主管部门的报告，为上级主管部门开展老龄工作提供技术支持等。

2. 日常行政人员

日常行政人员负责安排养老组织日常的生活和工作，帮助组织顺利运营。从事的工作主要包括草拟有关的规章、政策或实施细则等文件；了解执行政策的情况，指导有关工作，向领导报告调查研究的情况；对有关业务工作提出政策和方法方面的改进建议；接待来访和办事人员，处理有关事宜；完成领导交办的其他工作。

3. 老年产品服务销售推广人员

老年产品服务销售推广人员，承担着了解市场信息，寻找潜在客户；与客户洽谈，介绍老年产品与服务；签订销售合同；处理产品服务销售过程中的纠纷等任务。

养老组织的管理人员是养老服务从业队伍中重要的组成部分，承担着维持组织正常运营、推动组织顺利发展的任务。关于养老服务人员的业务培训已经向管理者延伸，地方上也相继出台了养老机构负责人需要培训上岗的管理办法[①]，对管理人员的

---

① 天津出台实施细则，养老机构负责人需培训上岗[EB/OL]. 每日新报，[2014-9-19].. http://news.enorth.com.cn/system/2014/09/19/012155743.shtml.

职业素质提出更高要求。

(四) 工勤技能类

工勤技能岗指承担技能操作和维护、后勤保障、服务等职责的工作岗位。工勤技能岗位包括技术工岗位和普通工岗位：技术工岗位包括炊事员、会计、出纳、司机等；普通工岗位包括前台、保安、门卫等。

(五) 新兴岗位

现如今，养老行业涌现出一批新兴岗位，例如养老顾问、养老规划师、旅游规划师、养老管家、养老秘书，这些岗位的职业分类并不明确，却在养老领域中占据着一定的席位。信息技术飞速发展，人工智能日新月异，养老领域也呼唤新岗位的出现，以满足老年人不断增长的个性化需求。伴随着经济的发展，老年人的生理需求不再是重点，高层次的需求成为主流，传统职业已不能适应当下的新形势，新兴岗位日渐常态化。

四、老年人服务与管理的职业前景

养老服务从业人员无论是服务人员、专业技术人员，还是管理人员，目前都处于匮乏的局面，因此，老年人服务与管理职业未来的前景比较广阔。

1. 养老护理员和家政服务员需求巨大

随着老龄化速度不断加快，养老服务形势严峻、任务艰巨，越来越多家庭需要专业的养老服务护理人员。随着需求的增多，养老护理员队伍的缺口就越来越大，出现供不应求等问题。在如今养老服务需求不断扩大的趋势下，养老护理员是一个就业前景好、职业发展空间较大的新兴职业。

家政服务员是一个较新的叫法，通俗地说，即是保姆的升级版。政府对家政行业的重视，社会对家庭服务人员需求的增加，使得家政服务行业成为市场上比重相对大的职业工种。城镇家庭聘请家政服务员对家里的老人进行照顾和护理，使之逐渐成为一个热门职业。

2. 社会工作者和心理咨询师前景可期

在发达国家和地区，社工体系已经非常完善和专业，是维系社会健康运转的重要力量。在我国香港地区，平均每1000人中就有1人是社工。在养老领域，社工开展个性化服务，在老年人的角色转换和提高社会适应性方面发挥了重要作用。我国的老年社会工作缺乏规范性，没有体现出社会工作的专业性，而且在我国广大农村中，老年社会工作的发展一直处于缺失或落后状态。随着老龄化的加速，专业的社工师将会有进

一步的发展。

按照国际卫生组织的说法：每千人拥有一个心理咨询师是"健康社会的平衡点"。在我国，心理问题发生比例高，老年人更甚。由于年龄大、生活缺乏足够的物质保障、各种慢性疾病、"空巢"等带来的心理危机，导致老年抑郁症患者的数量不断上升。这部分人群很容易出现悲观、郁闷等不良情绪，其心理健康状况不容忽视。心理咨询师在养老领域是一个拥有广阔前景的职业。

3. 公共营养师和健康管理师供不应求

目前我国公共营养师不足4万人，与日本和美国相比，现状不容乐观。老年人的新陈代谢逐渐减慢，身体的分解代谢慢慢地会大于合成代谢，就会出现体重下降、食欲不振和精力减退，同时，中老年人因为不良的饮食和体质，常常患有慢性疾病，如高血压、高血糖、高血脂，也会出现易怒、失眠等现象。所以，合理的膳食对老年人来讲至关重要，公共营养师对养老行业是一个很热门的职业。

健康管理师能够推进健康养老服务，帮助老年人适应疾病、身体功能的改变。据不完全统计，目前全国健康管理师还不足万人，远远不能满足老年人群的需求。且我国的健康管理公司绝大部分都以健康体检为主而以"个性化健康需求"为目标，能够系统、完整、全程、连续、终身解决个人健康问题的服务机构与健康管理服务体系仍处在萌芽阶段。随着人口老龄化进程的加快，平均期望寿命的延长，慢性非传染病的增加，国民维护和改善健康需求的日益增长，现有的医疗卫生服务模式已不能满足国民的健康需求，新兴的健康管理服务将有非常广阔的前景。

4. 康复理疗师前景乐观

根据有关部门预测，我国康复理疗师的需求量至少为三四十万人，而目前从业人员只有2万名左右，专业康复理疗师只有5000多人。老年人脑血管病、心血管病、糖尿病等都需要进行康复治疗。老年康复理疗师的前景十分乐观。

传统的职业发展趋势良好，技术的革新也呼唤养老新职业，如智能家居、智能可穿戴设备、物联网、远程医疗以及电商、送餐服务的发展在未来将会改变老年人的生活以及养老的概念和现状，也对老年人服务与管理岗位提出新的要求和挑战，并将提供新的机遇。

五、养老服务从业者的晋升路径

老年人服务与管理专业的中职毕业生，如果有升学意愿，可以进入老年服务与管理(高职)继续深造，全国已有100多所高职院校开设了老年服务与管理这一新兴专业。

中职毕业生，首先从事的是基础工作，如各级养老机构的养老护理员、居家养老服务员、老年产品及老年产业营销员、社区服务与管理员、NGO组织工作人员。工作

1～3年之后，经验与能力都有了一定的积累，可以挑战管理岗位的工作，如各级养老机构主管人员和负责人、养老行业高级技师、养老机构主管单位管理人员、养老行业策划与组织人员。有调查显示，管理类岗位则需要学生积累2～5年的工作经验才能胜任。结果也显示，毕业生从事心理咨询员、康复训练员等专业技术岗位，入职时需在专业人员的指导下开展工作，专业技术岗位同样可以转入管理岗位工作。不同岗位的晋升途径如下。

1. 生活服务类岗位

生活服务类的工作需求最大，是养老行业的支柱性岗位，从事服务类的工作并不是处于行业的最底层，晋升途径还是多样化的。以养老护理员为例，如图4-1-7所示，按照国家职业标准共有四级，工作一定的年限，具备相应的技能，经过鉴定就可以获得高一级别的养老护理员证书。较高资质、经验丰富的护理员(如高级护理员或技师)可以转为培训师或评估师。同时，经过一定的工作时间，积攒了一定的经验，护理员也可以进入管理岗位进行工作，在管理岗位逐级晋升，或者是从较高级别的护理员进入较高层次的管理岗位工作。基层管理岗位一般是指护理小组的组长；中层管理可以是护理部的主任，也可以是行政管理岗(如办公室主任等)；高层管理岗一般就是机构或组织的负责人。家政服务员的晋升通路也与养老护理员相类似。

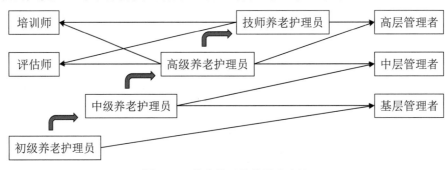

图4-1-7　养老护理员的晋升路径

案例4-1-4　　　　　　　　　**有突出贡献的技师刘某**

第二届某市有突出贡献技师表彰大会上，刘某当选100名有突出贡献技师，也是该市养老护理行业唯一获此殊荣的人。刘某是一名来自农村的女孩，中学毕业后来该市从事老年护理院的护理员一职。2003年刘某参加了由市劳动和社会保障局举办的"某市国家职业技能比武大赛"，取得第一名的成绩，被破格晋升为全国首批高级养老护理员。2006年，刘某被推荐参加市劳动和社会保障局养老护理员考评员培训班和技师培训班，并顺利通过考核，成为我国第一批技师级养老护理员。

案例解析　养老护理员从低到高有四个级别，经过努力，完全有可能晋升到技师，在护理员岗位上完成飞跃。这期间必然会付出无尽的努力和汗水，没有人会随随便便成功。相比"流失"的护理员，做到最高级别，除了努力和汗水之外，更需要的是一

164

颗执着的心和对养老行业的热爱。

平凡岗位上不平凡的称号

2016年10月，某市居家养老服务协会举办养老护理员技能大赛。比赛中一位年轻男护理员技艺娴熟，引人注目。只见他麻溜地把偏瘫老人从床上抱上轮椅并推到户外，再落座于专用健身椅上，用智能手机给老人监测血压等。果然，他最后夺冠，获得市商务局、人社局授予的"国家高级养老护理员资格证书""市技术能手"称号。

案例解析 在平凡的护理员岗位，只要工作踏实、技术精湛，一样可以获得不平凡的称号，在工作中出类拔萃。行行出状元，谁说养老护理员的岗位地位低？只要努力，依然可以做出成绩，光芒四射。

2. 行政管理类岗位

学生毕业必须先进入一线服务岗位锻炼，再进入管理岗位工作，积攒工作年限和经验，按照规定的层次晋升，晋升目标是机构或组织的主管或负责人。

案例4-1-6 毕业生的晋升通路

王某是老年人服务与管理专业的毕业生，来到一家养老机构从事护理员的工作。按照规定在一线工作一段时间后就会转到管理岗位，最快只需要半年。转岗需要考虑多个方面，如提高员工的综合素质等。像王某这样具备良好的职业素养、认可养老事业、有相关职业资格证书的毕业生很抢手，没等毕业就已经被前来招聘的养老机构"订购"。这家养老机构的胡院长是老年人服务与管理专业首届高职毕业生，从护理员到护理组主管再到院长，经历了近八年时间。

案例解析 老年人服务与管理中，服务与管理是并列的，倘若缺了服务，管理也会不健全。从一线做起，从服务岗位做起，不仅在护理员的职业标准系列中有升级的通路，也可以转岗管理，一层层做到最高级别。

3. 专业技术类岗位

从事专业技术岗位的人员，可以按照职业标准的要求晋升到更高一层的级别，也可以转到管理岗工作并按照管理岗的层级晋升。

总之，养老服务从业人员经过努力，均可以达到水平上和层次上的提升。一线的工作者经过锻炼，既可以在服务岗位上出类拔萃，也可以转入管理岗走进另一个晋升通路，甚至可以通过学习进入专业技术系列。同样，管理者和专业技术人员也有广阔的升职空间，只要怀有一颗热爱老龄事业、渴望进取的心，在养老行业的任何岗位工作都能发光发热。

任务实施 ▸▸▸

一、请各组选出代表发言，结合教材与实际情况回答任务所述问题。

二、每人提交一份自己的职业规划书。

任务自评 ▸▸▸

一、老年人服务与管理岗位的四种类型是什么呢？请完成下表并举例说明各类别具体职业。

老年人服务与管理岗位			
类	类	类	类

二、请运用所学知识，以养老护理员为例，描述其职业晋升路径。

延展阅读 ▸▸▸

养老服务人才队伍教育的发展

1. 中职、高职老年服务类专业及课程设置框架基本建立

教育部颁布并修订了老年人服务与管理专业的中职(《中等职业学校专业目录(2010年修订)》的通知)和高职(《普通高等学校高职高专教育指导性专业目录(试行)》的通知)专业目录。为老服务人才学历教育有序运行，老年人服务与管理专业课程已开设老年心理护理、老年生活照料、社区康复、康复治疗技术、社会工作(老年)、健康管理、老年用品营销等课程。与专业和课程相配套的教学文件建设取得了阶段性成果，教学计划、教学大纲、规划教材和校本教材、参考书籍等已配套齐全，经过教师和学生使用并获得好评。

2. 开设老年专业的中职和高职高专院校快速发展

中职学校以黑龙江、河南、广东、江西、福建、四川等省民政学校，镇江、郑州等卫生学校为先招收养老护理专业学生。高职院校从1999年大连职业技术学院和长沙民政职业技术学院开始招生，到2012年已有23所高职院校开设此专业。2013年之后开设老年服务与管理专业的高职院校发展迅速，2014年65所，2015年112所，2016年达到154所。可以预计，2016年之后还会有多所高职院校开设老年服务与管理专业，招生规模也将不断增加。

北京地区开办该专业高职的学校：北京社会管理职业学院；北京劳动保障职业学院；北京政法职业学院；北京城市学院；北京青年政治学院；北京汇佳职业学院；北京吉利大学；国家开放大学；北京北大方正软件技术学院；北京中医药大学东方学院；中华女子学院；北京市东城职业大学等。

3. 本科院校开始探索设立养老相关专业教育

中国人民大学于2003年正式建立了老年学专业，学科性质为法学中的社会学。华中师范大学于2004年开设社会工作老年方向专业。东北师范大学于2010年创办社会福祉系，招收社会福祉方向本科生，授予法学学士学位。成都医学院建立了含硕士、博士的研究生，本科、专科、中职教育体系，在老年医学的基础上，新设老年事业管理专业本科、老年护理专业本科和专科，并开展资格培训、岗位培训、继续教育等非学历教育。滨州医学院新成立老年医学院，并在申报设养老护理新专业。

4. 职业教育和非学历培训融合发展在探索中前行

教育部老年服务与管理专业教学资源库即将投入使用，为规范本专业教学提供支持和帮助。民政部远程教育中心和众多高校远程教育中心正在发挥作用。职业教育、学历教育和非学历教育相辅相成、融合互动，资格培训与技能鉴定了大约1.5万人次的高素质技能人才，为能力教育重要探索。[1]

(资料来源：国家职业分类大典工作委员会，中国人力资源和社会保障出版集团有限公司. 国家职业分类大典[M]. 北京：中国劳动社会保障出版社，2015.)

———————————

[1]　杨根来. 中国为老服务人才发展研究报告[EB/OL]. 新华网，[2017-1-22]. http://news.xinhuanet.com/gongyi/yanglao/2017-01/22/c_129457404.htm.

模块四　职业与创业篇

掌握职业道德与职业素养

知识目标

了解养老服务职业道德与职业素养的基本内涵。

能力目标

能够列举养老服务从业人员尊老敬老、以人为本的具体表现；

能够举例说明如何做到服务第一、爱岗敬业；

能够做到遵章守法、自律奉献。

素质目标

具备养老服务职业认同感和职业自豪感；

具备遵纪守法意识和奉献精神。

情境导入

护理员小赵在北京某养老机构工作不久，一位患上阿尔茨海默症的老奶奶就因骨折瘫痪在床。因为老人对所有人都感到陌生，小赵最初给奶奶翻身、擦洗身体，老人不但不配合，而且经常对小赵怒视和吐口水。有一次，老人竟然一巴掌扇在小赵脸上。小赵心中满是辛苦和委屈，甚至萌发了改行的念头。后来，小赵在进行业务培训时看到了一部纪录片《我只认识你》，改变了小赵对患有阿尔茨海默症的老年人的看法，她逐渐变得更加理解和包容他们。在实际工作中，小赵不再灰心，而是更加细心照顾老人。慢慢地，她发现老人渐渐配合起来，对她也产生了好感与信任，当她为老人洗脸时，老人会微笑着对她竖起大拇指。看到自己的付出得到老人的认可，小赵心中充满喜悦与自豪。

请你通过下面内容的学习，分析小赵身上具有哪些护理人员应该具备的职业道德和职业素养。

任务描述 ▶▶

为了帮助小赵成为一名更加优秀的护理人员，请搜集养老服务工作中的实际案例，结合自己的学习体会制作一份以"光荣的职业——养老护理员"为题的PPT，向小赵说明职业道德和职业素养的具体要求。

所谓职业道德，是指从事一定职业的人们在自己特定的工作中，思想和行为方面应该遵循的道德规范。各行各业都有其特定的职业道德规范。那么，对于养老服务从业人员来说有哪些特定的职业道德要求呢？

一、养老服务从业人员职业道德

养老服务职业道德是指从事养老服务从业者在其职业活动中必须遵循的、与养老服务活动相适应的行为准则。它是以善恶良莠为评价标准，通过社会舆论、风俗习惯和养老服务人员的内心信念来维系的，调整养老服务人员与老年人之间、养老服务人员与养老服务人员之间以及养老服务人员与社会之间相互关系的行为规范的总和。[①] 从事养老服务的工作人员需要有其独特的职业道德要求，特别需要做到尊老敬老、以人为本；服务第一、爱岗敬业；遵章守法、自律奉献等几个方面。

(一) 尊老敬老、以人为本

"尊老敬老、以人为本"是中华民族在漫长历史发展进程中形成的基本道德，是中华传统美德的重要组成部分，是养老服务职业道德的首要规范。老年人因其年龄、经验、身体方面的状况和年轻时相比，都发生了很大变化，所以更需要养老服务从业人员的关心、帮助、理解和尊重，才能真正使老年人做到"老有所为、老有所养、老有所学、老有所乐、老有所医、老有所终"。

1. 基本内涵

"老吾老以及人之老"，要求我们不仅要尊敬自己的老人，还要尊敬社会上的其他老人。尊老敬老，就是要关心老年人，爱护老年人，理解老年人，尊重老年人的合法权利，尊重老年人的价值和尊严，发挥老年人的潜能，帮助老年人自主、自立生活。

以人为本就是"以老年人为本"，即在实际工作中处处为老年人着想，一切以老年人为中心，从老年人的根本利益出发，满足老年人的合理需要，切实保障老年人的权益，让老年人体会到全社会对他们的尊敬和关怀。

社会养老服务体系的建设，是党和政府、社会各界、广大人民普遍关注的问题，也是当前和今后相当长时期内我国老龄事业的发展重点。关于如何"开展应对人口老龄化行动，加强顶层设计，构建以人口战略、生育政策、就业制度、养老服务、社保体系、健康保障、人才培养、环境支持、社会参与等为支撑的人口老龄化应对

---

① 孟令君，贾丽彬.养老服务伦理与礼仪[M]．北京：北京大学出版社，2013.

体系"^①已经写进"十三五"规划。如何切实保障老年人合法权益，让老年人度过幸福、美满、安详、健康的晚年，共享人类社会发展成果，这是社会文明进步与否的标志。老年人在我国的革命和建设事业中作出了重要贡献，他们的经验和智慧也是党和国家的宝贵财富，所以老年人理应受到社会的尊重和人们的关爱。

2. 对养老服务从业人员的要求

做到"尊老敬老、以人为本"，关键在于要把这种服务理念和实践贯穿于整个养老服务工作，用爱心、耐心、细心和责任心去关怀每一位老人，才能不断提高养老服务质量。为此，需要做到以下几点。

(1) 能够理解老年人，把握老年人的真实想法

理解老年人就要了解老年人的特点和习惯，并按照老年人的合理要求尽力满足老年人。无论是住在家里的老年人，还是入住养老机构的老年人，往往与年轻时会有些不同，常出现多疑、激动、喜欢唠叨、与人争论、情绪控制力差等，因此，儿女或者从业人员就要注意到老年人的这些变化，并尽量理解，多多体谅他们。

(2) 能够关心老年人，设身处地为老年人着想

仅仅关心老年人的物质生活是远远不够的，还要给予老年人精神上的呵护，要像关心自己的父母一样，充满细心、耐心和责任心。

(3) 能够尊重老年人，让老年人过上自主、自立的生活

尊重老年人就要尊重他们的生活习惯，尊重他们的选择，比如有的老年人喜欢独居，你可以常去探望；有的老年人喜欢和儿女住在一起，儿女应该尽量满足条件；有的老年人想要再婚，就要摒弃世俗偏见，子女不能阻挠。而对于那些行动困难的老年人，我们可以通过医疗、护理、康复等专业人员的相互协作，来提高老年人的自主生活能力，并为回归社会和家庭作准备，助其实现老有所为、老有所用，从而提高他们的生活品质和生命质量。^②

案例4-2-1 日本的老年护理现状：让老年人有尊严、有选择地接受护理服务

从20世纪六七十年代至今，日本出台了一系列养老政策和措施，特别是2000年开始实施的护理保险制度，将护理制度从社会福利制度转变为社会保险制度。该制度规定，年满40岁的公民必须加入并缴纳护理保险费，以解决年老后的看护问题。在得到认定之后，会有护理援助专业人员根据老年人的情况制订护理计划，对不同认定级别的参保人提供不同的服务。对认定有护理必要的参保人，接受服务的老年人只需负担一成，而另外九成由保险负担。

目前，日本对老年人有以下四种护理服务类型，即上门护理、日间照护服务中

---

① "十三五"规划：积极应对人口老龄化[EB/OL]. 社保政策资讯，[2016-04-11]. http://shebao.yjbys.com/zhengce/362274.html.

② 彭莉莉. 日本养老福利制度及服务设施运营的启示[M]. 武汉：湖北社会科学出版社，2011.

心、短期入住型机构和长期入住的养老护理机构(如图4-2-1所示)。而近年来，一种将居家、社区与机构养老结合在一起的社区小规模多功能养老设施受到民众的欢迎，即将上门护理、日间照护与短期入住设施的"短托"组合一起，大都建在老年人日常的生活圈内，有些是由普通民宅改造而成。

图4-2-1

在参观访问日本护理机构时，印象最深的就是这些深爱养老事业的经营者。他们有着明确的护理理念，并将自己的想法运用于实际工作中，使机构护理越来越人性化，服务上也是精益求精。有一家护理机构为了让机构内的空气保持清新，除了开窗换气外，规定老人换下的尿不湿、排泄物要放置在房间朝向院子的门外的垃圾桶并及时清理走，不允许通过室内或走廊。

(资料来源：2015年12月 《新天地》，作者为中国社会科学院日本研究所胡澎)

案例解析 在日本，会有护理援助专业人员根据老年人的情况制订护理计划，对不同认定级别的参保人提供不同的服务。而对于老年人自身来讲，就可有尊严、有选择地接受不同级别的护理服务，回归家庭和社会，实现老有所为、老有所用。这种尊重老年人的理念值得我们学习和借鉴。

(二)服务第一、爱岗敬业

从生活到职场，可以说服务无处不在。服务已经成为衡量一个国家经济发达与否的标准，也是企业持续发展的动力。无论多么成功的个人或企业，都要通过高品质的服务来体现其自身价值。而作为一名养老服务从业人员，在树立服务第一理念的基础上还需要有爱岗敬业的良好品格。那么，到底什么是"服务第一"？什么又是"爱岗敬业"？

1. 基本内涵

服务第一就是把为集体、为他人工作放在首位。养老服务从业人员所从事的护理照顾老年人的工作与其他服务业一样，也要把服务对象即老年人，作为工作考虑的第一出发点，把为老年人提供优质服务作为第一要务，"想老人之所想，急老人之所急"，全心全意为老年人提供服务。只有树立"服务第一、老人至上"的理念，才能把服务老年人的工作做好，才能赢得老年人家属和社会的认可和称赞。[1]

爱岗，就是热爱自己的工作岗位，热爱自己从事的工作；敬业，就是要用一种严肃恭敬的态度来对待自己的工作。今天，我们评价一个人是否受到尊敬和认可，通常并不是看他拥有多少财富和从事什么职业，关键要看他在职业岗位上是否忠于职守、

① 孟令君，贾丽彬. 养老服务伦理与礼仪[M] . 北京：北京大学出版社，2013.

兢兢业业。爱岗敬业，认真对待自己的岗位，无论在任何时候，都要认真履行自己的岗位职责。这是社会对每个个体成员最普遍性的道德要求。

2. 对养老服务从业人员的要求

养老服务从业人员需要有爱心、细心、耐心和责任心。树立"服务第一、爱岗敬业"的理念，对于提高养老服务行业的质量和水平是非常必要的。那么如何做到服务第一、爱岗敬业呢？

(1) 必须端正服务态度，以平常心对待自己的工作

养老服务工作虽然有些辛苦和劳累，但不能就此产生"养老服务工作社会地位低下、会被人看不起"的想法。其实，养老服务工作人员从事的是帮天下儿女尽孝、给世上父母解难、为党和政府分忧的工作，是一项非常崇高的事业。更何况工作本身并没有高低贵贱之分，只是社会分工和工作内容不同而已。持有这样的心态，才能在平凡的工作中做出不平凡的业绩。

(2) 必须认清工作性质，热爱自己的工作岗位

既然选择了养老服务这个行业，就要转变自己的思维方式：不仅要做自己喜欢的工作，还要喜欢自己所做的工作。我们从事的是一项提升老年人生活品质和生命质量、带给老年人幸福和快乐的工作，我们面对的是鲜活的生命，而不是冰冷的产品。这就需要每位从业人员真正热爱自己的工作，培养对自己工作岗位的深厚感情。保持对职业的激情和敬意，找准自己的定位，切实立足本职，发挥好自己应有的作用，赢得老年人和家属的尊重和认可，从而实现自身的人生价值。

(3) 必须坚定职业信念，拥有"干一行，爱一行，专一行"的韧性

我国老龄化的发展为养老服务从业人员施展才华和抱负提供了广阔的发展空间和平台。将个人的选择和社会的需要有机结合起来，把简单的事做好就是不简单，把平凡的事做好就是不平凡。所以，养老服务从业人员更需要"干一行，爱一行，专一行"的韧性，立足本职、忠于职守、勤勉敬业、精益求精，才有可能成为为老服务行业的尖兵，实现自己的职业抱负。

案例4-2-2 **杭州市表彰首届"最美养老护理员"**

杭州全市共有8000余名养老护理员，他们甘于奉献，默默无闻地坚守在岗位上。12月28日，他们中的万红花、王有琴、叶美琴等10位佼佼者获得杭州市首届"最美养老护理员"殊荣，美在奉献、美在质朴、美在担当。他们中既有来自公办机构的，也有来自民办机构的，既有城市社区的，也有乡镇农村的，他们用自己的实际行动，在平凡的为老服务岗位上，吃苦耐劳、无私奉献，使缺乏子女照顾的老年人得到照料，使失能老年人得到生命的延续。

"最美养老护理员"谢玉萍说："我照顾的是失智区的8位奶奶。有时候老人状

态不好时，我要帮她们洗脸、梳头、口腔清洁、假牙护理、喂饭、喝水、更衣、使用便盆、便壶等，晚上可能连一个安稳觉都睡不成。老人精神失控时，会在房间翻箱倒柜，把所有东西扔到床上、地上，有时候还会把大小便解在地上。虽然很累很烦，但我们都不能埋怨老人，等安抚好她们的情绪，照样要做好护理。只有我们把老人照顾好了，家属才能放心地把老人交给我们。"

(资料来源：2015年12月29日《杭州日报》)

案例解析 养老服务的质量水平高低在很大程度上受从事护理服务工作人员的素质和道德水平的影响。杭州首届"最美养老护理员"用他们优质的服务赢得了来自老年人、家属和社会的认可，也赢得了党和政府给予的荣誉。正是对于"服务第一、爱岗敬业"职业道德理念的坚守，他们才无愧于"最美养老护理员"的荣誉称号，也为自己事业的发展铺就了广阔的发展空间。

(三) 遵章守法、自律奉献

每位养老服务从业人员在服务和照护式作中都需要遵守相应的法律法规和规章制度，做到言行符合行业规范、符合法律要求。面对相对弱势的老年群体，工作人员更应具有自律奉献的意识。那么，到底什么是遵章守法、自律奉献？怎么做到遵章守法、自律奉献呢？

1. 基本内涵

遵章守法，是指对国家法律法规、党纪政纪以及社会公约的遵守，要求每个社会成员，尤其是国家机关、企事业单位、社会团体及其工作人员必须严格依法办事。[①]遵章守法就是要求养老服务从业人员必须按照法律、法规以及纪律的有关规定为老年人提供照料、护理及服务，这也是保证养老行业和谐稳定与健康发展的前提。

自律，是指在没有人现场监督的情况下，通过自己要求自己，变被动为主动，自觉遵循法规，来约束自己的言行。养老服务从业人员应自觉遵守养老服务从业人员的职业守则和相关法规，并用以约束自己的行为。奉献是指满怀感情地为他人服务，作出贡献，是不计回报的无偿服务。就养老服务从业人员来说，奉献就是要在对老年人充分关注、关爱的基础上，充满热忱地完成为老年人服务的本职工作。

2. 对养老服务从业人员的要求

法律法规不仅是提供养老服务的依据，也是养老服务从业人员约束自身行为的准则和维护服务对象权益及自身利益的有力工具。养老服务工作有益于国家、有益于社会、有益于人民，这种工作的本身就需要奉献精神。那么，究竟如何做到遵纪守法、自律奉献呢？

---

① 孟令君，贾丽彬. 养老服务伦理与礼仪[M]. 北京：北京大学出版社，2013.

(1) 必须具有法律知识和法律意识，增强法制观念

合格的养老服务从业人员必须具有先进的法律意识，掌握相关法律法规，如老年人权益法、劳动合同法、劳动法、消防法等重要法律知识。同时，还应正确认识自己的法律地位、法律权利、法律责任，做到知法、讲法、守法，不仅在养老护理中注意运用法律知识，而且在自己的工作和生活中增强法制观念，遵守法律规定，履行法律义务，杜绝违法犯罪行为。[①]

(2) 必须遵守社会公德和国家职业规范，树立规则意识

自觉遵守和维护社会公德是养老服务从业人员做好本职工作的基本要求。养老服务从业人员应该遵守社会公德，自觉遵守和维护公共秩序，遵守公共行为准则，遵守公序良俗和有关规章制度，努力做到"爱国守法、明礼诚信、团结友善、勤俭自强、敬业奉献"。同时，养老服务从业人员还要遵守国家职业标准提出的从业人员的基本职业守则、职业道德和工作须知，以出色地完成养老服务工作。

(3) 不断提高自身素质，树立自尊、自强、自律、奉献的意识

自律奉献要求养老服务从业人员在养老服务中要处处为老年人着想，严格要求自己，积极进取，精益求精，不断提高养老护理服务水平。同时，能够正确处理日常学习生活中的人际关系和矛盾冲突。要摒弃一切不利于做好本职工作的思想和行为，自觉主动地在本职岗位上恪尽职守、尽职尽责，有一分热，发一分光，把自己的青春和才能奉献到为老年人服务的光荣事业中去。

案例4-2-3　　　　　　　　　以院为家，甘于奉献

49岁的张德珍，年近半百，为老龄事业默默奉献了13载，用自己的汗水谱写出一曲曲感人的奉献之歌。

作为县社会福利院院长，张德珍身体力行，作出表率，带领大家干，用实际行动让老人欢心舒畅。为了做到每位老人室内卫生清洁，全院管理人员虽有十余人，但她总是坚持每天早晨逐房间检查，带头亲自为他们拖地板、折被子，整理房间，帮不能自理的老人洗脸梳头、洗澡、洗脚，带他们上厕所。她还给自己定下了一个规矩：老人们病了，她亲自请医生给他们治病，给他们煎药、做病号饭、清洗衣物；夏天来了，提前为老人们买好防暑药；冬天到了，提前准备并安排检修烤火取暖设备，夜晚怕老人受冻，亲自给每一位老人灌好热水袋暖被窝，帮老人盖好被子；为了老人的安全，每晚坚持到老人房间细心查看；逢年过节，她都要亲自下厨房，弄上十多个香甜可口的菜肴和老人欢聚一堂。

院里的老人逢人就讲：张院长日夜操劳，我们虽然无儿无女，可她比亲生女儿还要亲。就这样日复一日、年复一年，履行着职责与义务，与院民融为一体，赢得了院

---

① 中国就业培训技术指导中心人力资源和社会保障部社会保障能力建设中心. 养老护理员 [M]. 北京：中国劳动社会保障出版社，2014.

民的充分信任。

案例解析 张德珍作为院长，她敬老、爱老，热忱为老年人服务，赢得了院民的赞语和社会的认同，体现了奉献是一种忘我的投入精神。她真正把福利院当作自己的家来经营，把老人当成自己的父母来对待，是对自己事业的不求回报和全身心的付出。

二、养老服务从业人员职业素养

养老服务职业素养是指养老服务从业人员在从事养老服务与管理工作过程中体现出的个人素质和道德修养，是养老服务与管理职业的内在要求。良好的职业素养是衡量养老服务从业人员职业成熟度的一个重要指标。

(一) 职业素养的基本内容

1. 团结协作、勇于负责

"团结协作、勇于负责"是指团队成员在工作中要有团队的责任感，要互相帮助、互相协作、互相补台，而不是互相拆台。在养老服务机构中，有些任务并不能够分解，同事之间的协作关系也更密切，需要整个团队协同合作，来防范和弥补养老服务工作中的失误。比如，养老机构中的护理人员要有团结协作精神，更重要的是，能够把团结协作的精神化为一种具体化的责任。

在此，以2014年修订的养老护理人员国家职业技能标准(初级)为例：从岗位职责来看，养老护理人员无论是在"生活照料"还是"技术护理"方面，都需要与医护人员进行配合与协助。对于一名初级养老护理人员来说，在对老年人进行"生活照料"中的"排泄照料"时，要"能够协助护士照料排便异常的老年人"。而在对老年人进行"技术护理"中的"给药"时，要"能够配合医护人员协助完成老年人的口服给药，能够配合医护人员协助保管老年人的口服药"。可见，如果没有护理人员与医护人员的配合，就不能实现对服务对象的优质服务，服务质量就难以保证，甚至有可能会出现责任事故。

2. 刻苦钻研、精益求精

目前，我国的养老护理事业与发达国家相比，还有不小的差距，关于"怎样去服务"和"怎样去护理"，还有非常大的探索空间。更何况，服务本身就是一个"没有最好，只有更好"的过程。随着我国老龄化事业的不断发展，对养老服务工作的要求日益提高。这就需要养老服务从业人员不断发扬一丝不苟、精益求精的大国工匠精神，专心服务、用心养老。

对于养老服务从业人员来说，不但要认真研究养老服务专业理论知识和基本操作技能，还要学习优秀的传统文化和美学、心理学、管理学等相关学科知识，走出一条独具特色的养老服务新路子。以最负责的态度去工作，绝不应付了事；将工作做深做透，绝不浅尝辄止；要取得最佳效果，绝不含糊敷衍。这样，才能实现有针对性的特色护理，不断提高护理技术水平，才能成为一个有职业素养和道德修养的养老服务从业人员，才能成为养老行业中的"大国工匠"！

案例4-2-4   **"最美护理员"杨翠珍**

    杨翠珍，是市社会福利院的一名养老护理员。在十多年的养老护理员职业生涯中，她始终坚守一种工作理念：老吾老及人之老，以为天下老人尽孝道为己任。在工作中她始终坚持一项原则：急老人之所急、想老人之所想、乐老人之所乐、帮老人之所需。她的青春年华在公益事业中熠熠生辉，她的美丽在青春中悄然绽放。

    杨翠珍文化程度不高，但她刻苦钻研、好学好问，一方面坚持自学护理和医疗知识，在实践中摸索护理方法，另一方面努力向同行同事学习，积极参加各种护理知识培训。每当遇到不懂的地方，她总会利用课余时间虚心请教老师或者同期学员，直至将每一个问题弄懂为止。同期的老师和学员都记住了这个总爱踮着脚、拿着文本四处请教的女学员。正是凭着对业务精益求精的执着，勤于思考、求真务实的学习态度，只有初中文化的杨翠珍顺利获取了全国养老护理员资格证，成为民政系统护理岗位能手，并连续三年被评为先进工作者。

    （资料来源：http://www.csyf1951.com/xwzx/ShowArticle.asp?ArticleID=804）

案例解析   "最美护理员"杨翠珍虽然文化程度不高，但是她凭着一丝不苟、精益求精的工匠精神，不断提升自己的职业素养，不断提高自己的护理水平，终于赢得了社会、家庭和服务对象的尊重和称赞。

3. 理解包容、积极沟通

    理解包容老年人是养老服务从业人员满足老年人需要的具体体现。在服务工作中养老服务从业人员应始终贯穿诚心、爱心、细心、耐心的原则，尽量保证老年人的安全和舒适，并为老年人提供个性化服务。理解包容老年人就要把老年人当作亲人来看待，除关心和解决他们的生活需要外，还应在一切护理服务中体现对老年人的尊重，即尊重老年人的隐私和其他权利。理解包容老年人就要关爱老年人，主动帮助老年人解决困难，给予支持和安慰，学会换位思考，给老年人以不是亲人胜似亲人之感。

    在为老年人进行服务的过程中，还应与老年人和其家属积极沟通。沟通时要注意：首先，应掌握说话的语气语调。要和颜悦色，态度诚恳，音调平和，语速适中，谦虚亲切，回避隐私，不言人恶。发生矛盾时，要做到不急不躁，不温不火，不推卸责任。其次，应耐心倾听，持不批评的态度，用心交谈。最后，应帮助老年人正确对待日渐老化及其所患疾病，保持开朗、乐观情绪，鼓励老年人积极参加活动。

对于老年人，小尹有一套自己的沟通经验。许多老年人刚入院时，心里都会有一种被遗弃的感觉，此时要试着了解他们，与他们沟通。让老年人感受到护理人员的热心肠，理解儿女的所作所为，不是嫌弃他们，而是要给他们更好的生活质量和生活环境。有一位张阿姨刚来的时候情绪很不稳定，时不时透出想回家的念头。老人的女儿、女婿都在部队，照顾不了老人。小尹常常跟老人讲："不要给儿女添麻烦，儿女工作忙压力大，应该减轻他们的负担，您在这儿吃的是多样化，身体好了比啥都重要，儿女们也好放心工作呀！"还常常帮她洗澡，修剪指甲，尊重她的生活习惯，帮她换被褥整理房间，让她感觉身边还有另外一个女儿同她在一起。

"老人永远是对的，如果老人错了，是我们工作没有做好！"所以无论什么时候，什么情况下，都要保持一个良好的心态。有的老年人因为患有阿尔茨海默症，会无缘无故骂人。遇到这种事小尹先冷处理，不与他解释、不跟他讲道理，等他发泄完毕冷静下来，再哄他，慢慢地事情就过去了。千万记住：不能激化矛盾，以免诱发老年人心脑血管疾病而造成严重的后果。

案例解析 养老院服务于广大老年群体，需要护理人员理解、包容老年人，富有爱心和耐心地与老年人沟通，做到一丝不苟、兢兢业业，才能让老年人和其家属满意，让社会满意。

4.严谨审慎、敬畏规则

严谨审慎是指养老服务从业人员在工作中要严谨、审慎、无误。如认真观察老年人病情变化，防范差错事故。敬畏规则是指养老服务从业人员要牢固树立制度、规章就是质量和生命的理念，增强养老服务的安全意识，严格遵守规章制度、操作流程，严格规范服务行为。

老年人的安全卫生、环境保护问题不仅影响老年人的身体健康，也是护理纠纷的隐患，是护理关系不和谐的重要因素。作为养老服务从业人员不仅要掌握老年人安全防护基本规范和与老年人密切相关的法律法规，同时还要掌握老年人的生活环境设计要求和老年人居室整理以及消毒隔离等知识，在工作中按照安全卫生、环境保护、居家整理及消毒隔离的基本规范做好护理工作。更重要的是，要有强烈的责任心，在工作中做到仔细、审慎、周密，不能因为工作中的疏忽而造成安全隐患。

养老护理人员应掌握《养老护理员安全防护基本规范》并认真执行，才有可能避免安全责任事故的发生。如在"遵守用电安全规定"方面，要"严格遵守养老机构用电安全规定，严防电器火灾和触电事故的发生"；在"加强生活用火管理"方面，要"加强对老年人生活用火的管理，禁止老年人在床上使用打火机，在床边使用蚊香等，避免引燃被褥引起火灾"；在"严禁私自组织老年人外出"方面，要"严禁私

模块四 职业与创业篇

自组织老年人在水边和公路上活动、游玩、休闲，以防止溺水、交通事故等的发生"等。

(二) 提高职业素养的途径

1. 勤于实践

古语"纸上得来终觉浅，绝知此事要躬行"，强调的是要想理解知识的真谛，就要亲自实行、亲自去做，体现了古人重视实践、深入实践的精神。"勤于实践"，是指养老服务从业人员在为老年人提供服务的实践活动中应不断进行职业素养的自我锻炼和自我培养。

养老服务从业人员的"勤于实践"包括老年护理、老年社会工作、老年康复、老年产品营销、养老服务一线管理等实践。作为一名养老服务从业人员，只有在提高职业素养水平以后，才会更加热爱养老服务行业，才会更加积极地投身到养老服务的实践中，为老年人的健康幸福、为老年人家庭分忧作出更大贡献。因为只有在服务老年人的过程中，才能培养出自己优秀的职业素养，陶冶自己的美好品质；才能认识到自己的行为哪些是正确的，哪些是不正确的，应该做什么，不应该做什么。

2. 内省兼听

对于养老服务从业人员来讲，需要在养老服务业务实践的基础上，用"内省"的方法进行职业素养的自我培养。比如，在自己的岗位实践中，不是天天盯着别人做了什么，而应有"解剖"自己的精神，自己做了什么，自己是怎样做的。正如一位被评为"全国十大孝星"的福利院院长所言，就像天天洗脸一样，不断清除自己身上的各种灰尘，培养自己高尚的道德品质，几十年如一日，从不间断。这种对工作的认真反思、对服务对象的满腔热情，是值得养老服务从业人员学习的。

在对养老服务职业素养的培养上，仅靠"内省"还不够，还要做到"兼听"，要耐心听取各方面的意见，比如服务对象，包括老年人及其家属、领导、下属及同事的意见，尤其是批评自己的意见，从各种意见中检查自己在为老年人服务的过程中有没有做得不好的地方，"有则改之，无则加勉"。同时，要有正确的评价标准，否则就会是非不分、善恶不辨。

3. 严谨慎独

"慎独"是指独处时也能保持谨慎不苟。[①]就是要在自己独处或别人看不到、听不到自己的时候亦能十分谨慎，不会认为隐蔽的、微小的过失便可以去做，应不去做任何不正确、不恰当的事情。

对于养老服务从业人员来说，无论是在机构中，还是在老年人家里，在通常情况下都是独自对老年人进行生活照护和康复训练，加之有些失能和半失能的老年人不能

---

① 语出《礼记·中庸》："莫见乎隐，莫显乎微，故君子慎其独也。"

清晰、准确地表达自己的需求和意见，所以更需要具有"慎独"的精神境界，才能实现优质服务。

加强养老服务从业人员职业素养的培养意义十分重大。从个人的角度来看，如果养老服务从业人员缺乏良好的职业素养，就很难在养老服务产业中开辟一方属于自己的天地；从养老企业的角度来看，唯有那些具有较高职业素养的养老服务从业人员才能帮助养老企业提升养老服务质量，提高效率，推动企业发展；从国家角度来看，国民职业素养的高低将影响经济的发展，也是社会和谐的稳定器。

任务实施 ▶▶

走访养老机构进行岗位调研，搜集能够直接反映养老护理员职业道德和职业素养的案例。

一、结合真实案例，制作"光荣的职业——养老护理员"PPT。

二、借助PPT，向任务情境中的小赵介绍养老服务工作人员应具备的职业道德和职业素养。

任务自评 ▶▶

通过本章节的学习，请为你的任务掌握情况作出自评。

评价内容	任务点	自评掌握程度			备注
		A优秀	B良好	C一般	
职业道德的基本内涵	"尊老敬老、以人为本"的含义				
	"服务第一、爱岗敬业"的含义				
	"遵章守法、自律奉献"的含义				
职业道德的基本要求	"尊老敬老、以人为本"对养老服务从业人员的基本要求				
	"服务第一、爱岗敬业"对养老服务从业人员的基本要求				
	"遵章守法、自律奉献"对养老服务从业人员的基本要求				
职业素养的基本内容	团结协作、勇于负责				
	刻苦钻研、精益求精				
	理解包容、积极沟通				
	严谨审慎、敬畏规则				
提升职业素养的途径	勤于实践				
	内省兼听				
	严谨慎独				

评价内容	任务点	自评掌握程度			备注
		A优秀	B良好	C一般	
良好职业道德和职业素养对于职业发展的重要作用	决定职业生涯的深度和广度				
案例及PPT展示	能否直接反映养老服务从业人员职业道德和职业素养在工作中的重要作用				

延展阅读 ▶▶

社会化的养老照料模式更需要弘扬传统的孝贤文化

家庭养老的质量一般来说要受到各种要素的影响，其中子女的道德品质、经济条件、身体状况、居住状况等都是影响老年人晚年生活质量的因素。东西方虽然文化上存在着巨大的差异，但随着经济的发展都同样面临着伦理道德观念的下滑趋势。西方一些经济发达国家，以人情淡薄闻名于世，目前处于一种恶性循环的状态之中。由于西方一些国家的伦理道德观念和家庭结构在经济发展的冲击下发生了巨大的变化，迫使老年人不得不越来越依赖社会；社会上实行各种养老金和高福利制度，使其子女越来越认为赡养老年人是社会而不是自己的责任；生活在老年社会中的老年人极少有机会与青年人、中年人接触，这加深了他们的孤寂感。青年人与老年人之间的矛盾与隔阂又进一步加剧了家庭结构的破坏，代际矛盾日趋加深。

老年人口的迅速增长会造成经济和社会问题，这一代与下一代之间会因分配有限的财力而产生严重的对立情绪，出现争夺财产、住房、遗产和不赡养老年人的现象。

经济供养、生活照料和精神慰藉是老年人晚年养老的主要内容，作为经济供养，随着工业化的发展，基本上是要依靠社会保障制度的完善及社会化养老照料设施补充。老年人过去为社会发展、经济发展作出过贡献，现代社会经济发展凝聚着老年人的贡献，因此，他们不仅应该享受保障晚年生活的退休金，而且还要享受社会发展的成果。随着社会变迁，经济的发展从各个方面对传统的家庭养老模式和孝贤文化提出了挑战。

从职业的角度而言，对长期照料老年人的工作人员的道德修养和专业技术水平要求较高。护理老年人要有良好的道德水准，充满爱心，甘愿奉献，富有牺牲精神，在护理老年人的工作岗位上勤勤恳恳、任劳任怨。面临肢体衰老、反映迟钝的老年人，甚至意识模糊、肢体麻木、喜怒无常、行为怪异、精神呆滞、身患绝症、完全不能自理的特殊老年人，护理人员要有高尚的职业操守、爱心、孝心，还要掌握老年学、老年心理学、营养学、保健学、急救等方面的知识。

老年人服务与管理概论

面对21世纪的"银色浪潮"，孝道建设应该成为思想道德建设的重要途径和基础课题。孔子提倡的"敬老、尊老"的传统孝贤文化是应对人口老龄化社会的有力武器。在既有的孝贤思想情感和道德习惯基础上，各级政府通过宣传、教育和劝导，以及若干鼓励优惠政策，使人们达到"老吾老以及人之老，幼吾幼以及人之幼"的较高道德境界；在家庭中，子女尊敬长辈，长辈爱护子女，共享天伦之乐；在社会上，人们尽职尽责，提倡要关爱孝敬所有的老年人，通过广泛弘扬孝贤文化实现社会的和谐发展，对国家作出自己应有的贡献。

　　(资料来源：http://blog.sina.com.cn/s/blog_51f3b6a40100jvis.html)

任务三

了解老年人服务与管理的创业路径

学习目标

知识目标

1. 理解创新与创业的概念及意义；

2. 了解养老行业的创新与创业热点；

3. 了解创新与创业的政策。

能力目标

1. 能够运用创新创业理论，制订养老创新创业计划；

2. 能够运用创新创业经验，提高在老年领域创新创业的能力。

素质目标

培养职业认同感和职业自信。

情境导入

　　2016年"挑战杯——彩虹人生"全国职业学校创新创效创业大赛是汇聚职业学校学生创新创造活力的顶级赛事，更是成就广大职校学生挑战梦想的青春盛会。对于职业院校的学生来说，这不仅仅是一场比赛，他们感受到的是创新创效创业的无穷快乐和挑战自我的无穷魅力。大赛设中职组和高职组两类参赛组别。中职组设创意设计竞赛和创业计划竞赛，共两类竞赛。目前大赛已落下帷幕，在获奖作品中，涉及老年领域的有好几个项目，包括社会调研类，如《养老服务机构医学专业人才现状及需求的调研报告——以上海9家养老机构为例》等；创业计划类，如云智能老人看护系统等；创意设计类，如"口袋小药管"App等。

任务描述 ▶▶

1. 分小组讨论创新创业的概念及养老领域创新创业的热点；
2. 完成一份创新创业计划书。

知识准备 ▶▶

双创指的是什么？意义有哪些？有人说养老行业遍地是黄金，是真的吗？到底哪些热点值得在养老产业领域创新创业呢？

一、创新与创业的概念及意义

(一) 概念界定

双创，即创新和创业，是当今社会的热词。各级领导人在各类会议上反复强调双创的必要性，两者之间既有联系又有区别。

1. 创新

创新是指以现有的思维模式提出有别于常规或常人思路的见解为导向，利用现有的知识和物质，在特定的环境中，本着理想化需要或为满足社会需求，而改进或创造原来不存在或不完善的事物、方法、元素、路径、环境，并能获得一定有益效果的行为。

2. 创业

创业是创业者对自己拥有的资源或通过努力对能够拥有的资源进行优化整合，从而创造出更大经济或社会价值的过程。创业是一种劳动方式，是一种需要创业者运营、组织，运用服务、技术、器物作业的思考、推理和判断的行为。

创新和创业在某种程度上具有互补和替代关系，创新是创业的基础和灵魂，而创业在本质上是一种创新活动。但创业和创新也有区别，创新更强调其与经济增长的关系，比较著名的是经济学家索罗对经济增长中技术进步贡献的定量测算；而创业的内涵更丰富，不仅有创新的内容，还涉及就业和社会发展以及公平正义。

(二) 养老领域创新与创业的目的及意义

双创对推动经济发展发挥着重大的作用，在养老领域，也有深刻的目的和深远的意义。创新创业的根本目的在于发展，这其中不仅有被历练者，养老产业大浪中的淘沙者，也有受益人，即老年人群体。不积跬步，无以至千里；不积小流，无以成江海。当前我国老龄化形势严峻，必须深入推进大众创业、万众创新，着力营造创新创业的社会环境和文化氛围，让每一个充满梦想并愿意为老龄事业努力的人获得成功，实现六个"老有"，真正为老年人群谋福利。

养老产业领域的双创有着重大意义，除了推动老龄化时代的社会发展，还能使更多的老年人平等地享受社会成果。养老领域的"双创"，是史无前例的发展机会，也是一项艰巨而长远的历史使命。

老年人口数量和规模在不断增大，预期寿命快速提高，老年人服务照护与医疗康复需求激增。另一方面，家庭规模逐渐缩小，传统的家庭养老模式无法支持老年人的实际需求。社会化养老服务日益成为趋势，市场日益向个性化、多元化方向发展，特别是在互联网、物联网等新技术与养老碰撞出火花的形势下，养老领域迎来新机遇。

二、老年人服务与管理的创新创业热点

(一) 创新热点

养老产业领域的创新是指通过技术升级、观念革新等手段使老年人享受到更优化的资源及服务。目前养老领域的创新热点有以房养老、旅居养老、医护型养老、养生式养老、智慧养老等。

1. 以房养老

"以房养老"，是"老年人住房反向抵押养老保险"的俗称。它是一种将住房抵押与终身养老年金保险相结合的创新型商业养老保险业务，也就是拥有房屋完全产权的老年人，将其房产抵押给保险公司，继续拥有房屋占有、使用、收益和经抵押权人同意的处置权，并按照约定条件领取养老金直至身故；而在老年人身故后，保险公司获得抵押房产处置权，处置所得将优先用于偿付养老保险相关费用。在我国目前人口老龄化形势严峻、养老服务业发展滞后的情况下，发展"以房养老"模式不失为一种有意义的探索，既为老年人在居家养老、社会养老、国家帮扶、社区服务等选项外增加了新选择，也有利于满足一部分老年人的个性化需求。

2. 旅居养老

旅居养老是"候鸟式养老"和"度假式养老"的融合体，老人们会在不同季节辗转多个地方，一边旅游一边养老。这种养老方式是有利于老年人身心健康的一种积极养老方式。与普通旅游的走马观花、行色匆匆不同，选择"旅居养老"的老年人一般会在一个地方住上十天半个月甚至数月，慢游细品，以达到既健康养生，又开阔视野的目的。

　　某专业养老服务机构，在海南、昆明、厦门、成都、蓬莱、扬州、大连、北海等地设有安养中心，通过优势资源整合，为老年朋友进行点到点的安养服务，提供适宜环境。以海南团为例，每人每月仅3000元，就可享受管吃、管住、管交通的优质配套服务，让老年人在温度宜人、空气清新、风景秀丽的海南，自由体验当地及周边的人文和旅游资源。这种形式深受老年人的欢迎："以前跟旅游团去过海南，走马观花又很累。这次就可以轻轻松松、边养老边深度旅游了，很适合我们老年人。"

　　案例解析　旅居养老已成为一种新型养老方式，既减轻了社会、个人家庭的养老负担，又提高了老年人晚年期的生活质量，降低了养老成本。这不仅为老年人提供了高品质的休闲养老方式，也为新常态下经济增长开辟了新的途径。

3. 医护型养老

　　入住养老机构、享受"医院式"服务，不仅用药"零差价"，还有固定医生上门巡诊、配药，建立健康档案，这样的情景已不再是想象，而是医护型养老所积极倡导的老年人生活环境。这种模式将大大节约优质医疗资源，在减轻社会和老年人负担的同时，让老年人安享晚年。

　　中国式医护型全程化持续照料养老住区(CCRC)，包括：居家、介助、介护、康复、度假、自助以及高端智慧老年公寓，为老年人提供标准化、全程化医护型养老服务。

　　某专业养老服务机构集合了优质健康管家服务资源的大规模、国际化、现代化的绿色生态医疗健康和老年养护基地，以"医疗产业链+养老养护"为模式，共分六大板块：国际医院、健康养护中心、国际医学研究院、医护培训学院、大酒店、国际医学院。

　　案例解析　医护型养老是深受老年人欢迎的模式，尝试此种模式的组织众多，分别从不同的角度切入，为医护型养老注入新的理念。案例中的代表是成功的典范，在医护型的基础上，推陈出新，不仅将医疗护理等服务的优势发挥出来，同时兼顾了其他功能，为老年人提供的服务非常丰富。

4. 养生式养老

　　养生式养老，指的是保养生命以达长寿并安度晚年之意。所谓养，即保养、调养、补养；所谓生，是生命、生存、生长。养生是人生任何时段都可以进行的与疾病和衰老抗衡的中国独特的理论和方法，只是之于老年人更为迫切。中国人养老更注

模块四　职业与创业篇

重养生，要用健康的方式来度过老年时光。在环境起居、体育锻炼、精神调适、饮食调理、药物调养等方面都进行保养和调养，不仅能延缓衰老、延长寿命，还能有精神上的愉悦与快乐。随着长寿时代的到来，高品质养生模式逐渐成为一种新的养老方式。

案例4-3-3   **中国养老养生产业创新模式论坛**

中国养老养生产业创新模式论坛迄今为止开办了三届，每届都设有一个主题，如表4-3-1所示。

表4-3-1 三届论坛主题

届数	主题
首届	成立"国家老龄产业创新课题组"和"老龄产业发展创新联盟"，整合资源，打造创新示范园区
第二届	讨论如何利用"互联网+"打造养老养生文化园区，将养老养生与普惠金融、社会化服务、生态旅游、科技创新、人文经济互动联动起来，使老龄产业健康持续地发展下去
第三届	以宣传推广营养治疗新理念，倡导均衡营养、合理膳食、绿色生态、科学防治老年慢性病，预防一些老年病的产生及科学改善一些患病老年人生活质量的方法，为老年人谋福祉而进行深入探讨

案例解析 随着老年人生活水平的提高，他们更加注重养生，追求延年益寿。中国养老养生产业创新模式论坛应运而生，旨在群策群力，多角度、多层次地论述养老产业如何创新发展。以新理念、新模式、新技术建设发展老龄产业，推动养生式养老的发展。

5. 智慧养老

智慧养老是指利用先进的IT技术手段，研发面向居家老人和社区的物联网系统与信息平台，并在此基础上提供方便、快捷、高速、低成本、物联化、互联化、智能化的养老服务。2015年，我国在《关于积极推进"互联网+"行动的指导意见》中明确提出"促进智慧健康养老产业发展"的目标任务。这意味着，智慧养老上升到了国家战略层面，成为养老行业新的选择。信息技术、人工智能和互联网思维融入养老事业，传统业态养老服务改造升级，将是未来的发展大趋势。

6. 老龄产品相关服务

老龄产品相关服务，包括康复辅具租赁服务与辅助用具适配服务等。将老年人需求量大、周转率高的护理床、制氧机、呼吸机、轮椅等康复辅助设备通过规范、安全、透明的程序出租，将适老的轮椅拐杖、浴凳、助听器等器具根据各自特点和实际需要配给老年人使用，满足其生活与康复需求。

(二) 创业热点

我国的老龄化不断加速必将催生一些新的养老方式。养老行业点多面广、产业链条长，涉及多个领域。人民群众日益提高的生活质量需求和市场环境的成熟完善，必将推动养老服务的兴起与发展。

1. 医养结合

当前中国养老的最大难题是能否实现维持健康的持续性与获取医护的便捷性。老年人对医疗服务资源的巨大需求，迫切要求政府与社会为老年人构建综合的、连续的、适宜的医疗服务。医养结合是集医疗、护理、康复和基础养老设施、生活照料、无障碍活动为一体的养老模式。优势在于能够突破一般医疗和养老的分离状态，实现为老年人提供及时、便利、精准的医疗服务，并最终将医疗服务、生活照料服务、健康康复和临终关怀等整合为一体化的医养结合服务，从而满足老年人的整体养老需求。在新形势下，医养结合将成为养老领域的创业热点。

案例4-3-4　　　　　"医养结合"养老理念创始人卓某

卓某，某医养业务集团董事长，创业前曾做过20年的大内科医生，开过诊所，承包过卫生院。2002年，他去杭州进修时发现许多老年慢性病患者还未及完全康复就回家了，专业的康复训练肯定得不到保障，把医疗和养老结合起来的想法在他的脑海中渐渐成形。他从镇上20多人的敬老院起步，由最初连亏5年的状态，发展到后来在全国连锁，并且涉及老年人的护理用品、康复器具，赢利空间非常大。另外，他还开办了两个介护学校，为康复院提供后备人才。

案例解析 众所周知，老年人由于身心逐渐老化，对医疗服务的依赖性逐渐提高。而卓某抓住了时机，这不仅需要敏锐的洞察力，还要对老年人有足够的关注。从事养老领域，一定要有"老吾老以及人之老"的胸怀，才能在市场中立足。

2. 老龄用品

随着老龄化的深入，老年人及其家庭的消费观念也在不断改变，对各类老龄用品的需求也将逐步释放，特别是一些新兴的产品，能够满足老年人的个性化需求，受到青睐，成为该领域创业的侧重点。由于老年人需求的多样化，个性用品纷纷涌现，为市场提供了契机。特别是一些生活的细节，如果留心，就能发现其中蕴藏着创业的无限可能。行业要为老年用品的研发创造机会，比如老年福祉产品设计大赛，现已在国内成功举办了五届。该大赛旨在增强全社会积极老龄化意识，激发民众的创新精神，促进企业与个人的自主创新能力，设计出更符合老年人实际需求的产品，并通过大赛走向市场，获得了支持与认可。大赛对于提升老年人的生活质量，推动老龄事业及老龄产业的发展也发挥了很好的作用。

　　　　　老年福祉产品设计大赛获奖作品

表4-3-2呈现了前四届老年福祉产品设计大赛的金奖和银奖产品,它们和老年人的生活息息相关。有的由公司研发,有的由个人研发,也有的由学生团体研发;有的来自国内,有的来自国外,产品的涉及面广,对未来老年人生活的影响较大。

表4-3-2　前四届设计大赛金银奖作品

奖项	届数	获奖作品名称
金奖	第二届	爱照护TM机构—日托—居家三位一体失能失智老人服务智能化管理系统
	第三届	日间照料中心管理系统、Flexbot步态训练和评估系统(康复机器人)、人体感应智能台灯
银奖	第一届	"交龙"智能轮椅、多功能新型制氧机
	第二届	自动升降助便椅、智能手部训练器、便携式多功能拐杖、智能一体化便洁康复护理床、基于床垫式生命监测仪的日常生活能力分析"伴"系统
	第三届	无障碍电动椅、VERA减压垫、智能应答机器人、防跌倒产品"内穿交叉型关爱支撑"、阿尔茨海默症筛查软件、恢复身心功能运动疗法
	第四届	"依靠"老年人旅行靠枕、智能床边壁灯、普陀区宜川路养老院软装设计

(资料来源:上海民政,http://www.shmzj.gov.cn/gb/shmzj/node8/index.html)

案例解析　细数这些产品,就能发现智能化创新已经成为趋势,引领着市场的发展。很多产品都是以生活的细微环节入手,以家庭提醒药盒为例,第四届大赛的铜奖作品,是华东师范大学的学生作品,巧妙的设计给老年人的生活提供了便利。

3. 老年旅游

老龄化为旅游产业带来了"人口红利",随着经济的增长、生活水平的提高、社会保障的完善、医疗条件的改善,加上充裕的时间,老年人消费观念的转变,近几年,国内老年游客的出游人次占比明显上升。有调查显示,我国每年老年人旅游人数已占到全国旅游总人数20%以上。来自旅游机构的数据显示,2015年,60岁及以上老年游客出游人次同比增长252%,近30%的老年人平均一年出游次数超过3次,85%的老年用户选择跟团游。老年人的旅游市场不断扩大,成为创业新热点,如图4-3-1所示。

图4-3-1　老年人参与旅游

4. 老年教育

老年教育，解决的不是老年人受教育的问题，而是通过老年教育这一平台，在社会转型过程中实现积极老龄化，保障老年人尊严养老的权利。《国家中长期教育改革和发展规划纲要(2010—2020年)》中就明确指出要"重视老年教育"。然而，我国老年教育的发展也面临着亟待解决的矛盾，如教育供给和学习需求脱节等。据上海、南京等地调查，有学习愿望的老年人占人口总数的18%～20%；而入学率却不容乐观，仅占到3%。许多老年大学无法满足老年人受教育的需求，多地出现了"一座难求"的现象。老年人希望上老年大学，其中一个重要的原因就是他们都盼望晚年的生活过得更加充实，更多姿多彩，更富有意义。此外，面对基数如此庞大的老年群体和飞快的增长速度，仅凭单一形式的正规教育实难满足需求，需要多种形式的教育补充，这也是时代进步的表现。

5. 老年餐饮

从整个老年餐饮市场看，目前我国针对老年人的餐饮市场一部分存在于老年活动中心和养老院等特定场所，另一部分是社区专门开设的老年餐厅，如图4-3-2所示，但大多因为入不敷出已经暂时停止供应老年餐。很少有餐厅有专门针对老年人的单人套餐或者家庭套餐。吃饭是老年人日常生活中的头等大事，相比较于年轻一代消费者，老年消费者的忠诚度更高，而且随着国家退休养老金的逐年提高，老年餐饮有很大的创业空间。

图4-3-2　社区老年餐桌

6. 互联网+养老

"互联网+养老"产业的快速发展，对于创业者来说是一项大的创业机遇，社会力量主办养老产业已成为养老产业发展的主流。"互联网+养老"新时代下，行业内创业机会很多。比如老年金融服务，老年人积累的资产需要理财，需要买股票、保险、信托、基金，为老年人提供金融服务是一个巨大的商机。再如老年人房地产，绝大多数住房设施都是按照年轻人居住需要设计的，甚至都没有配备医用电梯，未来全国住房土建、改造、二手房交易的潜在商机都是无限的。

三、养老创新创业的支持政策

(一) 创新与创业政策

近年来，在政府的高度重视和大力支持下，我国出台了一系列的政策鼓励创新创业，观念与时俱进，力求开创大众创业、草根创业的"众创"的新局面，带动创新创业业愈加活跃、规模不断增大。2015年6月，国务院出台《关于大力推进大众创业万众创新若干政策措施的意见》，这是创新创业的纲领性文件，文件从9大领域、30个方面明确了96条政策措施。一是创新体制机制，实现创业便利化；二是优化财税政策，强化创业扶持；三是搞活金融市场，实现便捷融资；四是扩大创业投资，支持创业起步成长；五是发展创业服务，构建创业生态；六是建设创业创新平台，增强支撑作用；七是激发创造活力，发展创新型创业；八是拓展城乡创业渠道，实现创业带动就业；九是加强统筹协调，完善协同机制。另外，国务院及相关部门分别出台了一系列的政策文件支持大学生创新创业，详见表4-3-3，为大学生开拓出更好的创新创业环境。

表4-3-3　支持大学生创新创业的政策

政策文件	发布部门	发布时间
关于发展众创空间推进大众创新创业的指导意见	国务院办公厅	2015年3月
关于印发进一步做好新形势下就业创业工作重点任务分工方案的通知	国务院办公厅	2015年6月
关于深化高等学校创新创业教育改革的实施意见	国务院办公厅	2015年5月
关于加快构建大众创业万众创新支撑平台的指导意见	国务院	2015年9月
关于进一步做好新形势下就业创业工作的意见	国务院	2015年4月
关于做好2015年全国大众创业万众创新活动周组织筹备工作的通知	国家发改委办公厅	2015年10月
关于深化高等学校创新创业教育改革的实施意见	国务院办公厅	2015年5月
关于支持和促进重点群体创业就业有关税收政策具体实施问题的补充公告	国家税务总局、财政部	2015年2月
关于支持和促进重点群体创业就业税收政策有关问题的补充通知	财政部、国家税务总局、人社部、教育部	2015年1月
关于进一步扩大小型微利企业所得税优惠政策范围的通知	财政部、国家税务总局	2015年9月

(二) 养老创新与创业政策

2013年以来，我国先后印发了《关于加快发展养老服务业的若干意见》和《关于促进健康服务业发展的若干意见》等文件推动养老服务业发展。2015年又出台了《关于积极发挥新消费引领作用，加快培育形成新供给新动力的指导意见》，鼓励养老服务与相关产业融合创新发展。同年10月11日，国务院办公厅还印发了《关于全面放开养老服务市场提升养老服务质量的若干意见》，对促进养老服务业更好更快发展作出部署。"十三五"规划也明确提出"推进医疗卫生和养老服务相结合"，养老作为"健康中国"的一部分已被提升到国家战略性高度。2015年2月，民政部、发展改革委、教育部、财政部等十部委联合发布《关于鼓励民间资本参与养老服务业发展的实施意见》，促使社会力量成为发展养老服务业的主体。

2017年伊始，民政部、发改委、公安部、全国老龄办等多个部门联合印发《关于加快推进养老服务业放管服改革的通知》，旨在尽快破除养老服务业发展瓶颈，激发市场活力和民间资本潜力，促进社会力量逐步成为发展养老服务业的主体。《通知》要求，进一步调动社会力量参与养老服务业发展的积极性，降低创业准入的制度性成本，营造公平规范的发展环境，培育和打造一批品牌化、连锁化、规模化的养老服务企业和社会组织；加大简政放权力度，规范养老服务投资项目审批报建手续，简化优化养老机构相关审批手续；转变运营补贴发放方式，各地养老服务机构运营补贴发放方式应逐步由"补砖头""补床头"向"补人头"转变，依据实际服务老年人数量发放补贴；鼓励各地采取公建民营等方式，将产权归政府所有的养老服务设施委托企业或社会组织运营；鼓励发起设立采取股权投资等市场化方式独立运作的养老投资基金，吸引社会力量进入养老服务基础设施和服务领域。

四、养老创新创业的方法与途径

(一) 在校生创新的方法

对于老年人服务与管理专业在读的学生而言，创业不是一件容易的事情，创新则是可以尝试的思路，而且创新也是创业的基础和前提。学生创新可以从以下三种方法入手：其一是模仿，有新意、有特色地模仿他人在养老领域的好设计、好构想。其二是"如果"，或者说是假设，就是换一种思维方式来解决问题，基于某种事物的假设去创新，大胆假设、细心求证。其三是联想，是对老年产品与市场需求有效融合、产生效用的联想，保持对事物的敏感度，外加足够的想象力与热忱。

(二) 毕业生自主创业的途径

老年人服务与管理专业的学生毕业之后，经过一定的积累和历练，可以申办中小型的养老院，也可以承担老年产品经营企业的工作。根据国家民政部《社会福利机构管理暂行办法》规定个人达到相应的条件都可以提出办院申请。社会或个人办养老院，可以享受一系列政策和待遇。各地也分别实施了具体的办法鼓励个人兴办养老院，比如河南省的"10张床即可办养老院，取消资金限制"；甘肃的"鼓励个人利用家庭资源开办小型养老院"；浙江的"个人及企事业单位利用闲置的房屋资产兴办养老服务机构"等。一些地区鼓励毕业生在养老行业创业，如重庆市集中孵化30余家健康养老微型企业，并以毕业生为创业就业主体，从而既解决了部分健康养老问题，又激发了毕业生的创业就业激情。

1. 创办养老院

老年相关专业毕业生工作一段时间后投身于创办养老院的案例不胜枚举。总结起来，创业者一般有如下共同特点：年轻、吃苦耐劳、有爱心。

案例4-3-6　　　　　　　　　　**女承父业办养老院**

曹某的父亲在她儿时办了一家敬老院，从此小姑娘就与养老院结下了不解之缘。长大后她如愿考取了某职校的老年人服务与管理专业，系统学习了相关企业管理和养老管理理论知识。毕业后，她到外地养老院学习考察一年后，创办了当地第一家民办"老年公寓"。虽然来养老的老人只有二十多位，多半都是失能、半失能，工作苦、累、脏，但她觉得能为社会和老人做点事，再苦再累都是值得的。现今，她已经拥有两家养老院，并创办了一家集医疗、护理、养老、临终关怀为一体的护理院，同时实现了养老院和护理院的对接，展现了不同于普通概念的养老理念。

案例解析　系统的学习对曹某成功经营养老机构很有帮助，她有更加远大的想法：成立养老服务管理公司，为其他养老机构提供管理服务，还要开设一个拥有自主品牌的养老服务培训学校，专业培养养老行业的管理者、护理员和其他工作人员，为养老机构输送大量的专业人才。

2. 设计经营老年产品

老年用品市场的潜在发展空间很大，但从目前市场上的供给程度来看，老年用品产业依然只能算刚刚起步。想要有所发展，一是要了解老人的需求，同时让老人认同老年产品和老年服务的价值，扭转现有的消费观念；二是在电子商务平台谋求发展。

总体来说，养老领域创业有着非常广阔的空间，也受政策扶持，可开办养老机构，或者设计经营老年产品，未来的老龄事业将会发展得越来越好。

任务实施 ▸▸

一、开展工作坊活动，与学习伙伴成立创业小组，通过讨论、演讲等多种方式，共同探讨创新创业的概念及养老领域创新创业的热点。

二、从行业背景、市场调研情况和计划实施步骤这几个要点出发，设计一份创新创业计划书并提交PPT。

请根据任务完成情况，参照评价项目由高至低分别在A等、B等、C等打"√"。

任务		A等	B等	C等	备注
工作坊	方案中创新点与创业点的价值				
	方案的可行性				
	方案设计				
	陈述演讲				
自我总结					

延展阅读 ▶▶

养老职业发展计划书

职业发展计划的第一步是认识自己。"认识你自己！"据说这是镌刻在古希腊戴尔菲城阿波罗神庙墙上的一句箴言。只有在认清自身条件的基础上，才能找准适合自己的职业方向。

第二步是分析外部环境。就养老领域来说，包括行业发展动向，比如它属于朝阳产业，受到政府的扶持，有各种优惠政策出台，相关的人才紧缺等；地区养老业发展现状，比如正处在蓬勃发展时期，建设智慧养老城市等；人才培养环境与条件，比如养老护理教学师资充足、经验丰富等；家庭环境，比如老年人照护经验，家人支持从事养老行业的程度等。护理人员为老年人服务示例如图4-3-3所示。

图4-3-3　护理人员正在为老年人服务

第三步是确定职业目标。以一个中职在校生为例，从职业生涯发展目标构成与构建职业生涯发展阶梯两个方面加以说明。

模块四　职业与创业篇

193

1. 职业生涯发展目标构成(如图4-3-4所示)

阶段目标	长远目标
中专毕业后，进入医护型养老机构，从事养老护理工作，提高技能，积累经验，成为一名优秀的养老护理员	创办一家智慧型居家养老服务中心，主要为空巢老人服务，促进家乡养老事业的发展，为老人安度晚年尽自己最大的努力，实现我的梦、家乡梦、中国梦

图4-3-4　职业生涯发展目标构成

2. 构建职业生涯发展阶梯

针对自己的职业生涯发展目标，制定以下三个发展阶段，如表4-3-4所示。

目标	具体阶段		预定目标	考取证书
近期目标	学习阶段	在校学习	• 学好文化课和专业课，取得优异成绩 • 参加护理专业学生技能竞赛，争取好成绩 • 担任班干部，锻炼能力 • 参加学校各类文体活动及全国文明风采大赛	养老护理员中级证书 计算机初级证书
		校外实习	• 进入单位实习，成为优秀实习生 • 自学老年心理学	护士执业资格证书 中专(护理专业)毕业证书
中期目标	就业阶段		• 成为护理型养老院的一名护士，力争成为一名"全能型"高级养老护理员 • 及时捕捉养老行业的发展信息：了解智慧型居家养老的信息、技术和运营模式以及养老政策法规，了解民营资本养老企业的经营管理模式，为创业积累经验 • 继续提升学历，上函授护理本科	养老护理员高级资格证书 护理大专毕业证书 护理本科毕业证书 公共营养师资格证书
长期目标	创业阶段		• 成为养老护理技师 • 开始实现创业梦想，筹办一家有口皆碑的智慧型居家养老服务中心	养老护理技师资格证

第四步是制定行动方案。具体可以分为两个阶段：在校学习阶段，认真学习基础知识，了解养老行业，培养专业素养；校外实习阶段，体验养老从业，提高实际操作技能，积累职场经验。

最后一步是对已完成的职业生涯规划进行管理和调整，通过实行、组织、指挥、协调和控制，高效率地完成既定目标。依然以中职在校生的计划书为例，如图4-3-5所示。[①]

---

① 叶宁儿. 守护夕阳情暖空巢——我的智慧型养老护理中心创业之路[J]. 职业教育. 2016(3).

定期自我检查计划的落实情况	管理	关注就业市场需求的变化，如经济形势、行业动态、新的发展机遇以及自身条件。重点在毕业前夕、从业初期、创业初期，重新评估发展机遇，对职业生涯目标和发展措施进行调整
请家长、老师、同学、朋友监督		
珍惜在校生活，关注职业演变趋势		
强化时间观念，打好发展基础	调整	

图4-3-5 职业生涯规划管理、调整计划书

模块梳理

认识职业很重要，养老岗位分四类，

服务技术与管理，还有工勤少不了；

生活服务需求大，学生一线开始干，

层级关系理清楚，晋升管理路路通；

职业道德要记牢，尊老敬老最关键，

爱岗敬业是根本，遵章守法忙奉献；

人员素养挂心间，协作钻研负责任，

包容审慎勤沟通，实践内省与慎独；

养老领域双创热，爆点频现机遇多，

支持政策有侧重，熟悉方法和途径。

模块四 职业与创业篇

195

模块五 政策法规篇

模块概览

　　随着老龄化社会的到来，国际社会、我国各级政府和相应部门为促进老年人群体的福祉制定了一系列的战略方针和政策法规。特别是近年来，我国政府公布了一系列繁荣和发展养老服务业的政策和法律法规，同时，老年服务业从业者的培养和行为规范的相关政策法规也逐步完善。本模块专门就老年人服务与管理方面的政策法规进行梳理与讲授，首先介绍国际国内社会关于老年人的政策法规，然后重点讲述我国养老服务业的总体规划、财政税收、服务规范方面的政策法规，最后介绍我国老年服务从业者的人才培养、就业促进方面的政策法规。

总体目标

　　1. 了解国际国内社会关于老年人的法规；了解我国养老服务业、老年服务从业者相关的政策和法规；

　　2. 能够公正地处理老年人的情感和事务，能够解读老年服务从业者职业标准，全面而准确地服务老年人；

　　3. 树立正确的为老服务价值观，践行老年服务从业者的职业道德；能够怀有投身养老服务业的兴趣和热情。

任务一

认识老年人法规

知识目标

1. 认识《联合国老年人原则》；

2. 了解日本、新加坡、美国等国的老年人法规；

3. 认识我国的《老年人权益保障法》；

4. 了解我国其他涉及老年人权益保护的法规。

能力目标

能够解答老年人及其家属在某方面简单的法律法规咨询。

素质目标

树立正确的为老服务价值观，自觉维护老年人的权利。

情境导入

　　诸老汉，有三儿三女，年轻时和妻子种植几亩蔬菜，通过卖菜把三儿三女抚养长大，成家立业。2007年，随着老伴的去世，诸老汉的生活平衡被打破了。子女们对其老伴的后事不闻不问，诸老汉只好自己将老伴安葬。看儿子媳妇都不孝顺，诸老汉一气之下把老房子卖掉，离开老家来到县城，靠骑三轮车卖米卖面养活自己。机缘巧合，诸老汉遇到了王女士，便开始和王女士一起生活。诸老汉在外漂泊期间，几个子女刚开始还给点养老钱，得知父亲和王女士一起生活，就不愿意赡养老人了。后来，当地村民怕两位老人出意外，就把他们送去福利院。老人住了一个月之后，子女们便不再愿意向福利院支付老人的住院花费。经村里同意后，两位老人去林园居住并靠看护墓地来支持生活。但是最近诸老汉腿上的旧伤复发了，子女们依然采取不闻不问的态度。于是，针对诸老汉的养老和看病等问题，村民们与诸老汉一起找到律师寻求帮助。

任务描述 ▶▶

　　1. 试分析情境导入中诸老汉的哪些合法权益受到了侵犯，并找出对应的法律法规文件；

2. 结合情境导入的分析结果，分小组完成一张老年人权益保障宣传海报，可就案例中提及的一个或多个法律法规作为海报的主题；

3. 海报完成后分小组评比。

知识准备 ▸▸▸

为了应对老龄化问题、保障老年人的权益，国际社会和我国政府制定出台了一系列针对老年人的法律法规。从《联合国老年人原则》，到世界各国的老年人法规，再到我国关于老年人的专门立法——《老年人权益保障法》，以及我国其他保护老年人权益的法规，本章将依次介绍这些老年人法规。

一、国际老年人法规

2015年国际助老会发布了《2015全球老龄事业观察指数》的报告，称全球60岁及以上人口约9.01亿，占世界人口的12.3%。目前，老龄化已俨然成为一种全球现象。

老龄化是社会发展的体现，但也会引起一系列的问题。这些问题不仅包括老年人及老年人群体本身所要面临的困难，还包括老龄化对社会生活的挑战所造成的问题。为了应对老龄化的挑战和解决老龄化带来的问题，国际社会相应地出台了一系列老年人法规。

(一)联合国老年人原则

联合国作为一个世界性、综合性、权威性的政府间国际组织，在老年人的人权保障和老龄化的应对方面发挥着重要作用。20世纪90年代以来，联合国颁布了一系列保障老年人权益、应对老龄化的规范性文件来指导各国行动。其中最具影响力的是于1991年12月16日通过的《联合国老年人原则》(第46/91号决议)。该原则鼓励各国将这些原则纳入本国的国家方案，具体内容如表5-1-1所示。

表5-1-1　《联合国老年人原则》

独立	1. 老年人应能通过提供收入、家庭和社会资助以及自助，享有足够的食物、水、住房、衣着和保健； 2. 老年人应有工作机会或其他创造收入机会； 3. 老年人应能参与决定退出劳动力队伍的时间和节奏； 4. 老年人应能参加适当的教育和培训方案； 5. 老年人应能生活在安全且适合个人选择和能力变化的环境； 6. 老年人应能尽可能长期在家居住
参与	1. 老年人应始终融合于社会，积极参与制定和执行直接影响其福祉的政策，并将其知识和技能传给子孙后辈； 2. 老年人应能寻求和发展为社会服务的机会，并以志愿工作者身份担任与其兴趣和能力相称的职务； 3. 老年人应能组织老年人运动或协会

照顾	1. 老年人应按照每个社会的文化价值体系，享有家庭和社区的照顾和保护； 2. 老年人应享有保健服务，以帮助他们保持或恢复身体、智力和情绪的最佳水平并预防或延缓疾病的发生； 3. 老年人应享有各种社会和法律服务，以提高其自主能力并使他们得到更好的保护和照顾； 4. 老年人居住在任何住所、安养院或治疗所时，均应能享有人权和基本自由，包括充分尊重他们的尊严、信仰、需要和隐私，并尊重他们对自己的照顾和生活品质作抉择的权利
自我充实	1. 老年人应能追寻充分发挥自己潜力的机会； 2. 老年人应能享用社会的教育、文化、精神和文娱资源
尊严	1. 老年人的生活应有尊严、有保障，且不受剥削和身心虐待； 2. 老年人不论其年龄、性别、种族或族裔背景、残疾或其他状况，均应受到公平对待，而且不论其经济贡献大小均应受到尊重

案例5-1-1 老年大学丰富老年生活

大年初三一大早，89岁退休教师侯老师手机就响了起来。"老侯，咱们去'大学'里'上自习'吧。"电话那边，86岁的同窗好友刘医生急切地说。接完电话，侯老师便急匆匆换好衣服，带着妻子出门赴约。老人口中的"大学"，是某县近年为满足全县老年人需要，以政府为主导、医院为依托、财政为补助逐渐建立起来的老年大学。其中设置了书法、绘画、戏曲、舞蹈等课程，开课时有专业教师教学。课余时间，老人们也可以自由出入办学场地，组织开展文娱活动。

侯老师虽年事已高，却依然精神抖擞，在他的影响下，不少老人都上了老年大学。刘医生以前喜欢打麻将，现在听从侯老师的建议报名了健身班、诗词班、戏曲班等，跟着专业老师一起学习，每天忙得不亦乐乎，身体也越来越硬朗了。

案例解析 老年大学丰富了老年人的晚年生活。老年人在老年大学中学习知识、开展社交和娱乐活动，这体现了《联合国老年人原则》中独立、参与、照顾、自我充实、尊严等内涵。

(二) 日本、新加坡、美国等国的老年人法规

1. 日本《介护保险法》

为科学应对老龄化，日本针对高龄者护理制度进行了改革，于1997年制定并公布了《介护保险法》。《介护保险法》以帮助老年人实现自立生活为理念，为需要照顾的高龄者及其家庭提供护理、技能培训、看护等各种各样的介护服务。此法的被保险人主要是65岁及以上的老年人。老年人向居住地政府提出申请介护服务，经过社会保险调查的全面评估，他们可以根据自身需求自我选择多样化服务。老年人可享受的介护保险形式多样，例如为居家老年人提供上门洗澡、上门照料、上门康复，对使用特

殊设备的老年人开展日间护理服务，为老年人家庭提供家庭护理管理指导。日本的介护保险法将养老和护理、保健、医疗进行了有机统一，做到了医养结合，为老年人的有尊严的生活提供了保障。

2. 新加坡《赡养父母法令》

为应对空巢现象，1995年新加坡政府通过了《赡养父母法令》，用法律的形式规定了子女有赡养父母的义务，这使新加坡成为世界上第一个为"赡养父母"立法的国家。《赡养父母法令》规定子女必须对父母尽赡养义务，对于不履行赡养义务的子女，父母可向法院提起诉讼，法院将依法处以1万新元的罚款，情节严重者还会被判处1年有期徒刑，并使其履行赡养义务或者向其追讨赡养费。此外，为了鼓励子女积极承担赡养父母的责任，新加坡政府还在其他政策上给予优惠，例如对选择在父母家附近居住的子女，政府给予相应的住房津贴；单身青年与父母共同居住可以获得购买或租赁组屋的资格，子女与丧偶父亲(母亲)同住者可享受对父母遗留房屋的遗产税减免优待等。

3. 美国《美国老年人法》

《美国老年人法》始于1965年，涉及老年人的精神、物质生活的保障。《美国老年人法》提出了为保证老年人的幸福所定的十项战略目标：退休后有足够的收入；不受经济地位影响地获得健康保障；适老化的住房；有需要者获得良好的社会照顾；雇佣过程中禁止年龄歧视；社会尊重；获得参与文艺活动的机会；有需要时享受社区服务形式的社会援助；受益于科学研究而获得健康和幸福；独立自主地计划个人生活。此外该法还制定了一系列措施来保障老年人的权益，例如对老龄机构的计划、服务和培训给予补助，对于老年领域的研究和项目给予补助，对在老龄领域工作的人进行专业培训等。

案例5-1-2   **时间储蓄养老**

在德国，社区养老中心每周都能吸引大量的年轻人参与老年人服务，这是怎么回事呢？原来，德国的社区养老实行了一项有趣又有效的"储蓄个人护理时间"的计划，即当公民年满18周岁时，可以到养老机构为老年人提供各种无偿的服务，然后服务机构会将其在养老机构的服务时间经过统计后汇报给政府相关部门。这样，当有一天他们老了，就可以享受到自己年轻时候付出的养老服务对等时间的服务。"时间储蓄养老"这一巧妙的设计解决了四个问题，即专业养老机构的人员压力问题、养老服务的公平问题、老年人的服务需求问题、社会的敬老助老风气问题。

案例解析 德国"时间储蓄养老"，也称为"时间银行"，这种制度设计使年轻人在服务他人的同时，也服务自己，同时也有利于形成助老敬老的良好社会风气。

二、我国老年人相关的专门立法：《老年人权益保障法》

《老年人权益保障法》是我国关于老年人群体的专门立法，颁布与实施始于1996年，现行版本是2015年修订的。《老年人权益保障法》对我国老年人权益的保障和老龄事业的发展具有里程碑式的意义，对老年人权益的保护内容主要有以下几方面。

1. 家庭赡养与抚养

明确老年人的家人、赡养人、配偶、监护人的责任和义务来保障老年人的权益。例如要求老年人养老以居家为基础，赡养人履行经济供养、生活照料和精神慰藉的义务，家庭成员应当尊重、关心和照料老年人，与老年人分开居住的家庭成员应当经常看望或者问候老年人。还规定依法保护老年人的财产、婚姻自由，禁止对老年人实施家庭暴力。

2. 社会保障

我国对老年人的合法权益的保障主要通过基本养老保险制度、基本医疗保险制度、住房保障制度、最低生活保障制度、合作医疗制度、老年人高龄津贴制度来落实。例如通过基本养老保险制度、基本医疗保险制度等来保障老年人的基本生活、基本医疗需要，对失能老人给予护理补贴，对经济困难的老年人给予基本生活、医疗、居住或者其他救助。

3. 社会服务

通过发展社区养老服务、兴办养老机构、培养养老服务人才、发展养老产业、健全养老服务相关制度、规划养老服务设施等来保障老年人权益。例如具体在发展社区养老服务方面，鼓励、扶持专业服务机构及其他组织和个人，为居家的老年人提供生活照料、紧急救援、医疗护理、精神慰藉、心理咨询等多种形式的服务。

4. 社会优待

对老年人的社会优待主要体现在与老年人相关的行政、诉讼、就医、服务业、公共场所等方面的优待。例如，老年人办理房屋权属关系变更、户口迁移等涉及老年人权益的重大事项时给予依法优先办理；老年人因其合法权益受侵害提起诉讼交纳诉讼费确有困难时可缓交、减交或者免交诉讼费；城市公共交通为老年人提供优待和照顾；博物馆、美术馆、科技馆、纪念馆、公共图书馆、文化馆、影剧院、体育场馆、公园、旅游景点等场所，对老年人免费或者优惠开放。

5. 宜居环境

在公共基础设施、生活服务设施、医疗卫生设施和文化体育设施建设等方面推进宜居环境建设，为老年人提供安全、便利和舒适的环境。例如，在发展适老公共交通方面"落实老年人乘车优惠政策，不断扩大优惠覆盖范围和优惠力度，改善老年人乘车环境，按规定设置'老幼病残孕'专座，鼓励老年人错峰出行。完善公共交通标志标线，强化对老年人的安全提醒，重点对大型交叉路口的安全岛、隔离带及信号灯进行适老化改造"(《关于推进老年宜居环境建设的指导意见全国老龄办发》〔2016〕73号))。

6. 社会参与

这主要体现在经济、政治、文化和社会生活方面的参与。具体包括参与社会政策的制定、文化知识的传授、科技的开发和应用、经营和生产活动、公益活动等。此外，老年人参与社会的合法收入、继续教育的权利受到法律的保护。

案例5-1-3　　　　　**老年人宜居环境建设**

小刘是建筑公司的一名职员，主要是做老年人无障碍家居设计工作。他认为老年住宅的精细化设施，对一个家庭十分重要。很多家庭在装修的时候，往往更注重美观和奢华，忽略了为老年人提供一个便利、安全的生活空间。为此他提出给老年人一个无障碍的家理念，一方面要考虑眼下生活起居的需求，另一方面也要考虑老年人未来的生活改造余地。小刘以他为七十岁高龄父母居住房间设计改造为例，谈老年人无障碍家居设计。为防止年事已高的父母不小心跌倒，他在卫生间多装置了一道保险。为了让老人方便知道谁进家了，他在门厅进门的正面设计了一面镜子。除此之外，他在家里的厨房、玄关、卧室都做了适老设计，让老人们居住起来舒适、安全、便利，没有后顾之忧。

案例解析　推进老年人宜居环境建设是保障我国老年权益的重要内容，我国政府积极推动老年宜居家庭、机构、社区建设，引导、支持老年宜居住宅的开发，推动和扶持老年人家庭无障碍设施的改造，为老年人创造无障碍居住环境，提供安全、便利和舒适的环境。

三、我国保护老年人权益的其他法律法规

老年人权益保障的内容非常广泛，涉及社会生活的各个方面，除了《老年人权益保障法》外，《宪法》《民法通则》《刑法》《婚姻法》《诉讼法》等其他法律法规中都涉及老年人的某些合法权益的保护。这些法律法规对老年人的权益保护主要体现在三个方面：一是人身权；二是财产权；三是与人身和财产权相关的老年人福利保障及救助的权利。具体内容如下。

1. 老年人人身权的保护

老年人人身权是指与老年人人身相联系或不可分离的没有直接财产内容的权利，如享受赡养权、夫妻间的相互扶持权和婚姻自由的权利等。我国《婚姻法》中明确规定："父母对子女有抚养教育的义务；子女对父母有赡养付诸的义务。当子女不履行赡养义务时，无劳动能力的或生活困难的父母，有要求子女付给赡养费的权利。子女

应当尊重父母的婚姻权利，不得干涉父母再婚以及婚后的生活。子女对父母的赡养义务，不因父母的婚姻关系变化而终止。同时夫妻应当互相忠实，互相尊重；家庭成员间应当敬老爱幼，互相帮助，维护平等、和睦、文明的婚姻家庭关系。"我国《刑法》规定："对于年老的、患病或者其他没有独立生活能力的人，负有抚养义务而拒绝抚养的，情节恶劣的，处以五年以下有期徒刑、拘役或者管制。"

老年人群是一个容易遭受家庭暴力的群体，为了预防和制止家庭暴力，保护老年人的合法权益，维护良好的家庭关系，《反家庭暴力法》中强调"老年人遭受家庭暴力的，应当给予特殊保护"，《刑法》更是明文规定"虐待家庭成员，情节恶劣的处以两年以下有期徒刑、拘役或者管制"。

2. 老年人财产权的保护

老年人财产权是指以老年人财产利益为内容，直接体现老年人财产利益的民事权利，主要包括老年人财产自由处分、遗产权和继承权。我国《继承法》保护老年人的遗嘱、继承与被继承等合法权益。老年人的合法收入和财产受法律保护，由老年人自行支配，子女不得借口老年人有收入而减轻自己应尽的赡养义务，同时子女或亲戚不得干涉、挪用侵占、破坏老年人的财产所有权。老年人有权拒绝有独立生活能力的成年子女提出的经济资助的要求，子女不得以此为由刁难老年人或拒绝履行赡养父母的义务。老年人有依法继承父母、配偶、子女或者其他亲属遗产的权利，有接受赠予的权利，任何人不得以任何借口加以非法剥夺或侵占。

3. 老年人福利保障及救助的权利的保护

老年人福利保障及救助的权利是指国家保障老年人的基本生活及老年人有从国家和社会获得救助和补贴的权利。我国《慈善法》将"扶老"作为一项重要的慈善公益活动。《社会保险法》中规定："国家建立基本养老保险、基本医疗保险、工伤保险、失业保险、生育保险等社会保险制度，保障公民在年老、疾病、工伤、失业、生育等情况下依法从国家和社会获得物质帮助的权利，低收入家庭六十周岁以上的老年人等所需个人缴费部分，由政府给予补贴。"《法律援助条例》与老年人息息相关，其中规定："老年人口起诉请求给予社会保险待遇或是最低生活保障待遇，发给抚恤金、救济金、给予赡养费，因经费困难请不起委托代理人的，可以申请法律援助。"

《社会救助暂行办法》中规定"获得最低生活保障后生活仍有困难的老年人、重度残疾人和重病患者，县级以上地方人民政府应当采取必要措施给予生活保障。公安机关和其他有关行政机关的工作人员在执行公务时发现流浪、乞讨人员的，应当告知其向救助管理机构求助。对其中的残疾人、未成年人、老年人和行动不便的其他人员，应当引导、护送到救助管理机构。"《城市生活无着落的流浪乞讨人员救助管理办法》中特别提到"救助站对老年人应当给予照顾；对查明住址的，及时通知其亲属或者所在单位领回；对无家可归的，由其户籍所在地人民政府妥善安置，受助人员住所地的县级人民政府应当采取措施，帮助受助人员解决生产、生活困难，教育老年人的近亲属或者其他监护人履行抚养、赡养义务。"

王老汉夫妇本有一个幸福的家庭，但是其长子王某性格暴躁，经常因为一些小事就对王老汉夫妇大打出手。前不久，在邻居家开的麻将馆里，因为王老汉阻止王某打老虎机，王某便对王老汉大发雷霆，动起手来，幸好当时有长辈出面教训了他，王某才罢休。最近王某想从王老汉夫妇手中争夺出属于他们的房产，经常出言不讳，还把老两口赶出家门。王老汉夫妇实在是不堪长子王某的长期"家暴"，向人民法院递交了《申请人身安全保护令》，一是希望长子王某停止对夫妻俩实施家庭暴力，二是希望王某迁出夫妇俩的住所。经律师介入后，王老汉夫妇提请法院对房屋产权提出诉求，并根据《中华人民共和国反家庭暴力法》规定，要求王某执行人身安全保护令。

案例解析　我国《老年人权益保障法》《反家庭暴力法》等法律法规都明确规定禁止对老年人实行家暴，案例中的王某长期对父母实行家暴，严重侵犯了老人的权益，触犯了我国的法律。

任务实施 ▶▶

一、试分析情境导入中诸老汉的哪些合法权益受到了侵犯，并找出对应的法律法规文件。

二、结合情境导入的分析结果，分小组完成一张老年人权益保障宣传海报，可就案例中提及的一个或多个法律法规作为海报的主题，海报完成后分小组评比。

任务自评 ▶▶

请根据任务完成情况，按照"A、B、C"三个等级给自己打分。

任务		等级(A优秀；B良好；C一般)
老年人权益保障宣传海报	海报主题明确	
	海报整体美观度	
	海报内容与情境导入的相关度	
	海报的内容充实	
	海报的创新度	
	海报的逻辑性	
	海报制作过程中自己的参与程度	
	海报制作过程中自己的协作能力	
	评价其他小组的客观性	
总体评价		

延迟退休，欧洲的多样探索

在养老金的压力下，欧洲各国推出了哪些延迟退休政策，哪些做法值得我们借鉴？

到2018年，法国的法定退休年龄将从65岁增至67岁。前总统萨科齐任期内将最低退休年龄从60岁提至62岁，曾引发朝野大规模抗议。继任者奥朗德上台后迅速恢复了部分职业的退休年龄，并将精力集中于延长养老金积累的年限，减少国家对退休者的巨额补贴。

"劳模"德国选择渐进式延迟退休。从2012年1月1日起，用12年的时间把退休年龄延长一年，一年延长一个月；然后再用6年的时间把退休年龄延长一年，一年延长两个月；到2030将年把退休年龄延长到67岁。但媒体报道称，这一目标已经提前实现，70岁退休也不遥远。

英国人目前领取退休金的年龄是男性65岁、女性62岁，到2018年，女性的退休年龄将逐步推迟到65岁与男性持平，2020年起男女的法定退休年龄将进一步推迟至66岁。过去，英国人到了法定退休年龄应该自动退休。但如今，人们可以选择是否续约，法律还加入了保障老年人继续工作的条款。英国目前仍在工作的65岁以上老年人已经达到109万，自2010年5月以来上升了36%。

瑞典属于最早一批延迟退休年龄的欧洲国家，它的妙招是弹性退休制度。目前瑞典人可以选择在61岁至67岁间退休，当然，如果愿意继续工作，那么退休金额度能够继续提高。

2009年意大利的退休年龄还是59岁，如今男性的退休年龄为66岁，女性为62岁，并将在2019年均延长至67岁。同时，提前退休所需满足的最低缴费年限也在增加。由于在欧债危机中预算赤字超标，为了赢得欧委会的援助，延迟退休是意大利必须进行的结构性改革。

(资料来源：王钰深. 延迟退休，欧洲的多样探索[EB/OL]. 新华网，[2015-02-09]. http://world.huanqiu.com/hot/2015-02/5627061.html.)

了解养老服务业相关政策法规

学习目标

知识目标

1. 了解我国发展养老服务业的基本原则和政策内容；

2. 了解我国关于养老服务业的财政税收政策；

3. 熟悉我国关于规范养老服务业的服务和管理方面的政策法规。

能力目标

能够根据不同的养老问题查找相应的规范、标准。

素质目标

认识到严格遵守养老服务和管理相关规范的重要性。

情境导入

　　张某是大庆市某民办养老院的院长，多少年来他尝遍了民办养老院的艰辛，资金匮乏、养老服务人员短缺、土地问题一直困扰着他。"民办养老院与公办养老院不同，以往民办养老院缺少政府政策支持，运营举步维艰，但我现在对民办养老院越来越有信心，因为民办养老院的春天已经来了。"张院长高兴地说。原来，近年来，大庆市出台了一系列针对养老机构的优惠政策，比如，民办养老机构可享受每张床不高于6000元的床位建设补贴和每位老人每年600元的运营补贴，被评为星级养老机构的养老院还会获得相应的奖励，此外，还包括一些其他融资及税费减免扶持。"政府出台了这么多优惠政策来促进我们民办养老院的发展，现在营业税不用交了、水电费与居民用电一个价格、土地租金不增收，这让我更有干劲了，改善养老院设施、吸纳专业人才、已有人员的专业培训、完善养老院的各项管理制度，这些都是我接下来要做的。"当谈及下一步的工作计划时张院长这样说。

任务描述 ▶▶

　　1. 结合情境导入，想一想张院长作为一名养老院管理人员，要完成他接下来的工作计划需要了解哪些与养老服务业相关的政策法规；

　　2. 通过对养老服务业相关政策法规的学习，从与养老服务业相关的财政税收政策法规、规范服务政策法规、规范管理政策法规三个方面进行知识点的梳理；

3. 在相关知识点梳理的基础上每位同学提出五个竞赛题，利用汇总的题库以班级为单位召开养老服务业政策法规知识竞赛。

知识准备 ▶▶

养老服务业是为老年人提供生活照顾和护理服务，满足老年人特殊生活需求的服务行业。发展养老服务业成为满足老年人的需求、化解老龄化压力的重要路径。为积极应对老龄化，加快养老服务业的发展，我国政府制定了一系列政策法规，为养老服务业创造了良好的政策环境。

一、养老服务业总体规划方面的政策法规

老年服务业的健康与有效发展需要进行顶层设计，总体规划方面的相关政策法规为养老服务业的发展搭建了框架，指明了方向。我国政府及其有关部门颁布了一系列政策法规来规划我国养老服务业的发展方向，具体文件如表5-2-1所示。

表5-2-1　我国发展养老服务业总体规划方面的主要政策法规

政策内容	发展目标和基本原则	《关于加快发展养老服务业的意见》(国办发〔2006〕6号)
		《关于加快发展养老服务业的若干意见》(国办发〔2013〕35号)
		《"十三五"国家老龄事业发展和养老体系建设规划》(国办发〔2017〕13号)
	《商务部关于推动养老服务产业发展的指导意见》(商服贸函〔2014〕899号)	
	《关于做好政府购买养老服务工作的通知》(财社〔2014〕105号)	
	《国务院办公厅转发卫生计生委等部门关于推进医疗卫生与养老服务相结合指导意见的通知》(国办发〔2015〕84号)	
	《关于支持整合改造闲置社会资源发展养老服务的通知》(民发〔2016〕179号)	
	《关于全面放开养老服务市场提升养老服务质量的若干意见》(国办发〔2016〕91号)	
	《关于加快推进养老服务业放管服改革的通知》(民发〔2017〕25号)	
	《工业和信息化部 民政部 国家卫生计生委关于印发〈智慧健康养老产业发展行动计划(2017—2020年)〉的通知》(工信部联电子〔2017〕25号)	
	《关于加快推进养老服务业放管服改革的通知》(民发〔2017〕25号)	

(一) 发展目标和基本原则

发展养老服务业的目标：到2020年，全面建成以居家为基础、社区为依托、机构为补充、医养相结合的功能完善、规模适度、覆盖城乡的养老服务体系。养老服务产品更加丰富，市场机制不断完善，养老服务业持续健康发展，使养老服务业的服务体系更加健全、产业规模显著扩大、发展环境更加优化。

发展养老服务业的基本原则：按照政策引导、政府扶持、社会兴办、市场推动的原则，逐步建立和完善以居家养老为基础、社区服务为依托、机构养老为补充、医养

老年人服务与管理概论

相结合的服务体系。在此基础上为进一步加快养老服务业的发展，要坚持"深化体制改革，坚持保障基本，注重统筹发展，完善市场机制"的基本原则。

(二) 政策内容

1. 鼓励发展居家养老服务

居家养老是一种涵盖家庭养老和机构养老优点的新型养老模式，是我国养老政策的重要着力点。我国政府为了发展居家养老服务主要做了两方面的政策努力：一方面大力发展居家社区养老服务，包括居家养老便捷服务、老年人文体娱乐服务、居家网络信息服务等；另一方面加强社区养老服务设施建设，例如规划城乡社区养老服务设施、适老化设施改造、社区邻里互助养老、政府购买居家养老服务等。

2. 加强农村养老服务

我国第六次人口普查数据显示，2010年我国60岁及以上的老年人中城镇老年人口为4631万，乡村为9930万；65岁及以上老年人口中城镇老年人口为3102万，乡村为6667万，老龄化在农村地区尤为严重，加强农村养老服务成为缓解农村地区老龄化问题的重要措施。我国政府在加强农村养老服务方面的政策性措施主要有：优先实现农村五保户老人的集中供养；鼓励农村建立互助性、自助性养老服务设施；用于养老服务的财政性资金向农村倾斜；城市公办养老机构与农村五保供养机构等建立长期稳定的对口支援和合作机制；发挥农村基层党组织、自治组织和社会组织的作用。

3. 推动智慧健康养老产业发展

"智慧养老"是指将互联网技术与养老服务相结合，利用互联网技术开发物联网系统平台，为老年人提供快捷、高效的养老服务。目前，智能化、科技化已经成为我国养老产业发展中的一个重要方向，"互联网+"在养老服务业方面将大有可为。我国政府提出了"到2020年，基本形成覆盖全生命周期的智慧健康养老产业体系，建立100个以上智慧健康养老应用示范基地，培育100家以上具有示范引领作用的行业领军企业，打造一批智慧健康养老服务品牌"的关于发展"智慧养老"的目标，为实现这些目标而开展的工作任务有助于推动关键技术产品研发；推广智慧健康养老服务；加强公共服务平台建设；建立智慧健康养老标准体系；加强智慧健康养老服务网络建设和网络安全保障。

4. 积极推进医疗卫生与养老服务相结合

"医养结合"是一种养老新模式，将彼此相对独立的医疗卫生和养老服务两个服务体系相结合，整合医疗卫生资源与养老资源，为老年人提供养老服务以满足其需要。具体来说，就是整合医疗、康复、养老和护理资源，为老年人提供治疗期住院、康复期护理、稳定期生活照料以及临终关怀一体化的健康和养老服务。

"医养结合"的实现有很多方式，例如养老机构开展医疗服务、医疗卫生服务延伸至社区和家庭等。我国政府为推进"医养结合"，作了一系列政策努力，例如建立医养结合政策体系、标准规范和管理制度、专业化医养结合人才培养制度，完善投融资和财税价格政策，探索长期照护保障体系等。

5. 加快推进养老服务业"放管服"改革

养老服务业"放管服"改革是我国政府促进养老服务业健康发展的重要措施，即在养老服务业实行"简政放权、放管结合、优化服务"的改革。"放"指中央政府下放行政权力，减少没有法律依据和法律授权的行政权；"管"指政府部门创新和加强监管职能；"服"指促进政府职能向"服务型"政府转变，减少政府对市场的干预。"放管服"改革的目的在于促使社会力量逐渐成为养老服务市场的主体，激发养老服务市场的活力。政府致力于简政放权、放管结合、优化服务，主要措施有加大简政放权力度、强化监督管理职能、提升政府服务水平等。

6. 繁荣养老服务消费市场

老年服务业的健康发展离不开养老服务消费市场，因此，促进养老服务消费市场的繁荣也被纳入政府养老政策。目前，我国政府主要从三个方面来促进养老服务消费市场的繁荣：一是鼓励拓展养老服务内容，即鼓励和引导相关行业积极拓展适合老年人特点的文化娱乐、体育健身、休闲旅游、健康服务、精神慰藉、法律服务等服务；二是鼓励企业开发老年用品，包括鼓励企业、机构等开发老年用品、生活设施(老年公寓、老年住宅)；三是培育养老产业集群，主要措施有鼓励发展养老服务中小企业、扶持发展龙头企业、实施品牌战略、提高创新能力等。

7. 整合改造闲置社会资源发展养老服务

在鼓励发展养老服务业方面，我国推出了一种"变废为宝"的政策——整合改造闲置社会资源发展养老服务。养老场所的用地、住房等一直是制约养老服务业发展的障碍，为有效解决这一问题，我国政府提出利用社会闲置资源补齐养老服务设施短板的方案，例如，鼓励改造利用现有闲置厂房、社区用房等兴办养老服务设施，支持城市非民用房转型成养老服务设施，鼓励公办的具有教育培训或疗养休养功能的各类机构在具备条件的情况下转向养老服务业。

8. 鼓励民间资本参与养老服务业发展

为了充分发挥市场在资源配置中的决定性作用和更好地发挥政府的作用，鼓励民间资本参与养老服务业是发展养老服务业的必然选择。我国通过完善投融资政策、落实税费优惠政策、加强人才保障等政策措施来鼓励民间资本参与居家和社区养老服务、机构养老服务、养老产业发展、医养结合服务。

9. 鼓励公益慈善组织支持养老服务

发展养老服务业，公益慈善组织也是一股重要的推动力量。我国政府通过相关政策倡导公益慈善组织参与养老服务业。公益组织支持养老服务业的路径主要有：公益组织参与养老服务业相关的服务业务、公益组织发展成为养老服务公益慈善组织、老年群众组织自我管理和自我服务。此外，还鼓励社会成员志愿参与为老服务活动，发

老年人服务与管理概论

扬敬老、养老、助老的优良传统，使为老年人服务成为一种社会氛围。

10. 发展政府购买养老服务

政府购买养老服务是指政府通过一定程序向社会养老服务机构购买养老服务，以满足老年人的养老服务需求。我国的政府购买养老服务政策优先保障的是经济困难的孤寡、失能、高龄等老年人的服务需求，强调政府购买服务与满足老年人的基本养老服务需求相结合、与当地的社会经济相适应。政府购买养老服务的内容有：购买居家养老服务、社区养老服务、机构养老服务、养老服务人员培训、养老评估等。购买流程包括：项目申报、项目评审、资质审核、组织采购、合同签订、项目监管、绩效评估。

11. 推动养老服务机构发展

养老服务机构是养老服务的重要提供者，是养老服务业的中坚力量，对推动养老服务业的发展意义重大。我国政府在推动养老服务机构发展方面主要从以下几个方面进行：一是支持社会力量举办养老机构，鼓励个人举办家庭化、小型化的养老机构，社会力量举办规模化、连锁化的养老机构，鼓励境外资本投资养老服务业，此外在资本、场地、人员等方面降低社会力量举办养老机构的门槛，在行政方面为其提供便捷服务；二是公办养老机构进行改革，推进具备向社会提供养老服务条件的公办养老机构转制为企业或开展公建民营；三是加强养老机构服务质量监管、建立全国统一的服务质量标准和评价体系；四是针对养老服务机构出台一系列优惠财政政策。

此外，"加强行业监管、规范服务行为"在本任务第三部分、"完善财政支持和投融资政策"在本任务第二部分、"提升养老服务人才素质"在本模块任务三中有具体阐述，此处略。

案例5-2-1 养老政策惠及老年人

78岁的彭奶奶是常德市的一位经济困难的"空巢老人"，生活的唯一来源是每月300元的低保，且生活不能完全自理，自从享受了政府购买的养老服务后，她的生活发生了很大的变化。平时社区服务中心工作人员会来陪伴她，或者服务中心工作人员接她去社区服务中心吃饭、体检、娱乐等。67岁的王奶奶家住淄博临淄，她所在社区通过养老服务平台，利用移动终端链接智慧养老平台，实践"智慧养老"。白马山的刘大爷4年前因脑血栓致残失去生活自理能力，社区卫生服务站主任了解情况后，主动上门为刘大爷办理了长期居家护理手续，定期到家中巡诊，制定合理的医疗、康复、护理方案。

案例解析 案例中的彭奶奶、王奶奶、刘大爷分别是政府购买养老服务、智慧养老、医养结合的受益者，他们通过享受相应的养老服务，生活较之以前有了翻天覆地的变化，真正做到了老有所依、老有所养。

二、鼓励养老服务业发展的财政政策

为了鼓励养老服务业的发展，我国政府颁布了一系列财政税收优惠政策，具体文件如表5-2-2所示。这些财政税收政策主要体现在两个方面：一方面是针对养老服务提供者，另一方面是针对养老服务购买者。

表5-2-2　我国鼓励养老服务业发展的主要财政税收政策

针对养老服务提供者的财政税收政策	《关于对老年服务机构有关税收政策问题的通知》（财〔2000〕97号） 《中央财政支持社会组织参与社会服务项目资金使用管理办法》（财社〔2012〕138号） 《关于做好政府购买养老服务工作的通知》（财社〔2014〕105号） 《关于减免养老和医疗机构行政事业性收费有关问题的通知》（财税〔2014〕77号） 《商务部关于推动养老服务产业发展的指导意见》（商服贸函〔2014〕899号） 《关于鼓励民间资本参与养老服务业发展的实施意见》（民发〔2015〕33号） 《关于支持整合改造闲置社会资源发展养老服务的通知》（民发〔2016〕179号） 《关于印发〈养老服务体系建设中央补助激励支持实施办法〉的通知》（发改社会〔2016〕2776号） 《中华人民共和国公益事业捐赠法》
针对养老服务购买者的财政政策	《关于建立健全经济困难的高龄、失能等老年人补贴制度的通知》（财社〔2014〕113号） 《关于开展长期护理保险制度试点的指导意见》（人社厅发〔2016〕80号）

(一) 针对养老服务提供者的财政税收政策

1. 建立多元长效投入机制

我国政府为保障老龄事业的发展，着力建立多元长效的投入机制。为此，我国政府从五个方面展开工作：一是发挥公共财政对老龄事业投入的主渠道作用，建立老龄事业投入保障机制和资金增长机制；二是鼓励吸引社会力量和国外资金投入老龄事业；三是鼓励金融机构支持老龄事业发展，发挥资本市场的融资作用；四是进一步落实和完善促进老龄事业发展的税收政策；五是倡导社会各界以多种形式对老龄事业进行慈善捐赠。养老服务业是我国老龄事业投入机制的重要"受益者"。

2. 针对老年服务机构的税收优惠政策

为有效减轻养老服务机构的负担，我国政府对其给予税收减免的政策。企业所得税方面，我国政府对民办福利性、非营利性养老机构取得的收入免征企业所得税；营业税和增值税方面，对民办养老机构提供的育养服务免征营业税，养老机构在资产重组过程中涉及的不动产、土地使用权转让不征收增值税和营业税；其他税种方面，对民办福利性、非营利性养老机构自用的房产、土地免征房产税、城镇土地使用税，社会力量向福利性、非营利性的老年服务机构的捐赠不用缴纳相应税收。

3. 推进政府购买养老服务

政府购买养老服务，简单来说就是"政府财政出钱，社会养老服务机构提供养老服务，服务对象享受养老服务"。政府购买养老服务的资金来源是财政支出，购买的养老服务内容具有公共性和公益性。例如2015年，为推进政府购买居家养老服务，东营市投入2200多万用于购买生活照料、康复护理、精神慰藉等专业服务，购买服务时长总计250 000小时，受益老年人5000余人次。

4. 减免养老机构行政事业性收费

减免养老机构行政事业性收费也是一种减轻养老服务机构负担的重要政策措施。我国对非营利性养老机构建设全额免征行政事业性收费，营利性养老机构建设减半收取行政事业性收费。这些行政事业性收费包括国土资源部门收取的土地复垦费、土地闲置费、耕地开垦费、土地登记费；住房城乡建设部门收取的房屋登记费、白蚁防治费；人防部门收取的防空地下室易地建设费；养老机构用电、用水、用气、用热按居民生活类价格执行。

5. 鼓励养老事业的慈善捐赠

在慈善捐赠方面，我国政府对于养老事业的优惠政策措施主要体现在两个方面：一是鼓励对于养老事业的慈善捐赠，例如，规定个人通过非营利性的社会团体和政府部门向福利性、非营利性的民办养老机构捐赠的份额不计入个人所得税，并且非营利性养老机构获得的捐赠在计算其应纳税所得额时按税法规定比例扣除；二是引导慈善捐赠向养老事业倾斜，就彩票公益基金来说，规定民政部本级彩票公益金和地方各级政府用于社会福利事业的彩票公益金要将50%以上的资金用于支持发展养老服务业，并随老年人口的增加逐步提高投入比例，且支持民办养老服务发展的资金不得低于30%。此外，当民办非营利性养老机构停办后，其剩余资产以捐赠形式纳入当地政府养老发展专项基金。

6. 对养老服务业的金融支持

在对养老服务业的金融支持方面，我国政府的政策措施主要体现在三个方面：一是通过鼓励金融机构加快金融产品和服务方式的创新，支持养老服务业的信贷需求；二是利用财政贴息、小额贷款等方式，加大对养老服务业的有效信贷投入；三是开展老年人住房反向抵押养老保险试点，推行"以房养老"，并鼓励养老机构投保责任保险，保险公司承保责任保险。

7. 鼓励民间资本参与养老服务业发展

我国政府为引导社会资本进入养老服务业采取了一系列优惠政策措施，例如，利用支持服务业发展的各类财政资金，探索采取建立产业基金、PPP等模式，来支持发展面向大众的社会化养老服务产业；通过财政贴息、补助投资、风险补偿等方式，支持金融机构加快金融产品和服务方式创新，推进实施健康与养老服务工程；通过整合改造闲置社会资源建成的养老服务设施可依照有关规定享受养老服务建设补贴、运营补贴等资金支持和税费减免、水电气热费用优惠等政策扶持。

案例5-2-2　　　　**社会力量兴办养老机构享受多项优惠政策**

2017年，广州市黄埔区某福利院正式投入运营。这家养老院的特别之处在于它是政府投资建设，由社会力量经营的，即所谓的公建民营模式。开放养老服务市场，使社会力量参与养老事业，是广州对于养老事业的重要改革。"力争到2020年达到7.2万张养老床位，其中除了6000张来自公办养老院外，其余增量都是靠民办来实现。"为鼓励社会力量兴办养老机构，广州市出台了一系列优惠政策。每年，广州对全市养老机构实行优惠气量23万立方米、优惠水量43万立方米、优惠电量1100万度。2016年投入8600多万元用以对民办养老机构新增床位资助和运营资助。

案例解析　案例中的养老机构采取公建民营模式，政府投资建设，社会力量经营。此外，民办养老机构还享受多项优惠政策，有效地减轻了养老机构的建设与运营负担。

(二) 针对养老服务购买者的财政政策

政府对养老服务购买者进行财政补贴，一方面有利于促使养老服务机构提高服务质量，形成良好的服务提供者之间的竞争机制。另一方面是政府积极应对老龄化，为老年人提供基本的社会福利，补足我国老年人购买力不足、消费能力低等短板的有效方式，体现公平与效率，实现基本公共服务均等化。

针对养老服务购买者的财政政策主要有经济困难的高龄、失能等老年人补贴制度、长期护理保险制度等。

1. 经济困难的高龄、失能等老年人补贴制度

经济困难的高龄、失能等老年人补贴制度是针对经济困难的高龄、失能等老年人的养老服务问题的制度性保障，有利于减轻政策对象的养老服务负担，帮助他们提高支付能力。该制度的补贴经费由地方财政负担，补贴方式有现金、代金券等，补贴标准由当地经济发展水平、物价变动情况和财力状况决定。例如北京市90至99周岁老人每月可领取100元高龄津贴；100周岁及以上老人每月可领取200元高龄津贴；80周岁及以上老人可领取每月100元的养老(助残)券。

2. 长期护理保险制度(Long-term Care Insurance)

长期护理保险制度是以长期处于失能状态的参保人群为保障对象而设立的社会保险或者商业保险，重点解决重度失能人员基本生活照料和与基本生活密切相关的医疗护理等所需费用，一般表现为两种形式——社会保险和商业保险。我国的长期护理保险制度的试点始于2016年，上海市、重庆市、青岛市等15个城市被纳入首批试点，目前各地都在探索适合本地的长期护理保险制度。

　　　　　　　　　长期护理保险在嘉善

　　2017年嘉善出台了浙江省首份《关于建立长期护理保险制度的意见(试行)》，并于2017年1月启动试点。文件规定参保人员因年老、疾病、伤残导致失能，经过不少于6个月的治疗，生活不能自理、需要长期护理，符合嘉善县长期护理统一需求评估标准的，可以享受长期护理保险待遇。在养老服务中心接受照顾的沈老先生今年68岁了，两年前因为脑梗引起偏瘫，生活不能自理，每月护理费为1760元，经过评估他是可以享受长期护理保险待遇的，这样，他将享受每月840元的补贴，一年下来可以节省护理开支上万元。

　　案例解析 长期护理保险是一项处在探索中的新的社会保险险种，能够有效缓解高龄和失能老人家庭照料的压力、解决长期护理的费用问题，为被护理的老年人提供专业的服务。

三、规范养老服务方面的政策法规

　　为推进养老服务市场的健康发展，使养老服务业切实为老年人提供其所需的有效、有质的服务，我国政府制定了一系列政策法规来规范、管理、监督养老服务行业，主要的政策法规文件如表5-2-3所示。

表5-2-3　规范养老服务方面的主要政策法规及标准

有关规范管理方面的政策法规及标准	《养老机构设立许可办法》(民政部，2013) 《养老机构管理办法》(民政部，2013) 《民政部关于推进养老服务评估工作的指导意见》(民发〔2013〕127号) 《安宁疗护中心基本标准(试行)》《安宁疗护中心管理规范(试行)》(卫计委，2017)
有关规范服务方面的政策法规及标准	《养老服务机构服务质量规范》(北京，2008) 《社区居家养老服务规范》(上海，2009) 《养老护理员国家职业标准》(人社部，2011) 《养老机构护理服务规范》(福建省，2013) 《老年护理常见风险防控要求》(京津冀，2015) 《北京市居家养老服务条例》(北京，2015) 《老年人健康管理技术规范》(卫计委，2015) 《老年社会工作服务指南》(民政部，2016)

(一)有关规范管理方面的政策法规

1.养老服务机构的设立

　　获得养老机构的设立许可是养老机构进入养老服务业的第一步，没有获得许可并依法登记，养老机构不可以收取费用、收住老年人。我国全国的养老机构设立许可工作由国务院民政部门负责，县级以上地方人民政府民政部门负责本行政区域内养老机构设立许可工作。设立许可证有效期5年。设立养老机构，应当符合以下条件。

(1) 有名称、住所、机构章程和管理制度；

(2) 有符合养老机构相关规范和技术标准，符合国家环境保护、消防安全、卫生防疫等要求的基本生活用房、设施设备和活动场地；

(3) 有与开展服务相适应的管理人员、专业技术人员和服务人员；

(4) 有与服务内容和规模相适应的资金；

(5) 床位数在10张以上；

(6) 法律、法规规定的其他条件。

近年来，我国政府为开放养老服务市场、促进养老服务业的发展，在养老机构设立方面实行降低准入门槛、精简行政审批环节等措施。在降低准入门槛方面，营利性养老机构的设立根据"先照后证"的简化程序执行，即在工商行政管理部门办理登记后，在辖区县级以上人民政府民政部门申请设立许可，非营利性养老机构允许依法在其登记管理机关管辖范围内设立多个服务网点；在精简行政审批环节方面，全面清理、取消申办养老机构的不合理前置审批事项，优化审批程序，简化审批流程。例如，申请设立养老服务类社会组织，符合直接登记条件的可以直接向民政部门依法申请登记，不再经由业务主管单位审查同意。

2. 养老服务机构的日常管理

(1) 人员管理

① 入住老年人管理。老年人进入养老院接受服务之前，养老机构与接受服务的老年人或其代理人应该签订服务协议。在日常生活中，养老机构应该为老年人建立健康档案，做好疾病预防工作；还应该建立老年人信息档案，并妥善保存相关资料，保护好老年人的个人信息。

② 养老服务人员管理。养老机构应当配备与服务和运营相适应的工作人员，并依法与其签订聘用合同或者劳动合同。养老机构中从事医疗、康复、社会工作等服务的专业技术人员，应当持有相关部门颁发的专业技术等级证书上岗；养老护理人员应当接受专业技能培训，经考核合格后持证上岗。养老机构应当定期组织工作人员进行职业道德教育和业务培训。

(2) 风险管理

养老机构的风险管理主要分两个部分：一是风险预防，养老机构应该实行24小时值班；在开展文化、体育、娱乐活动时为老年人提供必要的安全防护措施；尽量投保责任保险，降低机构运营风险；还应当制定突发事件应急预案。二是危机处理，突发事件发生后，立即启动应急处理程序，并及时向有关部门报告。

(3) 设施管理

养老机构应当提供符合老年人居住条件的住房，并配备适合老年人安全保护要求的设施、设备及用具，定期对老年人活动场所和物品进行消毒和清洗。此外，我国某些地区还具体出台了对于养老机构设施建设的要求，例如上海市的《养老设施建筑无障碍设施建设实施导则》。

(4) 规章制度管理

养老机构应按照国家有关规定建立健全安全、消防、卫生、财务、档案管理、入院评估等规章制度。例如消防安全管理制度，要求养老机构依法履行消防安全职责，健全消防安全管理制度，实行消防工作责任制，配置、维护消防设施、器材，开展日常防火检查，定期组织灭火和应急疏散消防安全培训。

(5) 服务质量管理

养老机构为老年人提供的服务包括生活照料、康复护理、精神慰藉、文化娱乐等，这些服务应当符合养老机构基本规范等有关国家标准或者行业标准和规范。同时，对养老服务的评估应贯穿养老服务过程的始末，这有利于及时发现问题、解决问题、控制服务质量。

(6) 财务管理

养老机构的财务管理要符合我国关于财务管理的相关法律法规规定。此外，养老机构应依照其登记类型、设施设备条件、管理水平、服务质量、护理等级等因素确定服务项目的收费标准，且收费标准和收费依据应当在醒目位置公示；按照国家有关规定接受、使用捐赠物资。

案例5-2-4 规范养老院管理，消防制度不容忽视

2017年2月2日晚，某敬老院的巡查人员在查房时发现一间房间烟特别大，便马上用灭火器把火扑灭，并将屋内两位老人转移出来，不幸的是，其中一位老人抢救无效身亡。在后期调查事故原因时，消防人员并未发现电路短路问题，据敬老院院长和同一个敬老院的老人说，该老人平时喜欢抽烟，因为腿脚不便所以一般习惯在室内抽烟，因此初步推测可能是他抽烟引燃了床单所致。但同时也说明该养老机构的消防安全存在问题。

案例解析 案例中敬老院发生的不幸事件为我们敲响了养老服务机构的安全警钟，养老服务机构完善安全制度、进行规范管理关系到老年人的幸福晚年和生命安全，养老机构的内部管理一定要符合国家相关标准的规定。

(二)有关规范服务方面的政策法规

1. 全国性的政策法规

2011年，人社部修订了《养老护理员国家职业标准》，这是我国关于养老护理员的国家职业标准，由职业概况、基本要求、工作要求和比重表四部分组成，涵盖养老护理员的职业基本情况描述、职业道德和基础知识的要求、各级护理员的技能要求、

知识和技能比重表。

2015年卫计委出台了《老年人健康管理技术规范》，规定了65岁及以上老年人健康管理的流程及技术要求，主要涉及体格检查规范、常规检查异常发现的处理、肿瘤筛查、健康教育、疾病预防、双向转诊、老年人健康管理工作流程等七个方面的内容。

2016年民政部颁布了《老年社会工作服务指南》，这是我国关于老年社会工作的首个推荐性行业标准。该标准规定了老年社会工作的术语和定义、服务宗旨、服务内容、服务方法、服务流程、服务管理、人员要求和服务保障。

2.地方性的政策法规

除了全国性的规范养老服务的政策法规外，各地也出台了一些地方性的法规。

在居家养老方面，2009年上海市出台了《社区居家养老服务规范》，该规范作为上海市社区居家养老服务与管理的地方标准，对居家养老服务的服务内容和要求、服务管理(服务机构和人员要求、服务过程控制)、服务质量评价作了规定，涉及的养老服务有生活护理、助餐服务、助浴服务、助洁服务、洗涤服务、助行服务、代办服务、康复辅助、相谈服务、助医服务等。2015年，北京市出台了《北京市居家养老服务条例》，该条例对老年人的赡养人、各级人民政府、社会组织、企业、养老机构、养老服务专业人员的职责、工作内容作了规定，将居家养老服务需求分为八大类，即老人用餐服务、医疗卫生服务、家庭护理服务、家政服务、紧急救援服务、日间照料服务、文体娱乐服务、精神慰藉服务，强调了无障碍设施工程建设、适老化社区改造、长期护理保险、各类保障制度的完善、基层医疗卫生服务网络建设。

在养老服务机构的服务规范方面，2008年北京市出台了《养老服务机构服务质量规范》，该标准规定了养老服务机构服务的基本要求，服务内容与质量控制，养老服务合同评审和评价与改进，适用于各类养老服务机构。2013年福建省出台了《养老机构护理服务规范》，对养老机构护理服务理念、场所与环境、设施设备、服务人员、护理管理、服务内容、质量控制、护理安全、服务监督、考核及改进要求等作了规定。

此外，2015年京津冀联合出台了《老年护理常见风险防控要求》，这是我国首个关于老年护理常见风险防控的标准，旨在规范老年人护理工作，适用于京、津、冀三地各级医疗机构。该标准包括老年人护理的常见风险、基本要求、防控要求三个主要方面，其中，防控要求方面对跌倒、坠床、烫伤、压疮、误吸、窒息、管路滑脱七类常见风险作了规定。

案例5-2-5　　　　规范化、人性化成就最美养老护理员

王敏是青岛市某老年公寓的一名养老护理员。是什么使她获得"最美养老护理员"称号？我们可以从两个方面找到答案，其一是规范化，王敏从事养老护理员工作

已经11年了，是其所在的老年公寓2016年护理员技能大赛的第一名，具有很强的服务标准意识、过硬的护老技能本领；其二是人性化，看护老人不同于看护机器，需要用心去服务，例如刘阿姨的关节不好，平日睡觉时，王敏就将拐杖给她放在厕所门口、助行器放在床边，刘大爷有精神障碍，王敏便频繁地到他房间借端水、聊天来分散他的注意力。

案例解析 案例中王敏之所以能被评为最美养老护理员，很重要的一个原因是她有很强的服务标准意识、过硬的专业技能。用"标准化"去提升养老服务，一方面有利于养老护理员实现人生价值，另一方面也有助于提升养老服务质量。

任务实施 ▶▶

一、通过对养老服务业相关政策法规的学习，从与养老服务业相关的财政税收政策法规、规范服务政策法规、规范管理政策法规三个方面进行知识点的简单梳理。

二、在相关知识点梳理的基础上每位同学提出五个竞赛题，然后合并相似题目并汇总成题库，利用该题库以班级为单位召开养老服务业政策法规知识竞赛。知识竞赛可分三个模块进行，即财政税收方面的政策法规、规范服务方面的政策法规、规范管理方面的政策法规。

任务自评 ▶▶

请根据任务完成情况，按照"A、B、C"三个等级给自己打分。

任务		等级(A优秀；B良好；C一般)
知识点梳理	梳理过程所耗时间少	
	对财政税收政策法规、规范服务政策法规、规范管理政策法规的划分清晰、明确	
	知识点梳理全面、内容充实	
竞赛题目出题	所出题目数量达到要求	
	所出题目具有代表性	
	所出题目难易适度	
养老服务业政策法规知识竞赛参赛情况	"财政税收方面的政策法规"环节表现	
	"规范服务方面的政策法规"环节表现	
	"规范管理方面的政策法规"环节表现	
	竞赛综合表现	
总体评价		

淄博临淄："互联网+"智慧养老造福老年人

2017年工信部、民政部、卫计委制订了《智慧健康养老产业发展行动计划(2017—2020年)》，提出"到2020年，基本形成覆盖全生命周期的智慧健康养老产业体系，建立100个以上智慧健康养老应用示范基地，培育100家以上具有示范引领作用的行业领军企业，打造一批智慧健康养老服务品牌"的发展目标。"智慧养老"体现了我国养老政策与时俱进的特点。什么是"智慧养老"，各地都在不断地探索实践中，我们来看看淄博临淄是怎么做的。

临淄区紧跟时代步伐，抓住机遇，打造优势，推动养老服务业信息化建设驶入互联网时代"快车道"，通过"互联网+养老""互联网+社区服务"来实现"智慧养老"。

"互联网+养老"，让居家养老更加智慧。

畅享云端，共享智慧养老服务。积极研发区级养老服务平台，建设全方位、立体化、无院墙的虚拟养老院。老年人足不出户，通过移动终端链接到智慧养老平台，就能满足多方面的需求。如按"便民服务"键，可直通便民服务热线；按"养老服务"键，可直通12349养老服务中心，足不出户解决综合性养老服务问题；按"家庭医生"键，可直接拨打家庭医生咨询中心，由在线的家庭医生式服务团队提供服务。

量体裁衣，独享订单式精准养老服务。互联网+社会组织，引进民间专业养老服务机构。建立"一键通"养老服务信息平台，为辖区内80周岁以上的老年人和60到70岁的低保、残疾、优抚、失独孤寡老人共计670多户建立档案，老年人通过呼叫器可及时将养老服务需求传送至信息平台，信息平台24小时专人值班，让老年人能够随时享受各类养老服务。互联网+健康小屋，打造线上线下同步保健体系。"健康小屋"，配备血压、血糖、血脂等健康监测设备，免费向居民开放。

"互联网+社区服务"，让日间照料更加便捷。

为老年人提供多样化、现代化的养老服务：一是提供免费健康咨询、理疗按摩等保健服务；二是提供文体活动场地；三是提供便捷的购买服务，会员可通过网上商城和线下超市购买商品，品种更齐全，价格更优惠。

互联网+卫生院，建设高标准日间照护中心。集医养结合、信息化服务于一体的日间照护中心，设健康服务区及生活娱乐服务区，延伸区级智慧养老服务平台直入基层，链接全镇养老服务终端，为老年人提供紧急救助等服务项目。

(资料来源：王帅，付自华，张毅玮，孙洪岩. 淄博临淄："互联网+"智慧养老造福老年人[EB/OL]. 全国老龄工作委员会办公室，[2016-11-25]. http://www.cncaprc.gov.cn/contents/737/177737.html.)

老年人服务与管理概论

掌握老年服务从业者的政策法规

学习目标

知识目标

1. 了解我国老年服务从业者总体规划方面的政策法规；
2. 理解我国老年服务从业者人才培养方面的政策法规；
3. 理解我国老年服务从业者就业方面的政策法规。

能力目标

能够应用这些政策法规指导实践工作。

素质目标

1. 遵守老年服务从业者职业标准；
2. 树立正确的为老服务价值观和奉献意识。

情境导入

夏女士是北京市某老年公寓一名专业的养老护理员。她在这个平凡的岗位上，已经工作了6个年头。她用行动生动地诠释了社会主义核心价值观的丰富内涵，弘扬了中华民族敬老、爱老、养老、助老的传统美德。2016年她荣获北京市"劳动模范和先进工作者"等众多荣誉称号，被直接纳入北京市技能人才储备库管理，可免费参加北京市人力社保局举办的养老护理员研修班。

夏女士说："特别感谢政府的支持和社会的关怀。感谢民政局、教育部、养老机构等给予我们提供学习深造的机会，让我们可以通过不断参加免费的职业培训掌握、提高为老服务技能，也感谢政府的人才激励政策，给予我们信心和动力，不断提高老年服务从业者的薪酬待遇水平，提供居住落户、住房保障、子女就学等各方面的政策扶持，让我们可以全身心地投入到工作当中，爱老助老，奉献自我。"夏女士可以说是优秀养老护理员的代表，她的成长历程见证了我国老年服务从业者人才培养政策法规的完善。

任务描述 ▶▶

1. 结合上述情境，开展如何推进老年服务从业者发展的小组研讨会，并在小组研讨的基础上，完成《老年服务从业者政策法规》思维导图，其内容可以包括国家为加快老年服务从业者队伍建设制定了哪些政策法规，我国老年从业者的职业标准及如何进一步促进老年从业者的发展等。

2.根据本组的思维导图，各小组推荐代表汇报。

知识准备 ▶▶

老年服务从业者是推动养老服务事业发展的有力保障，我国政府及各级部门为了加快培养老年服务从业者，建设为老服务队伍制定了一系列政策法规。这些政策法规有哪些？老年服务人才培养政策体系是什么，如何培养？

一、我国老年服务人才总体规划政策法规

为适应养老服务的需求，及时、科学、综合应对人口老龄化的挑战，有效解决养老服务人才短缺问题，全面提升老年服务人才专业化、职业化水平，推动养老服务业快速发展，我国各级政府制定了一系列的战略方针和政策法规，具体内容如表5-3-1所示。这些政策法规提出，要坚持以服务发展为宗旨，以促进就业为导向，按照"积极发展、多种形式、分类培养、互通互认、全面加强、突出重点、规范管理"的原则，加快建立养老服务人才培养培训体系，全面提高养老服务业人才培养质量，加强完善老年服务从业者就业机制。

5-3-1 老年服务从业者政策法规一览表

年份	老年服务从业者的政策法规
2013	《关于加快发展养老服务业的若干意见》
2014	《关于加快推进养老服务业人才培养的意见》
2015	《关于深化职业教育教学改革 全面提高人才培养质量的若干意见》
2016	《全面开放养老服务市场 提升养老服务质量的若干意见》
2017	《"十三五"国家老龄事业发展和养老体系建设规划》

我国养老服务人才发展的总体目标是：大力培养养老护理员、专业技术人才、老年社会工作服务者、养老管理人才，推进养老服务人才专业化、职业化发展。建立健全养老服务人才吸引培养、教育培训、薪酬待遇、劳动保护、激励评价等机制制度，打造一支数量充足、结构合理、素质优良、技能精湛、尊老敬业的养老服务人才队伍，逐步满足我国养老服务业发展需求。

二、老年服务从业者人才培养政策法规

加快为老服务队伍建设，培养足够的老年服务从业者，我国政府及政府各级部

门制定了一系列政策法规。我国的老年服务从业者人才培养政策法规主要包括两个方面：学历教育和职业培训。

(一) 学历教育

国家教育部等九部门2014年颁发的《关于加快推进养老服务业人才培养的意见》提出全面发展老年服务从业者学历教育，该领域的政策法规内容可以从以下几个方面理解。

(1) 建立以职业教育为主体，应用型本科和研究生教育层次相互衔接的学历教育，各院校应根据养老服务业人才需求预测报告和专业设置指导报告，增设老年服务与管理、社会工作、健康管理、康复治疗技术、康复辅助器具应用与服务等养老服务相关专业点。通过扩大招生渠道，以及国家奖助学金、社会捐助等方式，吸引学生就读养老服务相关专业，逐步扩大人才培养规模，培养养老服务专门人才。北京市《"十三五"时期老龄事业发展规划(2016)》提出："开展养老服务职业化教育，引入老年医学、康复、护理、营养、心理和社会工作等专业师资，支持职业学校增设养老服务和管理专业。"

(2) 依托职业院校、高等院校，以养老机构、社区养老服务设施等为平台，重点建设一批养老服务人才实训基地。强化实践性、应用性教学环节，促进教学过程与服务过程对接，提高学生的实际操作能力，合理配置与共享实训装备，提高实训基地使用效益。

(3) 积极组织职业院校、本科院校在校生到养老机构和城乡社区、家庭等进行志愿服务，开展社会实践活动，增强学生的社会责任意识，激发从事养老服务事业的热情。采取学校与城乡社区对口服务等形式，组织学生关爱、帮扶孤寡老人、空巢老人、农村留守老人，通过志愿服务提升学生职业认同感。

(4) 拓展人才培养渠道。其中财政部等2015年颁发的《关于鼓励民间资本参与养老服务业发展的实施意见》提出，打通技术技能人才的培养发展通道，推进医学专业外其他适宜专业的"3+2"、五年一贯制等中高职一体化人才培养。

(5) 在有条件的职业院校、高校、研究生院积极开展与养老服务业发达国家或地区教育合作，通过互派师生、交流研讨等形式，学习借鉴国外的先进经验，进一步促进我国养老服务事业的发展。

(6) 鼓励专业对口毕业生到养老机构就业。对于符合条件的高校和中等职业学校毕业生，有关部门应将其纳入现行就业服务和就业政策扶持范围，按规定落实相关优惠政策。

(7) 推行养老服务相关专业"双证书"制度，鼓励职业院校学生在取得学历证书的同时积极参加职业技能鉴定，获得相应职业资格证书。对于已取得养老服务业相关职业资格证书，且符合条件的从业人员，可由职业院校按相关规定择优免试录取，经考核合格后可获取相应学历证书。

(二) 职业培训

民政部门同教育、人力社保部门组织高等院校、职业院校和职业培训机构，创造条件开设与养老服务相关的专业或者课程，加强老年服务从业者继续教育，培养养老服务专业人才，贯彻落实教育部等九部门颁发的《关于加快推进养老服务业人才培养的意见》。

(1) 重点依托相关职业院校、开放大学和本科院校，开展多样化的职业培训和学历继续教育，鼓励养老服务业务骨干在职攻读相关专业学位。开放大学要充分发挥办学优势，开设养老服务相关专业，加快信息化学习资源和平台建设，积极发展现代远程教育，开展针对从业人员的自学指导、集中短训、技能实习和职业技能鉴定工作，加快人才培养速度和解决在职人员集中学习难的问题，探索面向养老服务从业人员的教学及服务模式。

(2) 大力支持社会力量举办的各类培训机构开设养老服务培训课程，积极开展养老机构从业人员、社区养老服务人员和社区工作者培训，提高老年服务从业者专业能力和服务水平。全国老龄委办公室、发展改革委、教育部等部门联合发布的《关于全面推进居家养老服务工作的意见(2013年)》中指出："要全面加强养老服务专业队伍的建设。鼓励各类职业培训机构对居家养老服务人员开展职业技能培训，考试合格发给相应的职业资格证书。"

(3) 在有行业特色的高等学校、专科学校和养老机构、社区养老服务驿站建立一批养老服务专业的培训基地。开展养老护理人员岗前培训、在岗轮训，承担失能、半失能老人家庭中的护理人员照护知识技能培训，以及志愿服务人员短期培训，特别是依托职业院校培养养老服务的专业护理员，提升养老机构专业护理服务水平。支持将条件较好的社会办养老机构挂牌成为高等院校和职业学校的实习实训基地，为各院校相关专业学生提供实习岗位，经教育部门和行业主管部门认定验收后，由行业主管部门给予一次性以奖代补支持。

案例5-3-1　　职业培训助力养老护理员

2016年8月12日，某地民政局在一养老院举办养老护理员培训班的学习。来自各个街道社区及养老院的职工，共计200名护理员相聚在一起，系统地学习了老年人服务理论和操作知识。在为期10天的学习里，职业培训学校的老师们深入浅出地给学生讲述了老年人的生理、心理特点及老年疾病解读、养老护理员24小时操作流程、老年人营养需求等理论知识和服务流程，同时，带领大家进行了实地操作讲解。从卧床老年人日常生活照料技能讲起，给大家操作演练了卧床老年人床单的换法、协助老年人更换体位、帮助老年人吃饭、洗头等技能。

江女士是一家养老机构的护理员，在这10天学习期间，她从职业培训老师那里学习到了对待老年人的和蔼的态度、轻柔的动作、充满爱心的表情和谦卑的语态，以及为老年人更换舒适体位，更换脏床单、被套，帮助老年人乘轮椅等专业技术手法。江女士深切地体会到作为一名养老护理员不仅要拥有一份爱心，更重要的是要掌握养老护理这个行业所特有的专业技能。

案例解析 我国养老行业目前缺乏具有高理论水平和高操作水平的老年服务从业者，需要通过职业培训、学历教育等提高其专业技能和职业素养。

三、老年服务从业者就业方面的政策法规

为了依法保障老年服务从业者权益，切实推进老年服务从业者人才评价和激励工作，规范老年服务从业者职业标准，我国政府各级部门颁布了一系列政策法规，包括《中华人民共和国劳动法》(以下简称《劳动法》)、《中华人民共和国劳动合同法》(以下简称《劳动合同法》)、《中华人民共和国社会保险法》(以下简称《社会保险法》)、《十三五促进就业规划》《"十三五"国家老龄事业发展和养老体系建设规划》等。

(一) 保障老年服务从业者的合法权益

加强劳动保护和职业保护，全面践实老年服务从业者的权利和义务、劳动合同、工资、劳动安全卫生、女职工和未成年工特殊保护等方面的政策法规。

1. 劳动者的权利和义务

劳动者既享有一定的权利，又应当履行相应的义务，具体内容如表5-3-2所示。

表5-3-2　劳动者的权利和义务

劳者的权利和义务	劳动者应享有的权利	①享有平等就业和选择职业的权利
		②有取得劳动报酬的权利，用人单位不得无故拖欠或克扣工资
		③有休息、休假的权利。用人单位应保证劳动者每周至少休息一天，每日工作不应超过8小时，平均每周工作不应超过44小时
		④有获得劳动安全卫生保护的权利
		⑤有接受职业技能培训的权利
		⑥有提请劳动争议处理的权利
		⑦有享受社会保险和福利的权利
		⑧有权拒绝用人单位强令冒险作业的权利
	劳动者应履行的义务	①努力完成劳动任务
		②遵守劳动纪律，维护用人单位的财产安全
		③提高职业技能，执行劳动安全卫生制度

2. 劳动合同

《劳动合同法》中明确提出：劳动合同是老年服务从业者与用人单位劳动关系建立、变更、解除、终止的一种法律形式。它是双方产生劳动争议时主张权利的重要依据。在订立劳动合同时，应当明确双方的权利和义务，遵循平等自愿、协商一致、合法原则，同时应采用书面形式鉴定劳动合同。在变更、解除劳动合同时，用人单位要和老年服务从业者协商一致。

在以下三种情形中劳动合同不能解除：一是在劳动者患职业病或因工负伤并被确认丧失或部分丧失劳动能力的时候；二是劳动者患病或负伤，在规定的医疗期内的；三是女职工在孕期、产假、哺乳期内。

劳动合同必须具备以下款项，具体内容如图5-3-1所示。

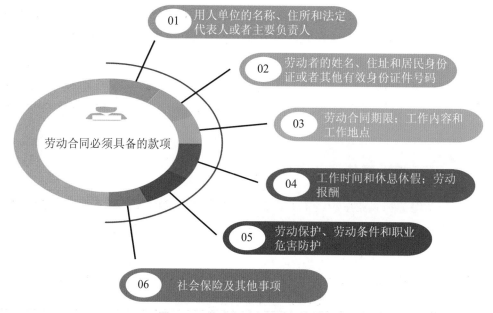

图5-3-1 劳动合同必须具备的款项

3. 工资

工资分配应当遵循按劳分配原则，实行同工同酬，工资水平在经济发展的基础上逐步提高。我国目前实行最低工资保障制度，最低工资的具体标准由省、自治区、直辖市人民政府规定，报国务院备案。用人单位支付劳动者的工资不得低于当地最低工资标准。

对延长工作时间而支付工资报酬标准的规定有：一是在延长工作时间内的工资报酬应不低于平时工资的150%；二是在休息日工作了而又未获得补休的，应获得不低于平时工资的200%；三是法定休假日工作的工资应不低于平时工资的300%。

4. 劳动安全卫生

用人单位必须建立健全劳动安全卫生制度，严格执行国家劳动安全卫生规程和标准。对劳动者进行劳动安全卫生教育，为劳动者提供符合国家规定的劳动安全卫生条件和必要的劳动防护用品，对从事有职业危害作业的劳动者应当定期进行健康检查，防止劳动过程中出现事故，减少职业危害。劳动安全卫生设施必须符合国家规定的标准，从事特种作业的劳动者必须经过专门培训并取得特种作业资格。

劳动者在劳动过程中必须严格遵守安全操作规程，对用人单位管理人员违章指挥、强令冒险作业，有权拒绝执行；对危害生命安全和身体健康的行为，有权提出批评、检举和控告。

5. 劳动争议

劳动者与用人单位发生劳动争议时，劳动者或用人单位可向本单位的劳动争议调解委员会申请调解。如调解不成，可向劳动争议仲裁委员会申请仲裁，或直接向劳动争议仲裁委员会申请仲裁，应自劳动争议发生之日起60日内提出书面申请。如对仲裁裁决不服，可以自收到仲裁裁决书之日起15日内向人民法院提起诉讼。如当事人一方不服，在收到仲裁裁决书15日之后既不起诉又不履行仲裁裁决的，另一方可以申请人民法院强制执行。

6. 女职工和未成年工特殊保护

我国最低就业年龄为16周岁。未成年工是指年满16周岁未满18周岁的劳动者。严禁使用童工，国家对女职工和未成年工实行特殊劳动保护。

在女职工怀孕期间，不得安排其从事孕期禁忌从事的劳动和重体力劳动强度的劳动。对怀孕7个月以上女职工，不得安排其延长工作时间和夜班劳动。女职工生育享受产假不得少于90天。对哺乳未满周岁婴儿的女职工，不得安排从事重体力劳动强度劳动和哺乳期禁忌从事的其他劳动，不得安排其延长工作时间和夜班劳动。

对未成年工，不得安排其从事有毒有害、体力劳动强度大的劳动和其他禁忌从事的劳动，并且用人单位应当对未成年工定期进行健康检查。

用人单位违反对女职工和未成年工的保护规定，侵害其合法权益的，由劳动行政部门责令改正，处以罚款；对女职工或者未成年工造成损害的，应当承担赔偿责任。

7. 社会保险和福利

我国《劳动法》和《社会保险法》提出，国家发展社会保险事业，建立社会保险制度，设立社会保险基金，使劳动者在年老、患病、工伤、失业、生育等情况下获得帮助和补偿。老年服务从业者的社会保险水平应当与社会经济发展水平和社会承受能力相适应。社会保险基金按照保险类型确定资金来源，逐步实行社会统筹。用人单位和劳动者必须依法参加社会保险，缴纳社会保险费。

案例5-3-2　　　　　　　　**老年服务从业者劳动保护**

小蓉从技校毕业后，被一家养老院录用为养老服务人员。刚到养老院报到时，小蓉就提出要与养老院签订劳动合同，明确工作内容、工资待遇、劳动安全卫生保障等事项，但养老院人事管理人员以入职手续不全拖延不签。到了年底，小蓉领了工资准备回老家过年，在给主管请假时，主管要求小蓉把身份证留下，理由是担心晓蓉过完年后不来上班，养老院会受很大损失。小蓉认为，养老院不签订劳动合同本身就是违法行为，这次要扣身份证，更是错上加错，坚决不同意。她向本单位的劳动争议调解委员会申请调解。经过调解，小蓉和养老院签订了劳动合同，明确了双方的权利和义务。

年后，小蓉在养老院工作连续4个月未领取到工资，决定辞职，养老院不同意并要求小蓉赔偿其损失。双方协议不成，诉诸劳动争议仲裁委员会。仲裁委依据劳动法第32条规定——用人单位未按劳动合同的约定支付劳动报酬，劳动者可以随时通知用人单位解除劳动合同，裁定小蓉胜诉，并要求养老院支付小蓉4个月的工资及经济补偿金。

案例解析 依据《劳动法》和《劳动合同法》，加强劳动保护和职业保护，养老机构、社区养老服务驿站应当与养老服务从业人员依法签订劳动合同，建立劳动关系，明确双方的义务和权利。

(二) 推进老年服务从业者人才评价和激励工作

2017年国务院颁布《"十三五"国家老龄事业发展和养老体系建设规划》提出，建立以品德、能力和业绩为导向的职称评价和技能等级评价制度，拓宽养老服务专业人员职业发展空间，推动各地保障和逐步提高养老服务从业者薪酬待遇。

1. 建立职称评价制度：职业证书

科学化、社会化的老年服务从业者专业职称评价机制应该以岗位职责要求为基础，以品德、能力和业绩为导向。将取得职业水平证书的老年服务从业者纳入专业技术人员管理范围。鼓励用人单位根据工作需要聘用持有职业水平证书的老年服务从业者专业人才。

2. 提高老年服务从业者薪酬待遇水平

2016年北京市颁发的《关于加强养老服务人才队伍建设的意见》明确提出从以下四个方面提高养老服务从业者薪酬待遇。

(1) 薪酬水平：养老服务行业平均薪酬待遇原则上不低于上年度本市服务行业的平均工资水平。

(2) 大学生入职补贴：对于普通高等学校、高级中等学校和职业院校的应届毕业生和毕业一年以内的往届毕业生，凡进入非营利性养老机构、社区养老服务驿站从事养老护理工作的，由行业主管部门给予一次性入职补贴并分年发放。

(3) 职业技能等级与养老服务人员薪酬待遇挂钩机制：以养老服务人员岗位补助作为民生领域的服务业行业试点，对养老护理员实行补助。

(4) 社会保障：按照国家有关规定为老年服务从业者人才的社会保障问题办理社会保险事宜。

3. 完善老年服务从业者激励评价机制

(1) 以党委、政府表彰奖励为导向，以用人单位和社会力量为主体，按照国家有关规定开展表彰奖励活动。按照国家政策表彰奖励业绩突出、能力卓著、老年人认可的优秀老年服务从业者人才，大力宣传老年服务从业者人才队伍建设方针政策和老年服务从业者人才的先进事迹。

2016年北京市颁发的《关于加强养老服务人才队伍建设的意见》提出，实施非京籍养老服务人才积分落实优待政策，年老后优先入住养老机构。对于优秀养老服务人才优先给予深造学习机会、优先推荐奖评、聘请作为实训基地教师。获得技师及以上职业资格证书的，可按相关规定申请建立"国家技能大师工作室"或"北京市首席技师工作室"。

国务院于2017颁布的《"十三五"国家老龄事业发展和养老体系建设规划》明确提出，在全国各类养老服务机构中，培养选拔优秀护理员，提供居住落户、住房保障、子女就学等方面的政策扶持。

(2) 完善老年服务从业者的星级评定机制。将养老服务从业者登记注册、职业技能、参加教育培训、规范用工、信息公开等规范管理情况与星级评定相挂钩。

4. 推动"老年服务从业者+志愿者"联动发展

2011年国务院颁发的《社会养老服务体系建设规划(2011－2015年)》首次提出"老年服务从业者+志愿者"联动发展的理念。该文件要求加快培育从事养老服务的志愿者队伍，实行志愿者注册制度，形成专业人员引领志愿者的联动工作机制。

(1) 建立健全老年服务从业者人才和志愿者相互协作、共同开展服务的机制，构建"老年服务从业者引领志愿者服务，志愿者协助老年服务从业者服务"的互动格局。

(2) 将志愿者培训纳入老年服务从业者教育培训规划，引导志愿者组织设置一定数量的老年服务从业者岗位。探索建立志愿者转化为职工机制，鼓励符合条件的志愿者，通过学习、培训、考证等方式走上为老服务岗位。

(3) 建立联动信息平台，实现老年服务从业者、志愿者服务信息的实时共享。构建"老年服务从业者带志愿者，志愿者带群众"服务体系，带动社会各界广泛参与为老服务。

案例5-3-3　　　　　　**志愿服务成就人生职业**

2016年9月，学生小霞来到一家养老院开展志愿服务活动，主要是做长期一对一陪伴老人的志愿服务。小霞在志愿服务的过程中与养老院里的王爷爷结成了陪伴对子。小霞每隔一周去养老院陪伴老人一次，在陪伴王爷爷的同时小霞学会了照顾老人生活起居以及与老人的心灵沟通交流，到现在小霞仍同王爷爷保持着联系。小霞说："在志愿服务的工程之中，我很高兴，能够用自己的力量和专长帮助老年人，同时实现我自身的价值。关爱今天的老人，就是关注明天的自己，我会一直做好为老服务工作的。"

2016年小霞毕业以后，积极加入这家养老院成为一名养老从业人员。其间她参加了北京养老院专业护理员培训，学习相关专业知识，并在养老中心开始养老护理员的工作。在护理工作实践中，她将自己变成了有实际操作经验的养老行业的专业人员。

案例解析 积极引导老年服务志愿者转化为老年服务从业者，鼓励符合条件的老年服务志愿者，通过学习、培训、考证等方式走上为老服务岗位。从一名为老服务的志愿者，转变为专业的养老从业人员，实现自己的人生价值。

(三) 规范老年服务从业者职业标准

职业标准和准入机制是一个行业规范化发展的必由之路，如教师资格证是教育行业从业人员教师的许可证。在老年服务行业体系中，也有其职业标准和操作规范。目前主要执行的是2011年修订的养老护理员国家职业标准和2016年民政部发布的《老年社会工作服务指南》行业标准。

1. 养老护理员国家职业标准

养老护理员国家职业共设如下四个等级，并规定了晋升培训期限，具体内容如图5-3-2所示。

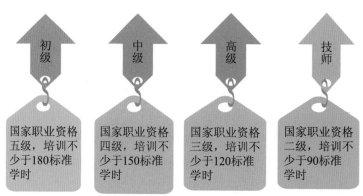

图5-3-2　养老护理员国家职业等级及晋升培训期限

鉴定方式分为理论知识考试和技能操作考核。均实行百分制，成绩皆达60分以上者为合格。理论知识考试采用闭卷笔试方式，技能操作考核采用现场实际操作方式。技师还须进行综合评审，其基本要求主要包括职业道德和基础知识两部分。

不同的等级有不同的技能要求。初级养老护理员需要掌握生活照料和技术护理两部分技能；中级养老护理员需要掌握生活照料、技术护理、康复护理、心理护理四部分技能；高级养老护理员需要掌握技术护理、康复护理、心理护理、培训与指导四部分技能；技师需要掌握技术护理、培训与指导、护理管理三部分技能。为了更加清晰地了解养老护理员国家职业技能标准，以初级养老护理员国家职业标准为例，生活照料中为老年人清洁卫生的技能和技术护理中护理记录的技能，如表5-3-3所示。

左栏竖排：老年人服务与管理概论

表5-3-3　养老护理员国家职业技能标准(初级节选)

职业功能	工作内容	技能要求	相关知识
生活照料	清洁卫生	1. 能完成老年人的晨、晚间照料； 2. 能帮助老年人清洁口腔； 3. 能帮助老年人修剪指(趾)甲； 4. 能为老年人洗头、洗澡，以及进行床上浴和整理仪表仪容； 5. 能为老年人更衣，更换床单，清洁轮椅，以及整理衣物、被服和鞋等个人物品； 6. 能预防褥疮	1. 更换卧床老年人床单的方法； 2. 口腔卫生及假牙的一般养护方法； 3. 洗头方法； 4. 床上浴方法； 5. 女性老年人会阴部位的清洗方法； 6. 褥疮预防方法
技术护理	观察	1. 能测量老年人的液体出入量； 2. 能观察老年人的皮肤、头发和指(趾)甲的变化； 3. 能对不舒适老年人进行观察	1. 液体出入量记录方法； 2. 常用体征观察方法

2.《老年社会工作服务指南》行业标准

《老年社会工作服务指南》行业标准规定了老年社会工作的术语和定义、服务宗旨、服务内容、服务方法、服务流程、服务管理、人员要求和服务保障等，适用于社会工作者面向有需要的老年人及其家庭开展的社会工作服务。

它包括救助服务、照顾安排、适老化环境改造、家庭辅导、危机干预、社会支持网络建设、社区参与、老年教育、咨询服务、权益保障、政策倡导、老年临终关怀等主要服务内容；个案工作、小组工作、社区工作等社会工作直接服务方法，以及社会工作行政、社会工作研究等间接服务方法。

老年社会工作者应获得国家颁发的社会工作者职业水平证书，或者具备国家承认的社会工作专业专科及以上学历。老年社会工作者在开展具体工作时，应遵守以下要求：一是掌握与老年人有关的法律、法规、政策；二是具备开展老年社会工作服务所需的老年学等方面的基本知识；三是接受社会工作专业继续教育，不断提高职业素质和专业服务能力；四是推动多学科合作，与其他专业人士相互尊重、共享信息并有效沟通。

任务实施 ▶▶

一、请根据任务描述中的要求按以下步骤完成《老年服务从业者政策法规》思维导图：

1. 小组讨论，确定我国《老年服务从业政策法规》关键词至少五个；

2. 根据任务中提供的信息找出支持内容与法规；

3. 设计思维导图分级结构及样式；

4. 完成《老年服务从业者政策法规》思维导图的绘制。

二、根据本组绘制的《老年服务从业者政策法规》思维导图，派小组代表进行内容汇报。

模块五　政策法规篇

请根据任务完成情况，按照"A、B、C"三个等级给自己打分。

任务		等级(A优秀；B良好；C一般)
《老年服务从业者政策法规》思维导图	四个及以上关键词，并含有：人才培养、就业保护、就业促进、职业标准等	
	关键词层级分明	
	布局、结构合理	
	内容充实、体现本节课学习成果	
	整体美观度	
	口头表述清晰、逻辑鲜明、能清楚讲述老年服务从业者政策法规	
	思维导图设计或口头表达有创新点	
	能对其他学习成果作出客观评价	
综合评价		

延展阅读 ▶▶

他山之石：国外养老服务从业者政策法规

养老服务人才建设是提升养老服务质量的核心和关键，加强养老服务人才培养、使用和激励是各国养老服务业发展需要共同面对的问题。他山之石，可以攻玉。学习借鉴国外成功做法，对我国养老服务人才建设具有重要的参考价值。

1. 日本制定养老服务人才的专门法律法规

日本非常重视法律法规对养老人才建设的保障作用。2008年，日本通过了"有关确保介护(养老)服务的人才，改善介护服务员工待遇的法律"。该法律要求介护服务行业的企事业单位必须为介护人员提供职业生涯规划，向介护员工介绍今后5～10年的工资待遇、升迁职位和发展前景，以稳定养老服务业的人才队伍。

2. 美国、德国完善人才激励机制

在养老服务人才激励机制方面，美国非常重视和支持各类志愿者参与养老服务，并将服务记录作为学生升学、职位升迁的硬性考察指标，在一定程度上调动了人们参与养老服务的积极性。

德国由政府出资支持培训养老护理员，学员可以通过半工半读的形式学习老年护理的相关课程，还能额外得到政府的补贴。养老护理员经过培训以后拥有较好的职业通道和完善的职业上升机制，可以在养老机构当养老护理员，可以去医院当护理师，也可以去培训学校做讲师等，就业前景非常广阔。

老年人服务与管理概论

3. 德国养老人才培训体系

德国建立了专业化程度比较高的养老护理员培训机制，护理教育分为：中专、专科培训和大学本科。2003年，德国政府颁布了关于老年护理员的专业法律《老年护理职业法》。该法律详细地阐述了养老护理员的认证条件和资格准入标准，对养老护理员的培训方式、培训模式以及相应的承担责任主体和费用也有详细规定。以德国的大学护理为例，开设了护理科学、护理教育学、护理管理学等专业课程。此外，德国养老职业教育实行双证书制度，学校负责颁发理论课程合格证书，企业(养老机构)负责颁发实践课程合格证书，对护理人员的理论和实践能力要求较高。

(资料来源：崔炜. 国外养老人才建设有三个方面值得我们学习[N]. 中国社会报，2016-06-27.)

模块梳理

做服务、学管理，政策法规莫忘记，

政策法规分三块，老人权益要保障，

养老服务须规范，服务人员要发展。

老人原则联合国，父母法令新加坡，

介护保险属日本，老年人法美利坚，

权益保障在中国，专门立法地位高。

养老服务财政帮，行业规范须加强，

机构设立遵许可，日常管理须严格。

人才培养全国行，学历培训并步走，

劳动保护不放松，评价激励紧跟从，

职业标准记心中，服务工作更出众！

模块五　政策法规篇